KU-258-956

ARCHÉOLOGIE
SUR TOUTE LA LIGNE

Cet ouvrage est publié à l'occasion de l'exposition *Archéologie sur toute la ligne. Les fouilles du TGV Méditerranée dans la moyenne vallée du Rhône*, présentée au musée de Valence du 6 décembre 2001 au 5 mai 2002.

Cette exposition a été réalisée avec le soutien des organismes suivants :

Union Européenne

Direction régionale des Affaires culturelles de Rhône-Alpes

Conseil régional de Rhône-Alpes

Conseil général de la Drôme

Réseau Ferré de France (RFF)

Association pour les Fouilles archéologiques nationales (Afan)

Services régionaux de l'Archéologie de Rhône-Alpes et de Provence-Alpes-Côte d'Azur

Ouvrage réalisé sous la direction technique de Somogy éditions d'art
Conception graphique et réalisation : Benoît Fleurance, Nantes
Relecture et corrections : Bernard Huchet
Fabrication : François Combal
Suivi éditorial : Michaële Liénart, assistée de Sophie Chambonnière

Conception graphique de la couverture : Claude Grétillat, Contexte/Poste 4, Strasbourg

Infographie/D.A.O. :
Ghislaine Macabéo, Pascale Sarazin, François Vaireaux, Afan Rhône-Alpes-Auvergne
Jean-François Berger, Gourgen Davtian, Centre d'études Préhistoire-Antiquité-Moyen Âge, Valbonne

ISBN : 2-85056-513-X
Dépôt légal : décembre 2001
Imprimé en Italie (Union européenne)

ARCHÉOLOGIE SUR TOUTE LA LIGNE

LES FOUILLES DU TGV MÉDITERRANÉE DANS LA MOYENNE VALLÉE DU RHÔNE

le musée de valence.

SOMOGY ÉDITIONS D'ART

Exposition

Commissaires de l'exposition :
Pascale Soleil, assistante qualifiée de conservation du patrimoine, musée de Valence
Cécile Aufaure, conservateur du musée d'Archéologie tricastine, Saint-Paul-Trois-Châteaux

Conseillers scientifiques :
Thierry Odiot, ingénieur d'études au Service régional de l'Archéologie de Languedoc-Roussillon
Valérie Bel, ingénieur à l'Association pour les Fouilles archéologiques nationales Méditerranée

Prêt des collections :
Services régionaux de l'Archéologie de Rhône-Alpes et de Provence-Alpes-Côte d'Azur

Muséographie :
Conception : 2.26 Architecture et Communication, Paris, Cécile Sudra et Katrine Chassaing
Suivi : Chrystèle Burgard, conservateur au musée de Valence
Réalisation : Patrick Brancaleone, Jean-Marc Camerlo, Robert Cassorla, Timothée Delpierre, Jean-Pierre Duc, Gilles Fraisse, Gérard Jaen, Denis Lomer, Dominique Panisset, Daniel Serre (ateliers municipaux d'électricité, menuiserie et ferronnerie, peinture et espaces verts)
Thierry Brunel, Mohamed Djerboua, Hervé Duboc, Rose Giannini, Sylvie Mercier, Michel Satutto, Sylvie Simon (musée de Valence)

Préparation et réalisation de l'exposition :
Hélène Moulin, conservateur du musée, Béatrice Roussel, Marie-France Seignobosc, Chrystèle Burgard (conservation), Vincent Buccio, Viviane Rageau, Annie Vital (animation) pour le musée de Valence ;
Marie-Claire Robinault, Mylène Lert pour le musée de Saint-Paul-Trois-Châteaux.

Restaurations :
CREAM « Gabriel Chapotat », Vienne
Frédérique Hammadène, Lyon

Maquettes :
Denis Delpalillo, Martigues

Reconstitutions des céramiques :
Jean-Marie Giorgio, Poterie du Carbassou, Rasiguères

Relations presse :
Chrystèle Burgard, Pascale Soleil

Liste des auteurs

Guy Alfonso, archéologue Afan

Véronique Bastard, archéologue Afan

Cécile Batigne-Vallet, chercheur associé au CNRS, UMR 5138, Archéométrie et Archéologie : origine, datation et technologie des matériaux, Lyon

Alain Beeching, chercheur au CNRS, UMR 5594, Centre d'Archéologie préhistorique de Valence

Jean-François Berger, chargé de recherche au CNRS, UMR 6031, Centre d'études Préhistoire-Antiquité-Moyen Âge, Valbonne

Christine Bonnet, céramologue Afan

Frédérique Blaizot, anthropologue Afan

Philippe Boissinot, archéologue Afan, UMR 154, Lattes

Laurent Bouby, archéobotaniste, Centre d'Anthropologie, UMR 8555, Toulouse

Jacques Léopold Brochier, chercheur associé au CNRS, UMR 5594, Centre d'Archéologie préhistorique de Valence

Sylviane Estiot, numismate, chercheur associé au CNRS, UMR 6130, Centre d'études Préhistoire-Antiquité-Moyen Âge, Sophia-Antipolis, Valbonne

Emmanuel Ferber, archéologue Afan

Michel Feugère, chercheur au CNRS, UMR 154, Lattes

Cécile Jung, archéologue Afan

Xavier Margarit, archéologue Afan

Sophie Martin-Dupont, médecin-légiste, Centre hospitalier universitaire Dupuytren, Limoges

Fabienne Moreau, archéologue Afan

Jean-Claude Ozanne, archéologue Afan

Isabelle Rémy, archéologue Afan

Sylvie Rimbault, archéologue Afan

Magali Rolland, archéologue Afan

Sylvie Saintot, archéologue Afan

Jean-Michel Treffort, archéologue Afan

Joël Vital, chercheur au CNRS, UMR 5594, Centre d'Archéologie préhistorique de Valence

Remerciements

Que toutes les personnalités qui ont permis par leur généreux concours la réalisation de cette exposition, trouvent ici l'expression de notre gratitude :

Monsieur le Maire de Valence
Monsieur le Maire adjoint délégué à la Culture
Monsieur le Maire de Saint-Paul-Trois-Châteaux
Monsieur le Conseiller municipal délégué à la Culture

Madame Francine Mariani-Ducray, directrice des Musées de France
Monsieur Abraham Bengio, directeur régional des Affaires culturelles de Rhône-Alpes

Madame Anne-Marie Comparini, présidente du Conseil régional de Rhône-Alpes
Madame Fabienne Levy, vice-présidente du Conseil régional de Rhône-Alpes

Monsieur Éric Moinet, conseiller pour les musées, Direction régionale des Affaires culturelles de Rhône-Alpes
Madame Isabelle Puech, assistante du conseiller pour les musée, Direction régionale des Affaires culturelles de Rhône-Alpes
Monsieur Didier Dastarac, directeur, Direction Culture, Sport et Solidarité, Conseil régional de Rhône-Alpes
Madame Isabelle Charbonnier, responsable du bureau de la Culture, Conseil régional de Rhône-Alpes
Madame Isabelle Arnaud-Descours, chargée de mission, Conseil régional de Rhône-Alpes
Madame Florence Foncel, assistante de gestion, Direction des Politiques territoriales, Conseil régional de Rhône-Alpes

Monsieur Jean-Pierre Daugas, inspecteur général de l'Archéologie, Sous-direction de l'Archéologie
Madame Anne Le Bot-Helly, conservateur régional de l'Archéologie, Direction régionale des Affaires culturelles de Rhône-Alpes
Mesdames Dominique Caclin et Fiorella Cocco - Carte archéologique, Service régional de l'Archéologie de Rhône-Alpes
Monsieur Bernard Gély, assistant-ingénieur, Service régional de l'Archéologie de Rhône-Alpes
Monsieur Xavier Delestre, conservateur régional de l'Archéologie, Direction régionale des Affaires culturelles de Provence-Alpes-Côte d'Azur
Monsieur David Lavergne, conservateur au Service régional de l'Archéologie de Provence-Alpes-Côte d'Azur

Monsieur Charles Monge, président du Conseil général de la Drôme
Monsieur Michel Faure, vice-président du Conseil général de la Drôme délégué à la Culture
Monsieur Jean-Yves Rozier, directeur général adjoint, Direction culturelle du Conseil général de la Drôme
Madame Anne-Marie Issartel, mission Europe, Conseil général de la Drôme

Monsieur Josselin Martel, directeur des opérations Méditerranée pour Réseau Ferré de France
Monsieur Alain Jourdain, directeur de la ligne nouvelle TGV Méditerranée
Monsieur Jacky Bugiani, responsable du service Conventions à la Direction du TGV Méditerranée

Monsieur Claude Gitta, chef d'antenne de l'Association pour les Fouilles archéologiques nationales Rhône-Alpes-Auvergne
Monsieur François Souq, chef d'antenne de l'Association pour les Fouilles archéologiques nationales Méditerranée
Monsieur Gilles Bellan, chef du service Publication-Communication de l'Association pour les Fouilles archéologiques nationales

Monsieur Sylvain Fidenti, Direction des Affaires culturelles et du Tourisme, ville de Valence et Madame Sylvie Bissonnier
Le Service Communication de la ville de Valence
Messieurs Gilles Rouby, Michel Crespin et René Rey, Direction Logistique, ville de Valence
Monsieur Vincent Sicard, Direction Gestion de l'Espace public, ville de Valence

Que soient aussi remerciées toutes les personnes qui ont contribué par leur aide et leur conseils à la mise en œuvre de ce projet :

Madame Sandrine Bonté, laboratoire d'hydrogéologie, Université d'Avignon
Madame Claire Delhon, Maison R. Ginouvès de l'Archéologie et de l'Ethnologie, Nanterre
Monsieur Gourgen Davtian, UMR CEPAM-CNRS, Université de Nice Sophia-Antipolis
Madame Dominique Peyric, géoarchéologie du paysage, Céreste
Madame Stéphanie Thiébault, Maison R. Ginouvès de l'Archéologie et de l'Ethnologie, Nanterre
CAUE de la Drôme, Walter Acardie
Centre audiovisuel de la SNCF – Direction de la Communication
Centre d'Archéologie préhistorique de Valence
Établissements Poly-Fay Plastiques Armés, Jean Babad
Graphi-Ogre
Marbrerie Régis Ravit
Strati Concept
La ville de Donzère
Et Mesdames et Messieurs Nicole Armand, Estelle Bénistant, Frédérique Blaison, Michèle Bois, Richard Chambaud, Gérard Chouquer, Manuéla Debrosse, Henry Desayes, Denis Delpalillo, Emmanuel Desroches, Frédérique Ferber, Claude Grétillat, Raphaëlle Guilbert, Alain Leroux, Sandrine Malbête, Odile Maufras, Gilles Monin, Régis Picavet, Magali Rolland, Hassan Sidi Maamar, Géraldine Suire, Amar Zobri.

Renommé pour son exceptionnelle collection de sanguines et de dessins d'Hubert Robert, le musée des Beaux-Arts de Valence est moins connu pour ses ensembles d'archéologie régionale. Pourtant, la richesse et la diversité des objets dévoilés dans les salles d'archéologie, et en particulier dans la salle d'archéologie préhistorique ouverte en 1988, témoignent de l'intérêt de ces collections.

En découvrant les quelque 500 pièces exposées, œuvres d'art ou simples parcelles d'existence, c'est toute l'histoire des premiers habitants de la moyenne vallée du Rhône qui se livre à notre curiosité et permet de découvrir un passé plusieurs fois millénaire. Seule l'archéologie nous offre cette chance inouïe de pénétrer dans la vie de nos lointains ancêtres et de nouer un dialogue avec ces êtres depuis longtemps disparus. Mais ce voyage au cœur du passé, aux racines mêmes de notre civilisation, est également le point d'ancrage sur lequel se construit l'avenir de notre société. C'est dire tout l'intérêt de l'exposition *Archéologie sur toute la ligne* présentée par le musée de Valence du 6 décembre 2001 au 5 mai 2002.

Cette exposition met en lumière le travail réalisé depuis vingt ans par le musée de Valence en matière de conservation du patrimoine. Avec l'exceptionnelle opération d'archéologie préventive préalable à la construction de la ligne TGV Méditerranée, le musée s'est vu conforté dans cette mission avec l'apport considérable de nouvelles collections mises en dépôt par l'État. Les liens privilégiés tissés depuis de longues années avec les acteurs archéologiques de la région aboutissent aujourd'hui à la restitution au public de ces objets révélateurs d'informations inédites sur l'histoire de ces lointains habitants de la moyenne vallée du Rhône.

Que le musée de Valence, en collaboration avec le futur musée de Saint-Paul-Trois-Châteaux, joue un rôle de tout premier plan dans la révélation au public de ce patrimoine mais aussi des résultats de la recherche la plus pointue et novatrice menée à cette occasion s'inscrit dans la logique d'une nouvelle et plus ample place donnée à l'archéologie.

Thomas Joulie
Maire adjoint délégué à la Culture

Depuis l'aube de l'humanité, la Drôme a vu son espace marqué par les échanges, les passages, et l'accueil des populations empruntant le couloir rhodanien. Sans doute cette caractéristique forte explique-t-elle son présent : terre d'équilibre, de partage, ardente et généreuse, mais aussi farouche et résistante.

Et voilà qu'un nouveau siècle s'ouvre, avec l'occasion unique de mieux comprendre, apprécier le passé « recomposé » de notre patrimoine pour mieux s'inscrire dans le présent.

Cette exposition *Archéologie sur toute la ligne*. *Les fouilles du TGV Méditerranée dans la moyenne vallée du Rhône* va nous permettre de découvrir ces richesses enfouies, les méthodes de mise au jour et de restitution au public.

Cette contribution unique et irremplaçable à la connaissance de la Drôme et de ses habitants a été permise grâce à l'archéologie préventive. Les travaux conduits à ce titre sont particulièrement remarquables, puisqu'ils constituent le trait d'union entre la nécessité de la modernité et la protection de notre patrimoine. En effet, l'archéologie préventive procure l'opportunité d'intervention, d'étude et de connaissance d'un site avant qu'il ne soit destiné à l'aménagement prévu, dans le cas présent au TGV. De plus, ces actions génèrent des partenariats particulièrement actifs pour l'amélioration de la connaissance de nos origines.

Le Conseil général de la Drôme est heureux d'être partenaire de cette initiative dont les qualités scientifiques, culturelles et pédagogiques sont éminentes. Chaque année, en accord avec le Service régional de l'Archéologie, le Département participe aux fouilles sur tout le territoire de la Drôme. Aussi, je souhaite que cette exposition permette également aux Drômois de mieux connaître l'archéologie et leur donne envie de découvrir les sites archéologiques du Département, Saint-Paul-Trois-Châteaux, Le Pègue ou Die.

Michel Faure
Vice-président du Conseil général de la Drôme,
chargé de l'Éducation,
de l'Enseignement supérieur et de la Culture

TGV Méditerranée: un nouvel âge du Fer

Le TGV Méditerranée est arrivé au terme de sa construction: 23 millions de voyageurs annuels le parcourent depuis le 10 juin 2001. Trait d'union entre deux siècles de progrès ferroviaire et un nouveau millénaire de développement des transports terrestres, ce projet s'inscrit dans une zone d'extension très ancienne de l'occupation humaine.

Ses dimensions déjà imposantes dans l'espace (250 km de ligne) et dans le temps (dix ans de l'idée à la mise en service) se conjuguent aussi avec un axe diachronique fabuleusement profond.

De fait, avant d'ériger des ouvrages d'art à la pérennité certainement centennale, les ingénieurs du chemin de fer et des travaux publics ont laissé aux archéologues, pendant près de deux ans, la découverte des 2500 ha du projet.

En effet, si les opérations de sauvetage du patrimoine archéologique se sont étalées entre octobre 1994 et avril 1997, c'est essentiellement en 1995 et 1996 que trois cents archéologues regroupés par l'Association pour les Fouilles archéologiques nationales (Afan) ont procédé au décapage de toutes les emprises, révélé 300 indices de site, évalué 99 sites et réalisé effectivement 21 fouilles majeures.

Le maître d'ouvrage Réseau Ferré de France (RFF) et son mandataire la SNCF tiennent à souligner l'ampleur de cette mobilisation de moyens, ainsi que la qualité de la coordination mise en place par les Services régionaux de l'Archéologie et le ministère de la Culture.

Compte tenu de l'ampleur de la tâche, les archéologues ont su trouver l'équilibre entre leur passion devant la richesse potentielle des découvertes et la nécessité d'adopter des méthodes rigoureuses de gestion d'effectifs et de matériels, et de respecter les nouvelles règles de coordination et de prévention en matière de conditions de travail, d'hygiène et de sécurité sur les chantiers.

De plus, s'étant engagés à clore leurs travaux sur le terrain avant le lancement de chacun des lots de travaux de génie civil, il leur a fallu malgré tout patienter pour accéder à certaines parcelles dont l'aménageur n'avait encore pu, dans la même période, obtenir la propriété, et s'adapter aux modifications complémentaires des emprises liées à la définition fine des besoins du projet.

Respectueux des champs captants, des vignobles, des vergers, des serres, des habitations et lieux encore occupés, des zones humides, prudents vis-à-vis de la présence d'engins explosifs et de manifestations humaines ou naturelles diverses, ils ont également su tenir les délais dans un cadre budgétaire limité, quoique très important aux yeux de l'aménageur.

C'est donc avec la satisfaction d'une étape accomplie que Réseau Ferré de France et la SNCF souhaitent remercier tous les partenaires des opérations de sauvegarde, et saluent l'initiative de cette exposition ainsi que la parution du catalogue qui l'accompagne.

Pour Réseau Ferré de France, Josselin Martel
Directeur des opérations Méditerranée

Pour la SNCF, Alain Jourdain
Directeur de la ligne nouvelle TGV Méditerranée

Avec 250 km de tracé diagnostiqué, plus de cent sites archéologiques fouillés dont cinquante-six en moyenne vallée du Rhône, une équipe moyenne de cent cinquante archéologues (soit plus de 63 000 journées de travail) et un budget de 150 millions de francs, l'opération archéologique du TGV Méditerranée s'inscrit parmi les chantiers archéologiques les plus importants menés à la fin du XXe siècle sur le territoire national.

Préalablement à cette intense activité archéologique qui précéda en 1995-1996 la construction des premiers ouvrages, trois années de préparation ont été indispensables. Lors de cette première phase qui associait la SNCF, les Directions régionales des Affaires culturelles (Services régionaux de l'Archéologie) de Rhône-Alpes, Languedoc-Roussillon, Provence-Alpes-Côte d'Azur et l'Association pour les Fouilles archéologiques nationales (Afan), chacun pu découvrir par bribes le métier de l'autre et en saisir progressivement l'incidence sur ses propres objectifs.

Bénéficiant alors des expériences antérieures, et notamment de celle du TGV Nord, une grande importance fut accordée à la coordination des différentes opérations archéologiques. Elle a été confiée à un agent de l'État, Jean-Olivier Guilhot, puis Thierry Odiot, assisté d'un personnel de l'Afan, Valérie Bel et Hélène Dartevelle. Par ailleurs, une évaluation scientifique permanente était assurée par les experts des commissions interrégionales de la recherche archéologique (CIRA) Centre-Est et Sud-Est, assistées de nombreux experts.

L'exposition, centrée sur la moyenne vallée du Rhône, livre un panorama tout à fait représentatif des premiers résultats de la recherche. Plus qu'un dense semis de points portés sur une carte pour évoquer le nombre considérable de sites découverts et exploités à l'occasion de ces travaux, c'est sans doute la portée historique de ces recherches et les perspectives ainsi dégagées qui s'avèrent ici les plus marquantes. Le catalogue permet d'apprécier l'importance prise par des périodes comme la Protohistoire ou le Moyen Âge, jusqu'alors peu documentées pour ces espaces par l'archéologie. Dans ce bilan apparaît également la place primordiale des données de la géoarchéologie. La synthèse présentée ici sur l'histoire du paysage et du climat, mais aussi les interprétations proposées dans les monographies de sites, attestent combien cette approche est aujourd'hui fondamentale pour l'archéologue et l'historien.

La richesse et la multiplicité de ces expériences humaines marquent pour les archéologues une étape significative dans les pratiques administratives et scientifiques. Tout cela mérite à présent d'être largement diffusé, d'autant que la rapidité et la complexité des interventions permettaient rarement de les faire partager *in situ*. C'est à cette ambition que répond l'exposition de Valence à l'initiative de Pascale Soleil, assistante responsable des collections archéologiques du musée de Valence, et de Cécile Aufaure, conservateur du musée d'Archéologie tricastine de Saint-Paul-Trois-Châteaux. Ce capital d'informations scientifiques doit être aussi transmis au sein de la communauté scientifique : plusieurs ouvrages sont en préparation ou sous presse.

Ainsi, grâce aux efforts conjugués de tous, ces travaux d'ampleur auront été une occasion exceptionnelle de déchiffrer de nombreuses pages inédites de l'histoire des hommes et de leur environnement dans cet axe européen majeur qu'est le couloir rhodanien.

Anne Le Bot-Helly
Conservateur régional de l'Archéologie
de Rhône-Alpes

Xavier Delestre
Conservateur régional de l'Archéologie
de Provence-Alpes-Côte d'Azur

L'archéologie préventive constitue aujourd'hui et plus que jamais une forme d'investigation du passé prépondérante, en France comme en Europe. La prise en compte, en amont du projet de construction de la nouvelle ligne TGV Méditerranée, du patrimoine archéologique enfoui, a permis de sauver d'une destruction certaine des témoignages qui, rarement spectaculaires, sont précieux pour les chercheurs chargés de reconstituer la chronologie et la forme des multiples occupations humaines au cours du temps.

Cette longue et complexe opération de fouilles de sauvetage entreprise à partir de 1995 a eu pour conséquence la découverte de nombreux sites archéologiques, de la Préhistoire récente à l'époque moderne, éclairant d'un jour nouveau de nombreux aspects sociaux, économiques et religieux des sociétés du passé.

Quatre ans après la fin de la phase de terrain, les musées de Valence et de Saint-Paul-Trois-Châteaux ont souhaité s'associer pour présenter les premiers résultats de la plus importante opération de sauvetage archéologique qu'ait jamais connue la moyenne vallée du Rhône.

L'objectif était double. D'une part, répondre à la demande d'information d'un large public et lui permettre d'accéder à un patrimoine jusqu'alors confié pour étude aux archéologues. Montrer également comment une opération de cette ampleur permet aux chercheurs de mieux comprendre des aspects méconnus, voire ignorés, des sociétés pré- et protohistoriques, antiques, médiévale ou même contemporaine.

Cette exposition constituait d'autre part un prélude à l'accueil et à la conservation des mobiliers exhumés dans le département de la Drôme. En effet, ils ont été pleinement intégrés aux programmes scientifiques et muséographiques respectifs et complémentaires des deux musées, en vue d'une restitution permanente au public dans chacune des collections. C'est aussi dans cette perspective que furent prises dès la fin 1999 les premières mesures de conservation préventive sur les mobiliers archéologiques les plus fragiles.

Devant l'importance et la masse des données accumulées sur les 250 km du tracé, nous avons délibérément privilégié une exposition centrée sur les résultats de la moyenne vallée du Rhône. Ce secteur de l'axe rhodanien a fourni un ensemble de sites particulièrement représentatifs et bénéficie en outre d'une longue tradition dans la recherche archéologique qui donne à ces découvertes toute leur valeur.

L'exposition et le catalogue sont organisés en quatre volets. Aux côtés des thèmes désormais traditionnels consacrés au funéraire, à l'habitat ou aux productions matérielles et techniques, pour lesquels des approches renouvelées et des découvertes majeures sont ici développées, le thème du paysage occupe une large place. Il reflète l'importance particulière qu'ont eue les recherches géoarchéologiques et parcellaires au cours de l'opération TGV, constituant sa principale originalité.

Fondé sur les études rigoureuses qui ont immédiatement suivi la phase de terrain et les premières publications scientifiques, ce catalogue réunit les contributions des chercheurs responsables des sites et des chargés d'études sur des points spécifiques. Ainsi, à travers certains sites phares de l'opération, il propose un panorama des données scientifiques issues des fouilles. Destiné à un large public, il est bien sûr complémentaire des publications scientifiques spécialisées en cours de parution.

Qu'il nous soit permis de remercier toutes celles et tous ceux qui ont contribué à la réalisation du catalogue et de l'exposition, à commencer par les Services régionaux de l'Archéologie de Rhône-Alpes et de Provence-Alpes-Côte d'Azur et l'Association pour les Fouilles archéologiques nationales (Afan). Nos remerciements tous particuliers s'adressent à Thierry Odiot et Valérie Bel, qui détiennent la mémoire vécue de l'opération dans son ensemble. Ils ont bien voulu nous la faire partager et nous servir de guides pour la définition et la conception de l'exposition.

Cette grande opération archéologique a fait évoluer de manière durable l'état de la documentation archéologique de notre région ; il reste à souhaiter qu'elle puisse continuer à fructifier en alimentant notamment de nouveaux programmes de recherche et de nouvelles politiques de restitution du patrimoine.

Pascale Soleil
Assistante qualifiée de conservation du patrimoine,
musée de Valence

Cécile Aufaure
Conservateur, musée d'Archéologie tricastine
de Saint-Paul-Trois-Châteaux

Page ci-contre : chronologie des sites découverts sur les 250 km du tracé du TGV Méditerranée. (P. Sarazin)

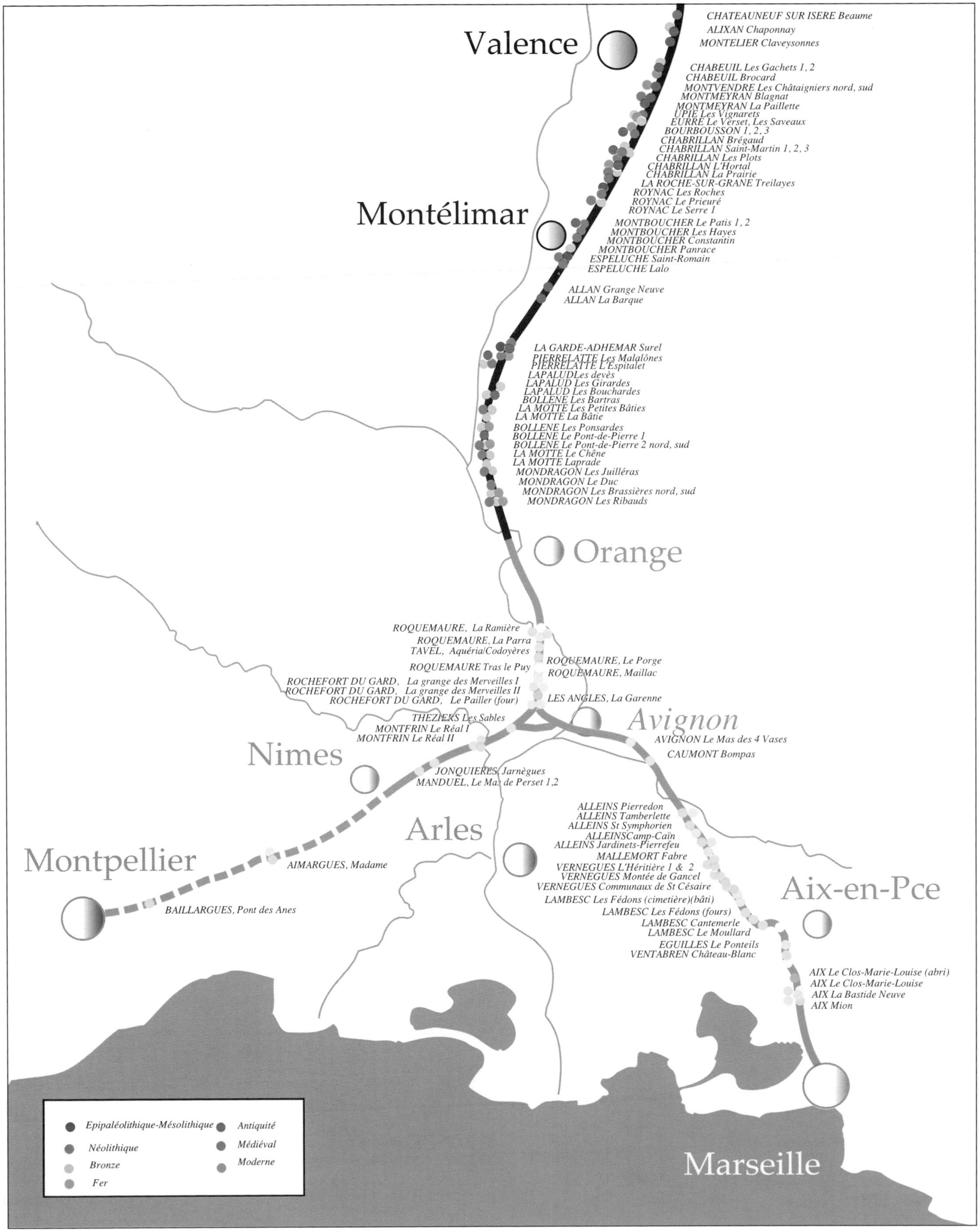

Valence
CHATEAUNEUF SUR ISERE Beaume
ALIXAN Chaponnay
MONTELIER Claveysonnes
CHABEUIL Les Gachets 1, 2
CHABEUIL Brocard
MONTVENDRE Les Châtaigniers nord, sud
MONTMEYRAN Blagnat
MONTMEYRAN La Paillette
UPIE Les Vignarets
EURRE Le Verset, Les Saveaux
BOURBOUSSON 1, 2, 3
CHABRILLAN Brégaud
CHABRILLAN Saint-Martin 1, 2, 3
CHABRILLAN Les Plots
CHABRILLAN L'Hortal
CHABRILLAN La Prairie
LA ROCHE-SUR-GRANE Treilayes
ROYNAC Les Roches
ROYNAC Le Prieuré
ROYNAC Le Serre 1
Montélimar
MONTBOUCHER Le Patis 1, 2
MONTBOUCHER Les Hayes
MONTBOUCHER Constantin
MONTBOUCHER Panrace
ESPELUCHE Saint-Romain
ESPELUCHE Lalo
ALLAN Grange Neuve
ALLAN La Barque
LA GARDE-ADHEMAR Surel
PIERRELATTE Les Malalônes
PIERRELATTE L'Espitalet
LAPALUDLes devès
LAPALUD Les Girardes
LAPALUD Les Bouchardes
BOLLENE Les Bartras
LA MOTTE Les Petites Bâties
LA MOTTE La Bâtie
BOLLENE Les Ponsardes
BOLLENE Le Pont-de-Pierre 1
BOLLENE Le Pont-de-Pierre 2 nord, sud
LA MOTTE Le Chêne
LA MOTTE Laprade
MONDRAGON Les Juilléras
MONDRAGON Le Duc
MONDRAGON Les Brassières nord, sud
MONDRAGON Les Ribauds
Orange
ROQUEMAURE, La Ramière
ROQUEMAURE, La Parra
TAVEL, Aquéria/Codoyères
ROQUEMAURE Tras le Puy
ROQUEMAURE, Le Porge
ROQUEMAURE, Maillac
ROCHEFORT DU GARD, La grange des Merveilles I
ROCHEFORT DU GARD, La grange des Merveilles II
ROCHEFORT DU GARD, Le Pailler (four)
LES ANGLES, La Garenne
THEZIERS Les Sables
MONTFRIN Le Réal I
MONTFRIN Le Réal II
Avignon
AVIGNON Le Mas des 4 Vases
CAUMONT Bompas
Nimes
JONQUIERES Jarnègues
MANDUEL, Le Mas de Perset 1,2
Arles
ALLEINS Pierredon
ALLEINS Tamberlette
ALLEINS St Symphorien
ALLEINSCamp-Caïn
ALLEINS Jardinets-Pierrefeu
MALLEMORT Fabre
VERNEGUES L'Héritière 1 & 2
VERNEGUES Montée de Gancel
VERNEGUES Communaux de St Césaire
LAMBESC Les Fédons (cimetière)(bâti)
LAMBESC Les Fédons (fours)
LAMBESC Cantemerle
LAMBESC Le Moullard
EGUILLES Le Ponteils
VENTABREN Château-Blanc
Montpellier
AIMARGUES, Madame
BAILLARGUES, Pont des Anes
Aix-en-Pce
AIX Le Clos-Marie-Louise (abri)
AIX Le Clos-Marie-Louise
AIX La Bastide Neuve
AIX Mion
Marseille

Epipaléolithique-Mésolithique
Néolithique
Bronze
Fer
Antiquité
Médiéval
Moderne

Entretien avec Thierry Odiot, coordinateur de l'opération archéologique TGV Méditerranée et Valérie Bel, coordinatrice-adjointe pour la moyenne vallée du Rhône

Quelle était votre mission dans l'opération ?

Th. Odiot : Mon rôle a consisté, à partir de 1996, à coordonner avec trois adjointes, au plan scientifique et technique, les travaux archéologiques effectués sur 250 km de tracé linéaire de voie ferrée. Le TGV Méditerranée, qui parcourt toute la zone nord du climat méditerranéen pour gagner Marseille, traverse cinq départements répartis dans trois régions [1] : c'est le plus grand transect que pouvaient espérer les archéologues entre climat atlantique et climat méditerranéen. Il fallait assurer l'interface entre les Services régionaux de l'Archéologie, les Commissions interrégionales de la recherche archéologique (CIRA) [2], les archéologues et l'aménageur [3], dont le calendrier prévisionnel de travaux devait s'harmoniser aux besoins de la recherche. Cette coordination s'est installée à Orange, au centre du tracé : elle dépendait de l'Afan [4] Méditerranée, sous la responsabilité de François Souq, chef d'antenne.

V. Bel : Pour ma part, j'étais en charge de la gestion et de l'administration des fouilles sur un secteur du tracé, dans la Drôme et le Nord du département de Vaucluse. Je devais surtout communiquer sur le terrain les prescriptions de la tutelle scientifique, et lui transmettre en retour les informations provenant des équipes, en vue de prises de décisions rapides (par exemple, poursuite ou abandon des investigations sur un site), et pour aider ensuite les archéologues au moment de les exécuter.

Quelles étaient pour vous les caractéristiques du tracé ?

L'emprise des travaux ferroviaires ne présente bien sûr aucune pertinence archéologique : le tracé rencontre certains sites qui ne sont pas toujours les plus intéressants, et sans nécessairement les appréhender dans leur totalité. Mais un pareil transect permet d'étudier l'évolution des paysages et des milieux qui conditionnent l'activité humaine, à travers des micro-régions voisines mais distinctes. Nous avons essayé de concevoir toute la vallée du Rhône comme un seul « objet archéologique », en privilégiant l'approche environnementale et notamment la question des paysages anciens, moyennant une étude spécifique des séquences sédimentaires, réseaux, fossés et chemins antiques et médiévaux.

Pour donner quelques chiffres, la longueur du tracé était initialement de 310 km, réduite à 250 par l'abandon du tronçon Nîmes-Montpellier. La largeur moyenne est de 60 m, avec d'importantes variations dues à la nature des sols. Nous avons examiné systématiquement tous les terrains traversés et les aménagements annexes, y compris les sections réalisées en remblais, car l'objectif dépassait les simples critères

1. Drôme (Rhône-Alpes), Vaucluse et Bouches-du-Rhône (Provence-Alpes-Côte d'Azur), Gard et Hérault (Languedoc-Roussillon).
2. Commissions composées de scientifiques émettant des avis sur les opérations de fouille.
3. La SNCF jusqu'en 1998, puis le Réseau Ferré de France en qualité de maître d'ouvrage.
4. Association pour les Fouilles archéologiques nationales : c'est une agence de droit privé (loi de 1901) qui exécute pour le compte du ministère de la Culture la majorité des fouilles d'archéologie préventive. Elle sera prochainement transformée en établissement public.

d'archéologie préventive pour intéresser la totalité des vestiges enfouis. Une fois repérés par sondages les sites les mieux conservés, nous y avons pratiqué des fouilles approfondies, sauf cas de force majeure (parcelles non accessibles dans les délais, par exemple). Mais il fallait faire vite, et sans avoir pleinement connaissance du potentiel archéologique du tracé.

Quel était alors dans la région l'état de la connaissance et des recherches archéologiques ?
Plusieurs équipes sont à l'œuvre dans les secteurs traversés, pour des périodes archéologiques distinctes, et nous avons pu nous appuyer sur leur expérience pour la mise en valeur des résultats de nos recherches. Le Centre d'archéologie préhistorique de Valence étudie depuis plusieurs années l'interrelation du milieu naturel et des cultures préhistoriques en moyenne vallée du Rhône. Une autre équipe s'intéresse à l'occupation des sols de la plaine de Pierrelatte et du Tricastin pour l'époque romaine. Et surtout, le projet européen Archæomedes[5] a permis d'élaborer, dans le cadre d'une vaste étude des sites ruraux du Midi de la Gaule romaine, des cartes informatisées confrontant des données environnementales et archéologiques. D'autres recherches nous éclairaient assez bien sur l'organisation du territoire médiéval dans le Sud de la Drôme.

Quels ont été les protagonistes de l'opération ?
Tout d'abord les services de l'État, Services régionaux de l'Archéologie dont les conservateurs ont toujours été très disponibles, mais aussi d'autres services publics : de nombreux chercheurs du CNRS et des Universités compétentes ont été associés, et surtout les archéologues de l'Afan. Nous avons compté jusqu'à 300 personnes sur les chantiers, dont certains responsables ont été depuis intégrés au CNRS, à l'Afan ou à la Sous-direction de l'Archéologie. Il faut citer aussi les laboratoires spécialisés sollicités pour des études ponctuelles, par exemple de datation, en France comme à l'étranger.

5. Programme pluridisciplinaire ayant pour objectif l'étude de la part respective de l'homme et de la nature dans les processus de dégradation des sols des régions méditerranéennes.

Les rapports avec l'aménageur ont été dans l'ensemble excellents : la SNCF se félicitait d'avoir affaire à un dispositif de recherche structuré, avec une logistique efficace. Et pour la première fois dans une telle opération, il existait une coordination qui veillait aux problèmes complexes de sécurité : malgré l'ampleur des travaux, nous n'avons pas eu à déplorer d'accidents du travail.

Quelles étaient les modalités du financement ?
Le budget s'élevait à 150 millions de francs, pris en charge par l'aménageur, auxquels s'ajoutent 4,3 millions de francs de la Sous-direction de l'Archéologie, pour procéder à des publications sur quelques sites majeurs ou certains thèmes transversaux tels que l'habitat de l'âge du Fer de Bourbousson à Crest (Drôme), la nécropole des pestiférés des Fédons à Lambesc (Bouches-du-Rhône), l'histoire des paysages et du climat, la période médiévale dans la moyenne vallée du Rhône, etc.

Ces modalités financières découlent d'une convention entérinée en décembre 1994, qui donnait aux archéologues les moyens d'une bonne archéologie de sauvetage sur la quasi-totalité du tracé. Ce n'était pas le cas auparavant, et le chantier de l'autoroute A7, par exemple, n'a pas été accompagné dans les années soixante-dix d'une opération d'archéologie préventive.

Quelles difficultés avez-vous rencontrées ?
Les principaux obstacles tiennent au calendrier d'exécution. Nous avions d'abord fixé un planning idéal en quatre temps : recherche préalable et préparation du terrain (consultation d'archives, photographies, balisages) ; première série de sondages sur la nature des sols, avec les géologues travaillant pour la SNCF ; nouveaux sondages pour l'identification des sites ; et fouilles proprement dites sur les parcelles opportunes. Mais beaucoup de problèmes et d'oppositions se sont manifestés lors des libérations de terrains, ce qui a généré des blocages – et pour certains secteurs, les prospections n'ont pu commencer qu'au moment où des fouilles approfondies se

terminaient ailleurs. Du coup, des choix draconiens ont dû être effectués dans la dernière partie de l'opération de terrain.

Toutefois, nous avons atteint globalement notre objectif, qui était d'étudier, voire de prélever les vestiges identifiés pour permettre la construction de la ligne sans modifier son tracé. On peut trouver trois types de traitements, selon la configuration des sites :

- des sites fouillés en totalité, comme la nécropole de Pont-de-Pierre 1 à Bollène (Vaucluse) ;
- des sites partiellement touchés par l'emprise ferroviaire : en pareil cas, l'autre partie du site est encore conservée sous les terres agricoles, comme à Bourbousson 3, Crest (Drôme) ;
- des vestiges profondément enfouis comme dans le secteur de Mondragon à Caderousse, où d'épais recouvrements sédimentaires (de 4 à 6 m de hauteur) les dérobaient à nos investigations, car ils étaient naturellement protégés et donc non menacés par les travaux. On a préféré fouiller des sites plus accessibles, dans la mesure où l'intégrité de ces vestiges n'est pas compromise par la construction du TGV.

Comment s'est déroulée concrètement l'opération ?

Nous avons d'abord croisé l'approche environnementale et les données déjà connues pour établir une cartographie probable des sites à traiter. Au moyen des archives départementales et des cartes topographiques successives (depuis Cassini), mais aussi grâce aux photographies aériennes systématiques et aux autres bases de données de l'Institut géographique national, nous avons relevé sur la totalité du tracé tous les signes historiques ou visuels (anomalies parcellaires, zones humides, etc.) qui pouvaient présenter un intérêt pour l'archéologue. De même, nous avons positionné très précisément les réseaux d'arpentage antiques, ce qui était assez pertinent dans cette région fortement romanisée.

Ensuite, des prospections de détail ont eu lieu sur le terrain, sur la base des informations ainsi récoltées, mais aussi selon les indications de la Carte archéologique nationale[6] : nous en avons tiré la conclusion qu'il existait sur notre parcours de nombreux sites encore inconnus. De son côté, la SNCF procédait à des sondages géotechniques riches d'enseignements pour les géoarchéologues, au moment d'apprécier l'épaisseur des recouvrements.

C'est alors que nous avons lancé la campagne de sondages systématiques, comme l'on en pratique ordinairement en France depuis une quinzaine d'années. Il y a eu environ 2 000 sondages entre Valence, Marseille et Montpellier, soit en moyenne tous les 50 m. En fait, l'écart entre les sondages est variable en fonction des recherches préalables, et bien sûr des anomalies éventuelles du terrain. L'opération consiste à creuser une tranchée, voire plusieurs, à la pelle mécanique ; malgré les précautions prises, on risque toujours de détruire une partie du site, mais les archéologues assument ce risque et jugent préférable de « larder » le terrain pour établir un diagnostic fiable. Et dans le cas présent, les équipes étaient guidées par le travail préalable des géoarchéologues, dont la présence nous est précieuse : par l'analyse des formations sédimentaires, ou l'examen des micro-charbons, ils ont détecté la proximité de sites archéologiques en l'absence de tout mobilier mis au jour par le sondage, sites que nous n'aurions pu repérer sans leur concours.

Les rapports de sondages ont été transmis aux Commissions interrégionales de la recherche archéologique, et c'est sur la base des dossiers complets (recherches préalables et rapports des sondages) que nous avons pu décider l'ouverture d'opérations d'évaluation : il s'agit cette fois de décapages de faible superficie (10 à 40 m^2), susceptibles de confirmer la présence effective de vestiges d'une période historique pertinente, et l'état de leur conservation. Au vu des résultats, l'on définissait l'importance des fouilles à conduire, et l'on constituait une équipe adaptée à la nature du site.

Quels ont été les critères de choix des sites fouillés ?

On ne peut guère parler de choix puisque nous ne possédions pas de corpus complet des sites potentiels. C'est l'une des lacunes de l'opération : nous avons engagé certaines fouilles

6. La Carte archéologique nationale est une vaste base de données archéologiques qui répertorie les caractéristiques de tous les sites identifiés sur le territoire français.

sur des sites pour lesquels nous disposions d'un appareil scientifique adapté alors que nous aurions peut-être dû mettre des moyens sur d'autres sites que nous ne connaissions pas lors de la décision. Mais tous les sites choisis l'ont été en accord avec le Service régional de l'Archéologie concerné, et après une large consultation des autres intervenants. D'ailleurs, les différentes commissions disposaient de représentants souvent présents sur le terrain, qui les informaient régulièrement de l'avancée des travaux et leur donnaient ainsi les moyens de se prononcer valablement quant à la poursuite éventuelle de certaines fouilles. C'est un modèle de concertation qui figure parmi les grandes réussites de l'opération.

Quels genres de sites ont été découverts ?

Nous avons eu la chance d'aborder toutes les époques, de la préhistoire au XIXe siècle, mais uniquement en milieu rural puisque le tracé ne traversait ni village, ni cité, ni bastide. En revanche, nous avons pu examiner certains hameaux de l'époque médiévale, moderne ou même préhistorique, tel le village de l'âge du Bronze de Laprade, à Lamotte-du-Rhône (Vaucluse). Presque tous les aspects de la vie quotidienne dans la vallée du Rhône sont représentés, sauf la pêche et les activités fluviales. Nous n'avons pas découvert d'édifices cultuels, ni de carrière.

Ce tracé permet surtout d'étudier un vaste territoire et son évolution sur les 10000 dernières années en continu.

Quels sont les apports scientifiques de cette opération ?

Prenons l'exemple du funéraire antique : le cas de la nécropole des Communaux de Saint-Césaire à Vernègues (Bouches-du-Rhône), où quelque soixante tombes d'une agglomération secondaire de l'époque romaine ont été dégagées, nous apporte de nombreux renseignements sur la complexité des pratiques funéraires. En plus des deux types de crémation déjà connus – crémation directe dans la fosse définitive, ou dépôt dans la fosse des restes d'une crémation effectuée dans un lieu distinct – nous avons constaté qu'après d'indiscutables crémations *in situ* pouvaient se produire des prélèvements partiels de restes osseux, sans que nous sachions à quelle fin. Dès lors, s'agit-il bien de tombes, ou de simples bûchers ? Ce qui nous amène à nous interroger sur la notion de sépulture à l'époque romaine.

Plus généralement, ces travaux permettent aux archéologues et à l'ensemble des chercheurs travaillant dans les disciplines associées, de disposer d'une base de données inédite et de grande qualité sur les 10000 dernières années de la vallée du Rhône. L'on peut aussi bien étudier l'évolution de l'architecture des rites funéraires que l'apparition de l'agriculture ou les modes de stockage des céréales à travers le temps.

Bien évidemment, au-delà de la culture matérielle (céramiques, objets divers...), cette opération prend un sens particulier avec le regard des environnementalistes qui nous éclaire sur l'évolution du paysage. La vallée du Rhône n'est plus seulement peuplée par différentes civilisations qui commercent du nord au sud et d'est en ouest, mais c'est aussi une vallée qui se boise et se déboise plusieurs fois, où l'on a chaud ou froid, bref qui vit désormais au rythme des grandes évolutions climatiques.

Et comment s'est achevée l'entreprise ?

Notre convention prévoyait d'arrêter les fouilles au 31 décembre 1996, ce qui était indispensable pour les délais de l'aménageur. À cette date, nous avions travaillé sur la quasi-totalité des terrains, et nous devions nous arrêter si nous voulions conserver assez de moyens pour établir les rapports scientifiques des fouilles réalisées. Il y a donc eu concordance de fait.

Thierry Odiot, quel est votre rôle aujourd'hui ?

Dans le cadre de l'opération, j'ai réuni les fiches de synthèse. Elles sont à présent dans les mains des instances scientifiques. Ce sera la matière de trois gros volumes qui résumeront les aspects majeurs de nos campagnes de fouilles. Mais le plus important reste le suivi des publications en cours. Ces différents volumes, dont j'ai déjà parlé, seront l'héritage scientifique de l'opération et sont, finalement, sa seule raison d'être.

L'étude pluridisciplinaire détaillée des dépôts de surface, récents quant à l'histoire de la terre, a permis d'établir un premier bilan de l'histoire du climat, du paysage et des relations de l'homme avec le milieu naturel au cours des dix derniers millénaires.

UNE GRANDE TRAVERSÉE DANS L'ESPACE ET LE TEMPS

LA LIGNE TGV MÉDITERRANÉE

Les travaux d'archéologie préventive conduits sur la centaine de kilomètres du tracé TGV de Valence à Orange ont donné lieu à l'étude de plus de deux cents séquences géologiques postglaciaires. Ce n'est plus l'objet archéologique qui est directement pris en compte, mais le sédiment dans lequel il est enfoui, considéré lui-même comme un document sur l'histoire des milieux naturels et de l'homme. Au cours de cette opération, un intérêt particulier a été porté à ces archives sédimentaires, qui se sont révélées remarquablement riches en informations.

L'étude pluridisciplinaire détaillée de ces dépôts de surface, récents quant à l'histoire de la terre, a permis d'établir un premier bilan de l'histoire du climat, du paysage et des relations de l'homme avec le milieu naturel au cours des dix derniers millénaires. Les événements climatiques actuels montrent combien les sociétés humaines peuvent être en prise avec des oscillations, même mineures, du climat, et combien nécessaire est la connaissance des évolutions naturelles à long terme pour mieux apprécier les sociétés du passé, tout comme pour mieux comprendre les dynamiques en jeu dans nos sociétés actuelles.

L'exploitation de cette documentation issue du sol a reposé sur l'existence préalable de programmes de recherches régionaux à la charnière des sciences humaines, de l'archéologie et des sciences de la nature. Les formidables moyens d'exploration du sous-sol disponibles lors de l'opération archéologique précédant la construction de la ligne nouvelle du TGV Méditerranée (dernier événement en date de cette histoire du paysage) ont apporté sur ces questions une masse de données encore en cours d'exploitation.

HISTOIRE DES PAYSAGES ET DES CLIMATS DE LA FIN DES TEMPS GLACIAIRES À NOS JOURS

De Valence au Sud d'Orange, sur un peu plus de 100 km, la ligne nouvelle du TGV Méditerranée traverse une grande diversité de paysages : la plaine de Valence et les pieds du Vercors, la basse vallée de la Drôme, les collines du bas Dauphiné, la plaine de la Valdaine dans l'arrière-pays de Montélimar, la plaine de Pierrelatte en Tricastin et plus au sud celle d'Orange (fig. 1). À cette variété de paysages, composée de substrats géologiques fragiles sensibles à l'érosion, de versants à forte pente comme de plaines d'inondation, s'ajoute un climat particulièrement agressif, à la charnière des régimes méditerranéen et continental, qui exacerbe les processus érosifs, torrentiels, et par conséquent les accumulations de dépôts sédimentaires dans les points bas des paysages. Ces caractéristiques créent les conditions favorables à la constitution d'un remarquable conservatoire de sites archéologiques enfouis.

Il y a seulement une ou deux décennies, on pensait qu'après la fin de la dernière période glaciaire, il y a 10 000 ans, la surface de la terre n'avait plus connu de grands changements. Des programmes de recherches et les récents travaux du TGV Méditerranée ont démontré que ces dix derniers millénaires ont enregistré des variations paysagères et climatiques incessantes. Cette « dynamique du paysage* » – tel est le terme

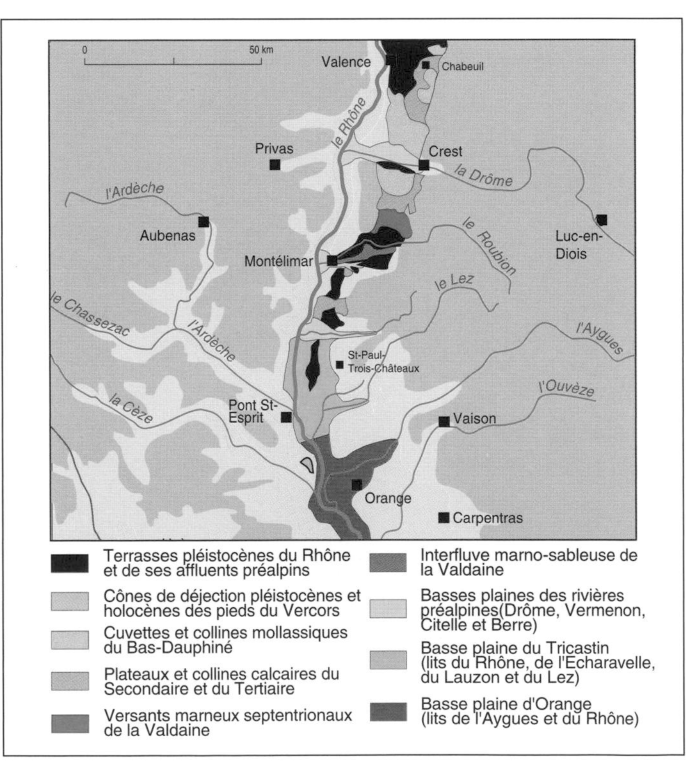

Fig. 1. De Valence à Orange, la ligne nouvelle du TGV Méditerranée traverse diverses unités de paysages. (J.-F. Berger)

* Les astérisques renvoient au glossaire, pages 193 à 196.

qu'on emploie pour insister sur sa grande mobilité – a induit des phases d'érosion et d'accumulation sédimentaire. Des traces d'occupation humaine ont été détruites, d'autres se sont trouvées préservées sous plusieurs mètres de sédiments ; 188 sites, de la Préhistoire récente à nos jours, ont été découverts.

Cette richesse en sites, on la doit à ces dynamiques d'enfouissement sédimentaire très actives dans les secteurs traversés, et à une phase de diagnostic qui ne s'est pas arrêtée aux prospections de surface pour concerner aussi les sites profonds se trouvant en dessous des labours. On observera que les sites découverts appartiennent aux périodes récentes de la Préhistoire ; aucun site paléolithique, antérieur à 10 000 ou 13 000 ans, n'a été découvert sur le tracé TGV. Les formations géologiques glaciaires où ils auraient pu se trouver ont été sondées. Hormis quelques zones couvertes de loess, poussières fines portées par le vent, favorables mais stériles, les autres formations sont surtout des terrasses fluviales à gros galets très défavorables à la conservation des sites. C'est donc sur la période récente de l'histoire de la terre, celle qui vient à la fin de l'ère quaternaire et que l'on appelle Holocène*, que l'apport des travaux archéologiques liés à la construction de la ligne nouvelle du TGV Méditerranée est essentiel. Cette période postglaciaire voit la mise place de notre climat tempéré actuel, puis l'émergence de nos sociétés de production dont l'économie repose sur l'agriculture, l'élevage, et des technologies de plus en plus sophistiquées et transformatrices de notre environnement.

À côté du flot des données archéologiques classiquement recueillies sur les sites, un intérêt précis a été porté au cours de cette opération à la recherche sur leur environnement. Les liens qui nous rattachent au milieu naturel, la façon dont on le perçoit, dont on l'exploite ou dont on lui est plus ou moins inféodé, sont partie intégrante de nos sociétés et sont à comprendre dans une perspective historique. Alors que les sites restent des découvertes ponctuelles, le tracé linéaire du TGV est un moyen d'exploration très efficace de l'espace géographique à travers les diverses unités de paysage traversées et occupées par l'homme.

Les opérations archéologiques préalables aux travaux du TGV Méditerranée ont révélé non seulement un grand nombre de sites, mais aussi beaucoup de secteurs recouverts au cours de l'Holocène par 1 à 6 m de sédiments. Ces couches sont de véritables documents sur l'histoire du paysage et du climat ; leur succession sur un même gisement constitue une séquence représentant une portion de temps plus ou moins

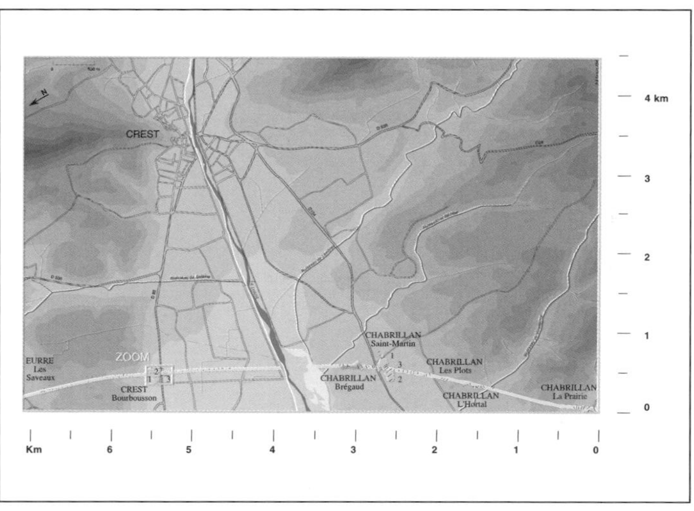

Fig. 2. Exemple de l'ampleur des travaux de terrain lors de l'opération d'archéologie préventive le long de la ligne du TGV Méditerranée : sondages (traits noirs) et fouilles (en orange). (P. Sarazin)

longue. L'efficacité d'une opération linéaire repose justement sur le grand nombre de séquences sédimentaires* qui se suivent et que l'on peut corréler de proche en proche. La phase des sondages de diagnostic est aussi importante que celle des fouilles. Elle est même déterminante car les sondages effectués tous les 30 à 50 m sont les maillons qui permettent de restituer l'espace entre les sites (fig. 2 à 5). On peut d'ailleurs considérer tout l'espace comme archéologique, même en l'absence de vestiges. Le territoire des sites en tant qu'espace aménagé ou parcouru par l'homme était-il composé de forêts, de prairies ou de champs cultivés ? Les réponses à ces questions se trouvent essentiellement en dehors des sites. Les fossés qui délimitent, irriguent ou drainent les parcelles,

Fig. 3. Phase de diagnostic archéologique : sondage à la pelle mécanique à Chabrillan (Drôme).

les voies et chemins, les traces agraires de culture, de plantations, doivent être également considérés comme des sites archéologiques à part entière. Aucun n'a été négligé au cours de cette opération de sauvetage. Cette archéologie-là vise à comprendre l'homme en tant qu'utilisateur et créateur d'espace. La recherche est pluridisciplinaire, elle s'effectue à la croisée des sciences de l'homme (archéologie) et des sciences de la nature et de la vie (géologie, paléobotanique, paléozoologie, etc.).

L'ampleur des travaux du TGV fournit une exceptionnelle documentation sur l'histoire des climats à travers les couches sédimentaires qu'ils ont marquées de leur effet. Cet enregistrement sédimentaire est loin d'être continu, il présente beaucoup de lacunes, mais les quelque 1500 sondages du TGV permettent de reconstituer segment après segment les fils de cette histoire.

Le défi est de mieux comprendre les variations et le fonctionnement du climat postglaciaire, et d'observer à la latitude où l'on se trouve les déplacements de la limite nord du climat méditerranéen sous l'impact de la remontée d'influences tropicales chaudes et sèches, ou au contraire de la descente du front polaire. On ne peut bien sûr être précis « au poil près », ou plutôt au brin d'herbe près, sur les paysages et les territoires exploités ; néanmoins, l'énorme masse de données récoltées sur le tracé du TGV Méditerranée permet de construire des repères, et de proposer un cadre paysager et climatique à l'évolution des sociétés de la fin des temps glaciaires à nos jours.

L'exploitation des données du TGV Méditerranée a grandement bénéficié de programmes de recherches ayant longuement expérimenté en moyenne vallée du Rhône des procédures d'approches conjointes, naturalistes et archéologiques, conduites dans le cadre des travaux du Centre d'Archéologie préhistorique de Valence et du CEPAM de Valbonne, unités mixtes de recherches du CNRS. Les résultats importants, mais liés à la bande étroite du linéaire de la ligne nouvelle, devront être élargis dans le cadre de recherches géographiquement plus étendues.

Fig. 4. Phase de diagnostic archéologique : sondage peu profond, effondré à Saint-Denis, Chabrillan (Drôme).

Fig. 5. Phase de diagnostic archéologique : sondage profond avec cage de protection, Chabrillan (Drôme).

Le climat et ses variations au cours des dix derniers millénaires, l'homme bâtisseur de paysages

Le cadre climatique de la période postglaciaire holocène est globalement connu par des travaux sur les glaces polaires, ou encore par les variations de niveau des lacs, ou de la couverture végétale. Les données que nous apportent les grands travaux d'aménagement du territoire comme ceux du TGV sont extrêmement précieuses, car elles sont plus précises sur les rythmes des variations climatiques et bien plus parlantes quant aux effets directs du climat sur l'évolution des paysages. Elles nous fournissent ainsi d'utiles informations sur les modes de vie des hommes, les potentiels environnementaux ou les contraintes pesant sur les sociétés qui les occupent. Cette précision induit une grande complexité dans la lecture des signatures que l'on observe pour leur attribuer une origine, que ce soit le dépôt d'une nouvelle couche de sédiment, ou un nouvel assemblage d'espèces végétales ou de mollusques. Il devient même très difficile à partir du Néolithique, période qui caractérise les débuts de l'agriculture en Europe occidentale, de faire la part de l'homme ou/et du climat dans les dynamiques du paysage. L'artificialisation progressive de l'environnement sous l'impact de sociétés de plus en plus hiérarchisées et techniques amplifie la sensibilité du sol aux pulsations climatiques. Un climat caractérisé par des pluies concentrées, avec de gros orages, ne laissera que peu de traces sur un sol couvert de forêts ; la signature sera par contre imparable, si le sol est à nu, déboisé, donc non protégé. Un autre paramètre, longtemps négligé parce qu'il paraissait être surtout lié aux dynamiques actuelles, tient un rôle important dans l'évolution des écosystèmes holocènes : ce sont les feux de forêts, spontanés ou allumés par l'homme, dont les traces sont fréquentes dans les séquences du TGV. Un nouveau degré de complexité est introduit de la sorte, puisque ce paramètre obéit simultanément à trois dynamiques : le climat, l'homme et les processus propres à la végétation.

Nous ne nous lancerons pas ici dans une histoire détaillée du climat et des paysages des dix derniers millénaires, que l'on peut parfois affiner au siècle près ; ce sera l'objet d'un volume de publication du TGV en cours de préparation. Nous essayerons à travers quelques moments-clés de cette histoire d'en montrer les facteurs dynamiques, et d'illustrer leurs constantes fluctuations (fig. 6).

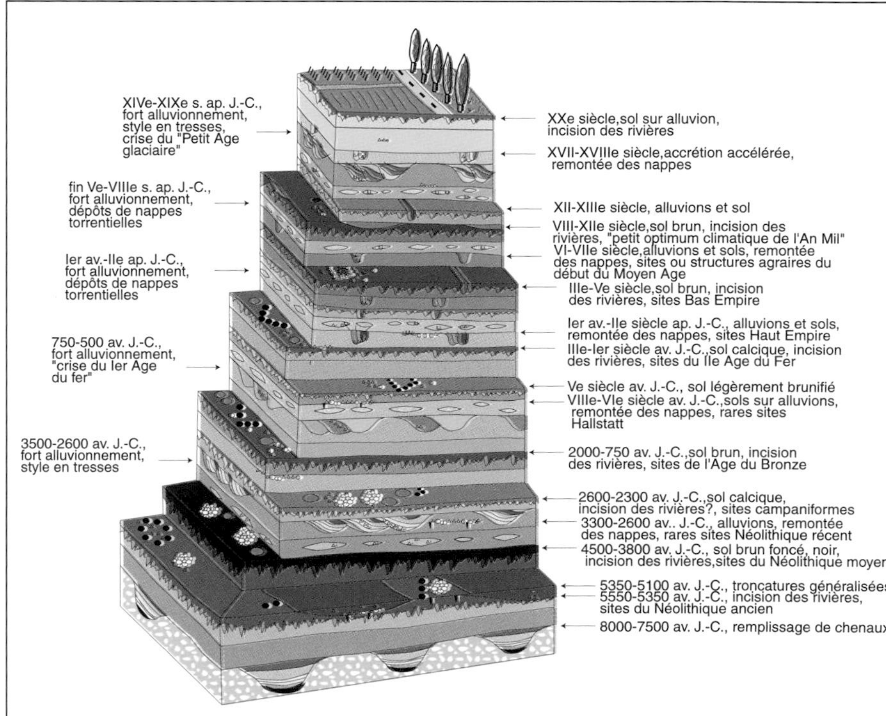

Fig. 6. Succession reconstituée des archives sédimentaires de la plaine du Tricastin. Les couches représentées font la synthèse des données recueillies à des endroits différents. (Dessin J.-F. Berger, P. Sarazin)

En moyenne vallée du Rhône, les sédimentations et les sites compris entre 13 000 et 5 000 avant J.-C. sont rares. Deux belles séquences du TGV, sur les sites des Roches à Roynac et de Lalo à Espeluche (Drôme), viennent documenter cette période jusqu'à présent peu connue. On y voit autour de 9 000 avant J.-C., après les derniers froids tardiglaciaires et dans une ambiance encore fraîche, se constituer les premiers sols, sous un paysage couvert de pins sylvestres et de rosacées. Ce n'est déjà plus la steppe froide d'herbacées qui régnait à la fin de la dernière glaciation. On voit ensuite jusqu'au VIe millénaire avant J.-C. progresser pas à pas la chênaie à feuilles caduques et les essences thermophiles. Les paléosols* noirs découverts et étudiés sur ces sites, ainsi que les phytolithes*, les charbons et les mollusques qui s'y trouvent conservés, montrent que la forêt ne s'étend pas partout, comme on le pensait : les surfaces en prairie sont alors bien présentes. Elles existent déjà du temps des derniers chasseurs mésolithiques, et les premiers paysans néolithiques qui arrivent au milieu du VIe millénaire n'ont pas à déboiser une immense forêt vierge pour s'installer. Les sols noirs à très nombreux charbons de taille microscopique, révélateurs de fréquents incendies, posent même la question d'une possible gestion de l'espace naturel par le feu, conduite par les chasseurs mésolithiques. C'est un des premiers moments où l'homme pourrait transformer volontairement son environnement, en profitant de manière opportuniste de facteurs climatiques et édaphiques* favorables.

À la fin du VIe millénaire, sur de très nombreuses séquences sédimentaires du TGV se lit une phase de très forte érosion au cours de laquelle une grande partie des couches antérieures est déblayée, emportée dans les ruisseaux, rivières et fleuves. Des vallons sont recreusés sur les versants et terrasses rhodaniennes. Un épisode climatique à pluies concentrées, amplifiant fortement les débits liquides et solides, est responsable de cet événement important de notre histoire qui s'observe par ailleurs dans le Midi méditerranéen. On se demande dans quelle mesure l'extension des néolithiques et leurs déboisements n'en auraient pas accru les effets possibles. Si tel était le cas, on aurait là un des premiers moments de rupture dans le fonctionnement des écosystèmes induite par les pratiques humaines.

Pendant quelque cinq à six siècles, de 4 400 à 3 800 avant J.-C., au cours du Néolithique moyen chasséen*, on observe une très nette réduction des phénomènes d'accumulations sédimentaires violents, associés à l'érosion et à l'alluvionnement. Une pédogenèse* très particulière, favorisant la formation de sols brun foncé à noirs, est alors identifiée. Elle

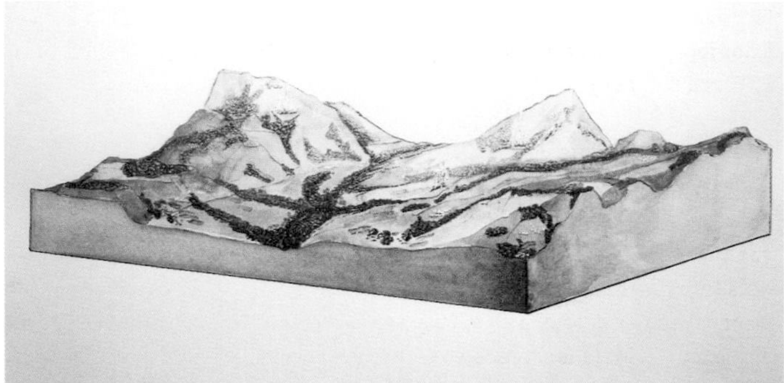
7.1

7.2

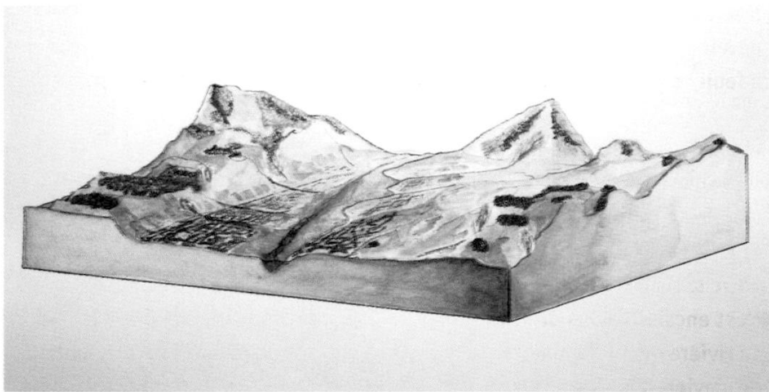
7.3

7.4

Fig. 7. (page ci-contre). Essai de restitution du paysage de 7 000 avant J.-C. à nos jours dans la basse vallée de la Drôme, en aval de Crest (Drôme). (Dessins L. Ponce de Leon)

Fig. 7.1. Néolithique moyen chasséen, 4 400 à 3 800 avant J.-C.
Dans la seconde moitié du Ve millénaire avant J.-C. se place un moment de continentalisation du climat : les pluies se font rares, favorisant l'extension des surfaces couvertes de prairies. La forêt de chênes qui s'est développée dans les débuts du Postglaciaire est là sous forme de bosquets. Des forêts formant galeries se développent le long des cours d'eau. Les incendies des prairies, des bosquets et de leurs lisières sont fréquents et entretiennent le paysage. L'économie agricole se met en place ; des céréales, puis des lentilles sont cultivées, mais il semble que le pastoralisme, favorisé par le développement des prairies, ait tenu une place importante dans l'économie des sociétés du Néolithique moyen. La sédentarisation totale en village ne semble pas encore acquise. Un modèle se dessine où la mobilité des populations, peut-être liée au pastoralisme, est encore très forte.

Fig. 7.2. Fin du Néolithique, débuts de l'âge du Bronze ancien, 2 500 à 2 000 avant J.-C.
Cette période de grande instabilité hydrologique est marquée par des crues fréquentes. La Drôme sort de son lit, laissant peu praticable sa basse plaine. Tous les petits vallons sur les versants sont périodiquement en eau et une forte érosion se développe. Son intensité est accrue par l'extension de l'exploitation des terres à la fin du Néolithique et aux débuts de l'âge du Bronze ancien. Les sols sont emportés, une végétation adaptée aux sols dégradés (garrigue à buis) se met en place. Par la suite, une nouvelle période de stabilité, se développant au cours du Bronze ancien, permettra une extension de la chênaie à feuilles caduques, favorisée par la déprise humaine à l'âge du Bronze moyen.

Fig. 7.3. Période romaine, fin du IIe et IIIe siècles après J.-C.
Une phase d'instabilité hydrologique, pluies fréquentes et abondantes, se manifeste sur toute la vallée du Rhône jusqu'au Nord de Lyon. Les débordements de la Drôme entament une partie des surfaces exploitables des basses plaines. Entre la fin du second âge du Fer et les débuts de la période romaine, la Drôme s'est encaissée très profondément, 5 à 6 m en dessous de son niveau actuel. La rivière remblaie maintenant son cours en transportant d'énormes quantités de graviers dont beaucoup de tuiles, transformées en galets, témoignent d'habitats détruits par les crues. Quelques signes, dont le développement d'une végétation montagnarde, dénotent une certaine fraîcheur climatique. Une voie romaine s'établit presque en lieu et place de la voie de la fin du premier âge du Fer. La cadastration romaine marque l'organisation administrative du paysage.

Fig. 7.4. Haut Moyen Âge, Xe-XIe siècles après J.-C.
Du VIIe au XIIe siècle après J.-C., s'étend un grand moment de stabilité dans l'histoire du paysage. Après les crues dévastatrices qui ont marqué les débuts du Moyen Âge entre le Ve et le VIIe siècle après J.-C., les rivières ne divaguent plus et laissent plus de place aux aménagements agricoles. Contrairement à ce que l'on pensait, le paysage du haut Moyen Âge n'est pas totalement boisé, comme le laissent entendre les textes sur les déforestations postérieures à l'an Mil. Les prairies occupaient une place importante, et pouvaient se développer également sous les bosquets plus ou moins nombreux. Les ripisylves sont probablement conservées comme zones d'exploitation agricole (feuillée, bois, etc.). La longue accalmie hydrologique et le réchauffement qui se produit à partir de 900 après J.-C. donnent un sol de bonne qualité agricole. Cette amélioration climatique doit être prise en compte dans les développements socio-économiques importants qui ont débuté à l'an Mil.

est bien conservée sur plusieurs sites du TGV, en particulier au Serre 1, Roynac (Drôme). Ces sols, couverts de prairies de graminées et de bosquets d'arbres, révèlent une certaine continentalisation du climat et un stress hydrique important. Le déficit en eau favorise le développement des surfaces de graminées, la fréquence des feux, aux dépens de la chênaie et de la forêt (fig. 7.1). Sans toutefois qu'on en arrive à un paysage de steppe, comme on peut en voir aujourd'hui en Europe centrale ou orientale, de la Hongrie à l'Ukraine, ces signatures paléoécologiques montrent les possibles bascules entre masses d'air polaire, méditerranéenne et continentale sèche, à l'échelle du continent eurasiatique. Cette donnée sur l'extension spatiale des prairies, corrélée à d'autres observations issues des programmes de recherche en moyenne vallée du Rhône sur le Néolithique chasséen, a permis d'avancer l'hypothèse d'une société où le pastoralisme aurait dans l'économie une part plus importante que l'agriculture. La mobilité alors accrue des populations serait associée aux mouvements pastoraux, et la sédentarité ne serait pas totalement acquise à ce stade.

La période qui couvre la fin du Néolithique et le début de l'âge du Bronze, entre 3 300 et 2 000 avant J.-C., apparaît comme climatiquement et géomorphologiquement très instable (fig. 7.2). Des alluvionnements et des colluvionnements importants sont perceptibles. De toute évidence, la sensibilité des sols à l'érosion est accrue. Outre le facteur climatique, l'extension de l'exploitation agricole des terres par les sociétés du Néolithique final pourrait en être responsable. Les sols se déstructurent, s'appauvrissent, les terrains sont durablement dénudés par des rythmes de mise en culture plus intenses. C'est à ce moment que se met en place une végétation de garrigue, à buis et chênes vert, adaptée aux sols dégradés et squelettiques. Cette situation est reconnue simultanément dans de nombreux secteurs de l'espace rhodanien. À la suite d'une période de stabilité d'un peu plus d'un millénaire, couvrant la plus grande partie de l'âge du Bronze (2 000 à 750 avant J.-C.), une période d'érosion et de forte torrentialité marque l'extrême fin de l'âge du Bronze et les débuts de l'âge du Fer (Hallstatt*), jusqu'au VIe siècle avant J.-C. – période connue par ailleurs à l'échelle planétaire pour être une phase de péjoration climatique, associée à un climat plus froid et humide.

Du second âge du Fer aux débuts de la période romaine (fin de la République ou période augustéenne), les processus d'évaporation, et d'évapotranspiration*, probablement liés à un réchauffement du climat, contribuent à l'abaissement des nappes phréatiques et à la formation de sols calciques riches en carbonates. Mais autour du changement d'ère débute une crise hydrologique longue de deux siècles environ, d'origine climatique, dont les effets sont cependant largement amplifiés par les activités agricoles. Elle est caractérisée par des crues fréquentes et de forte amplitude, ainsi que par une remontée généralisée du niveau des nappes et du plancher fluvial, dont on trouve la trace tout le long du tracé du TGV sous la forme d'alluvionnements, dans les plaines du Rhône et de ses affluents préalpins traversés, Drôme, Roubion, Jabron, Vermenon, Berre, Lauzon, Lez et Aygues (fig. 7.3). Cette série récurrente de « catastrophes naturelles » provoquée par l'arrivée massive d'eau n'est pas sans rappeler les événements survenus récemment dans le Sud de la France (Vaison-la-Romaine, Nîmes, vallée de l'Aude) ; elle atteint un territoire plus vaste et a duré nettement plus longtemps. Cette phase se poursuit jusqu'à la fin du IIe siècle ou au début du IIIe siècle après J.-C. On discute aujourd'hui des effets possibles de cette crise des paysages sur les événements socio-économiques et politiques de la fin du Haut-Empire romain. Ce qui est sûr, c'est que l'on assiste dès le début du IIe siècle à une mutation des modes agropastoraux. Les cultures spéculatives (vigne, olivier, céréales), prédominantes au cours de la phase de colonisation et d'implantation des vétérans des armées impériales en Gaule du Sud (la Narbonnaise), sont en grande partie abandonnées ou du moins fortement réduites par la suite. À partir du IIe ou du IIIe siècle s'affirme une économie beaucoup plus tournée vers la polyculture et l'élevage. Cette mutation économique des campagnes gallo-romaines s'accompagne, entre le IVe et le milieu du Ve siècle, d'un arrêt des alluvionnements et d'une pédogénèse, qui signent une période de stabilité des paysages. La carbonatation* du sol marque un réchauffement certain.

Il ne faut pas imaginer, avec la chute de l'Empire (476 après J.-C.), une fermeture totale du paysage et une progression irréversible des friches et de la forêt. Les faits environnementaux illustrent plutôt une succession de phases d'emprise et de déprise agricole pluridécennales, et un développement des espaces pâturés.

De la fin du Ve au VIIe siècle après J.-C. de nouveaux dérèglements hydrologiques sont contemporains du haut Moyen Âge, et probablement en partie responsables d'une méconnaissance de cette période, dite obscure. De nombreux sites sont emportés et détruits par les ruissellements et les rivières. Un moment de stabilité particulièrement long est identifié entre les VIIe-VIIIe siècles et la fin du XIIe siècle après J.-C. (fig. 7.4). Il induit des conditions paléoenvironnementales nouvelles. L'abaissement des aquifères et l'amélioration corrélative des conditions de drainage naturel favorisent alors l'occupation et la mise en valeur des basses plaines alluviales. L'évolution pédologique a produit des sols riches, profonds, aérés, agrégés et souvent légers, donc à forts rendements agraires et faciles à travailler. Là encore des épisodes de carbonatation du sol marquent un réchauffement non négligeable, accompagné d'un certain déficit hydrique. Il est aussi possible d'imaginer que les pluies coïncident avec la saison chaude. Ces conditions seraient atteintes entre 900 et 1 100 après J.-C. La qualité du sol et un climat particulièrement favorable ont ainsi pu contribuer à une succession de bonnes récoltes, en particulier de céréales, et participer en quelque sorte aux développements socio-économiques importants de l'an Mil. Cette amélioration du climat est connue dans la littérature paléoclimatique comme « l'optimum climatique de l'an Mil », mais la période la plus chaude de ces deux derniers millénaires pourrait être centrée autour de 500 après J.-C., selon les phases de plus grande activité du soleil et les modèles astronomiques. L'exploitation des données paléoenvironnementales du TGV montre précisément leur intérêt par rapport aux indicateurs climatiques globaux, car on observe sur le terrain, dans les enregistrements sédimentaires de la moyenne vallée du Rhône, les effets directs du climat sur le sol, les plantes, la température annuelle moyenne, et surtout le régime hydrologique et les bilans hydriques dont les variations en région méditerranéenne sont si importantes pour les populations.

Les sites médiévaux des Vignarets à Upie ou de Constantin à Montboucher-sur-Jabron (Drôme) sont rapidement recouverts aux XIIIe-XIVe siècles par des alluvionnements, qui signent une nouvelle phase de dérèglements hydrologiques marquant la fin de cette longue période de calme, sur le plan de l'activité des cours d'eau et des dépôts sédimentaires. En vallée du Rhône, la plupart des pièges à sédiment, constitués par les secteurs en dépression, sont alors remplis jusqu'à la gorge et n'offrent pas une lecture très précise des événements climatiques des derniers siècles. Plusieurs nappes alluviales, repérées aux traversées de la Véore, de la Drôme et de la plaine rhodanienne, se déposent entre les XVIIe et XIXe siècles. Elles peuvent être considérées comme relatives au « Petit Âge glaciaire » qui représente la dernière pulsation climatique fraîche et humide importante que nous permet de percevoir le recul historique, avant le prochain réchauffement qui pourrait être dû à l'effet de serre d'origine humaine.

On observera à la lumière de ce rapide tour d'horizon des dix derniers millénaires que les aléas climatiques sont constants et périodiques. Le climat n'a pas attendu les interventions de l'homme pour se modifier, les paramètres naturels en interaction sont largement suffisants. S'il est bien clair qu'à l'aube du IIIe millénaire après J.-C. l'activité de l'homme peut influencer le cours du climat, les modifications apportées en particulier par les émissions de gaz à effet de serre doivent être comprises et intégrées au sein de grandes évolutions naturelles dont les cycles se mesurent à moyen et long termes.

Depuis les débuts du réchauffement postglaciaire, ces variations climatiques ont modelé en partie le paysage, le relief, et affecté les sols, la végétation. Telle une respiration se succèdent périodes de stabilité et d'instabilité des paysages. La zone de transition climatique qui, vers Montélimar, sépare aujourd'hui le climat méditerranéen du climat continental, s'est à plusieurs reprises déplacée plus au nord ou plus au sud. Les bilans hydriques ont pu s'affaiblir, ou au contraire les nappes phréatiques monter, contraignant parfois de façon durable les mises en culture dans les plaines alluviales et les dépressions humides. L'homme s'est adapté à ces modifications, ou a trouvé des solutions techniques pour les contourner (avec la maîtrise des systèmes hydrauliques à partir de la période romaine). Il n'est donc pas toujours facile de déterminer dans quelle mesure le climat aurait influencé le cours des civilisations, que ce soit lors de l'extension des prairies pour les pasteurs du Néolithique moyen, ou lors de l'amélioration des conditions édaphiques, donc agraires, de l'an Mil, associée à l'expansion économique et démographique du Moyen Âge. L'action de l'homme sur le paysage est très précoce ; elle s'affirme peut-être de façon fugace dès le Mésolithique si l'hypothèse de feux de gestion du territoire se confirme, en tout cas au Néolithique, dès le VIe millénaire avant J.-C., et de plus en plus fortement à la fin de cette période, au cours du IIIe millénaire avant J.-C., où l'on peut commencer à parler de dégradation des sols. Au cours des millénaires, un jeu va s'établir entre phases climatiques plus ou moins agressives, et phases d'emprise et de déprise plus ou moins fortes de l'homme sur le paysage. Cette histoire où l'homme apparaît comme un bâtisseur de paysage commence donc bien avant le Moyen Âge ou la période romaine, comme cela est généralement admis. L'homme, dès le VIe millénaire avant J.-C., déboise la forêt, construit les paysages par la création de champs, de prairies. Le relief est peu à peu gommé, aplani par l'érosion naturelle et les choix humains. La plupart de nos plaines du Rhône, de la Drôme, de la Valdaine, présentaient à l'origine des surfaces moins planes, beaucoup plus vallonnées. Elles ont été nivelées, étape après étape, au cours du temps. Ainsi, à la période romaine, les zones en creux sont parfois comblées volontairement par d'énormes volumes de terre. On constatera, après cette longue histoire, que les rapports de continuité et de discontinuité entre nature et culture existent depuis des millénaires.

Le cocktail constitué par l'association de facteurs tels une zone climatique charnière, marquée par d'incessantes modifications des paramètres climatiques, des versants pentus sur substrats géologiques fragiles, des plaines inondables, produit une dynamique des paysages très active, où se succèdent dans la longue durée érosions et pédogenèses. On observe à cet égard la puissante capacité des milieux naturels à s'adapter, à se régénérer. Sols calcaires et sols acides, décarbonatés*, peuvent se succéder à un rythme rapide et provoquer par ailleurs une grande diversité de la flore déjà remarquée dans la Drôme.

Les grands travaux du TGV Méditerranée ont permis d'attribuer une extension géographique plus large à des phénomènes qui pour certains commençaient à être connus par des études antérieures. Les sols noirs du Néolithique moyen, le paléosol médiéval, les inondations du milieu du VIIIe au VIe siècle avant J.-C., ou des Ier et IIe siècles après J.-C. représentent assurément des moments importants de notre histoire lorsqu'on en relève les traces sur une trentaine de points au moins, de Valence à Orange. La collecte, puis la corrélation de toutes les données recueillies dans plusieurs disciplines, permettent de proposer un cadre chronoclimatique de référence, c'est-à-dire de situer dans le temps différentes phases de l'histoire du paysage et du climat. Ces repères, ainsi constitués et discutés, sont valables pour la moyenne vallée du Rhône, le Sud-Est français, et plus largement l'Europe occidentale. Cette histoire reste à valider par des travaux futurs et beaucoup de questions soulevées sont à documenter et à rediscuter maintenant dans le cadre de nouveaux programmes de recherche concernant cette région.

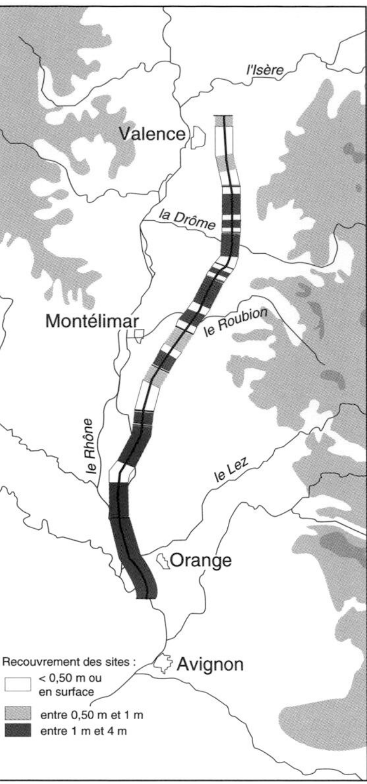

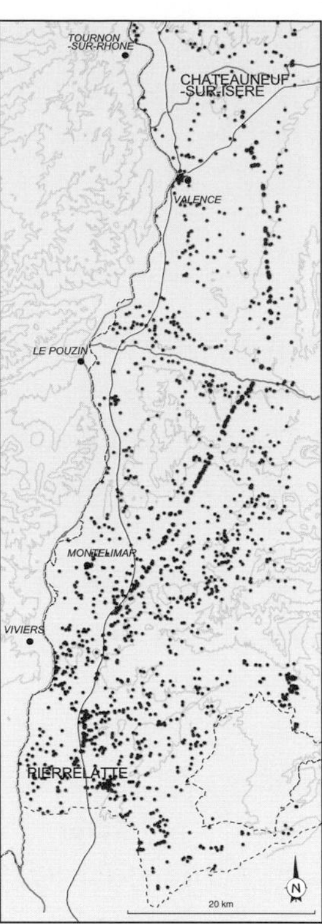

Fig. 8. (à gauche). Étendue des secteurs à sédimentation active sur le tracé du TGV Méditerranée. (J.-F. Berger, J. L. Brochier)

Fig. 11. (à droite). Carte archéologique du département de la Drôme. Le tracé du TGV Méditerranée apparaît sous la forme d'une succession de sites. (données BDCARTO de l'IGN - Paris 2001 - autorisation n° 50-1130 - Service régional de l'Archéologie Rhône-Alpes)

Le patrimoine archéologique enfoui : comment prédire la découverte de sites ?

Les opérations de sauvetage archéologique sur le tracé du TGV Méditerranée font la démonstration de l'ampleur des vestiges qui restent encore cachés sous les sédiments. Les conditions géomorphologiques et climatiques, on l'a vu, ont induit une dynamique du paysage très active, où l'érosion mais aussi les recouvrements sédimentaires se succèdent régulièrement. Au total, sur les 106 km explorés entre Valence et Orange, 58 % du tracé TGV sont recouverts par 1 à 6 m de sédiments, et 10 % par 0,5 à 1 m (fig. 8). Plus des trois quarts de la surface explorée contiennent donc des sites non visibles en surface. Sur 22 % seulement du tracé, les vestiges peuvent affleurer dans les labours, et être ainsi identifiés par des prospections pédestres. La connaissance du terrain acquise préalablement lors de plusieurs programmes de recherches en vallée du Rhône, notamment du Centre d'Archéologie préhistorique de Valence, avait déjà permis de prendre en compte cette situation dans l'étude des sociétés du passé.

La conduite systématique des sondages en profondeur, jusqu'aux couches géologiques où l'on a l'assurance qu'elles ne peuvent plus contenir de restes contemporains à l'homme, a permis la découverte de 188 sites, dont 80 % sont enfouis sous les labours (fig. 9). 149 sites se rattachent chronologiquement à la Préhistoire récente (Mésolithique, Néolithique, âges des Métaux), 22 à l'Antiquité, 17 au Moyen Âge. Le grand nombre de sites de la Préhistoire est le résultat des recherches effectuées en profondeur. Beaucoup sont représentés par des épandages de petits débris de tessons et de silex taillés. Ils n'ont pas été fouillés, mais leur présence pose des questions sur la densité et la mobilité de l'habitat à ces périodes. Ce phénomène se retrouve d'ailleurs autant en vallée du Rhône que sur ses bordures, jusque dans les Préalpes, les circulations des groupes humains s'effectuant autant entre le nord et le sud qu'entre l'est et l'ouest. D'autre part, pour les périodes historiques, la fixation de l'habitat en dehors du tracé TGV à partir de l'Antiquité, et le fait que ce tracé s'écarte au mieux des agglomérations actuelles – dont beaucoup remontent au moins au Moyen Âge –, expliquent en partie leur nombre plus faible. La profondeur d'enfouissement

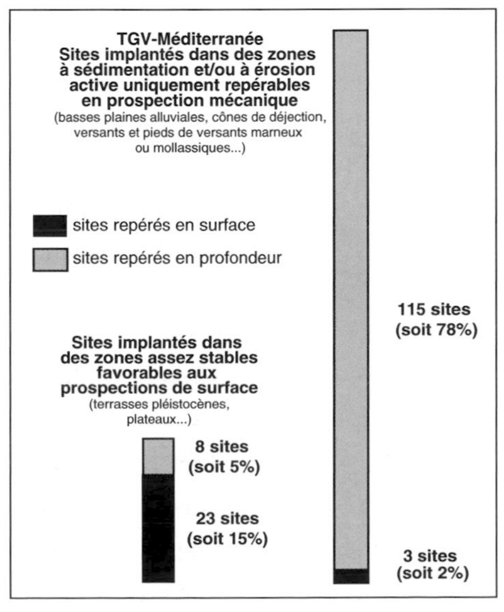

Fig. 9. Bilan des sites enterrés et de surface trouvés sur le tracé du TGV Méditerranée, pour la Préhistoire. (J.-F. Berger)

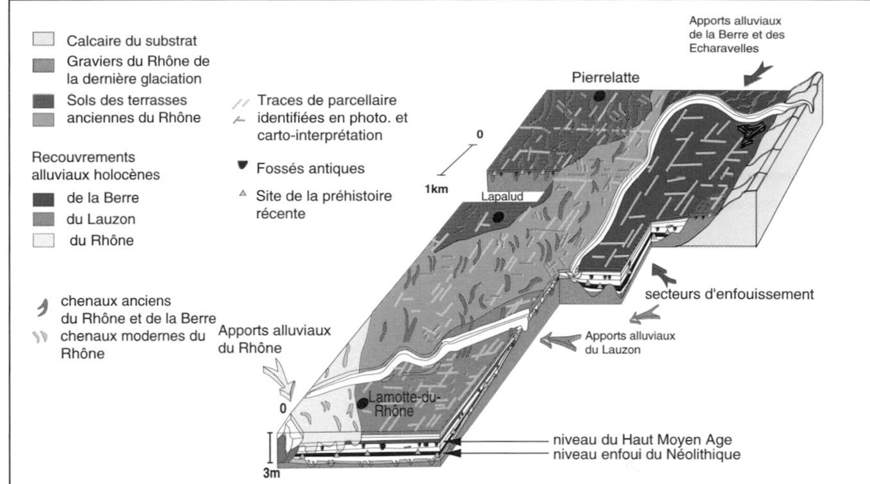

Fig. 10. Secteurs à sédimentation très puissante dans la plaine du Tricastin au sud de Pierrelatte, surtout sous l'action des apports des affluents latéraux du Rhône, la Berre, le Lauzon. La période romaine se trouve enfouie à 2 m de profondeur, le Néolithique à 4 m. (P. Sarazin, C. Jung, J.-F. Berger)

n'est pas fonction de l'âge, mais des dynamiques sédimentaires et des formes paysagères locales. Les sites antiques de Bourbousson 3 à Crest ou de Saint-Martin 1 à Chabrillan (Drôme), faiblement enfouis, n'étaient pas connus. Que dire alors des vestiges romains qui dans les plaines rhodaniennes du Tricastin et d'Orange se trouvent entre 2 et 4 m de profondeur, le Néolithique n'étant atteint qu'entre 5 et 6 m (fig. 10) ? En moyenne, la plupart des vestiges de la Préhistoire récente se trouvent sous 1 à 4 m de sédiments.

Cette exploration en profondeur, possible sur une longue distance lors de grands travaux comme ceux du TGV, est l'occasion d'apporter des correctifs aux cartes archéologiques. L'effet TGV est déjà très sensible sur la carte des sites du département de la Drôme, toutes périodes confondues (fig. 11). La ligne TGV s'y dessine comme un chapelet de points serrés, preuve que de nombreux sites enfouis restent à découvrir dans les zones qui par contraste apparaissent à proximité beaucoup plus vides. On observera sur cette carte que ni le tracé du TGV au Nord de Valence, ni celui de l'autoroute de Valence à Grenoble n'apparaissent dans le semis des points des sites du département. Ces grands travaux avaient privilégié, il y a quelques années, la prospection pédestre dans les labours aux dépens des sondages systématiques, négligeant alors la plus grande partie des sites archéologiques enfouis. On peut être assuré maintenant, grâce au progrès méthodologique offert par les opérations du TGV Méditerranée et d'autres en France métropolitaine, que les prospections pédestres de surface dans les champs ne sont pas opérantes pour la recherche de sites et que la carte archéologique régionale, inventaire des sites connus, est loin de donner l'état exact du patrimoine existant, la densité considérable de sites enterrés n'y étant évidemment pas représentée.

La grande coupe de terrain réalisée lors des travaux archéologiques du TGV permet d'évaluer les conditions taphonomiques* des sites, c'est-à-dire les conditions dans lesquelles ils se sont fossilisés, recouverts par tel ou tel type de sédiments, mais aussi les dégradations qu'ils ont pu subir, au moment de leur abandon et après, par l'impact des phénomènes géomorphologiques : transport de matériels, érosions pouvant conduire à la disparition quasi totale du site. Pour la fin du Néolithique, par exemple, ou encore les débuts du premier âge du Fer ou le haut Moyen Âge, les dynamiques érosives et torrentielles très actives ont fortement démantelé et/ou recouvert les sites. Une grande part de la documentation sur le Mésolithique et le tout début du Néolithique a disparu, emportée par le déblayage des vallons sur les versants et par une augmentation considérable de la compétence des cours d'eau dans les fonds de vallée. Les cartes de répartition de sites pour ces périodes ne sont donc assurément pas représentatives. Dans l'absolu, une faible densité de sites peut s'expliquer soit par une déprise humaine sur le milieu, soit par un fort biaisage taphonomique. Inversement, le paléosol médiéval du VIIIe au XIIe siècle après J.-C., identifié du Nord au Sud des sondages TGV, nous assure de disposer de tous les restes de cette période et nous autorise à bâtir un modèle d'occupation du sol. Dans les plaines rhodaniennes du Sud, dédiées aux prairies et cultures, l'absence d'habitats médiévaux est bien réelle ; on les trouve en revanche au Nord, là où le tracé longe des pieds de versants : Les Vignarets à Upie, Bourbousson 2 à Crest, Constantin à Montboucher-sur-Jabron (Drôme).

À partir d'un échantillon considéré comme fiable, car prospecté en profondeur comme ce fut le cas lors des opérations de sondages sur le tracé linéaire du TGV, il est donc en théorie possible d'effectuer une extrapolation de la quantité réelle de sites inconnus, en tenant compte du nombre de sites enfouis identifiés par unités de paysage, des dynamiques sédimentaires propres à chaque unité paysagère (catégories taphonomiques). On peut faire une prédiction prudente de la quantité totale de sites à trouver dans un secteur présentant une même unité sédimentaire et/ou taphonomique. Des calculs statistiques s'appuyant sur les aires prospectées en surface et en profondeur, dans chaque unité taphonomique définie et préalablement cartographiée, commencent à être mis au point. Ils demandent à être affinés, les surfaces prospectées en profondeur étant encore très faibles. Ils font apparaître en tout cas la grande sous-évaluation des sites enterrés qui sont en fait quatre à dix fois plus nombreux que les sites de surface. Par exemple, dans les deux petites régions de la Valdaine et du Tricastin, le nombre de sites potentiellement enterrés pour la Préhistoire récente et la Protohistoire s'élève à 8 840 d'après le premier modèle prédictif réalisé, soit une densité de sites de 8,14 sites par km^2. On est bien loin des estimations rendues possibles par les données accumulées dans les cartes archéologiques. Une concertation à l'échelle nationale entre les différents partenaires archéologiques, l'exploitation même des grands travaux et des programmes de recherche, permettraient dans un futur proche de mieux définir les zones à risques, et donc de mieux protéger notre patrimoine enfoui depuis des millénaires dans les archives du sol.

Jacques Léopold Brochier, Jean-François Berger

Bibliographie

Beeching, Berger, Brochier, Ferber, Helmer et Sidi Maamar 2000 ; Berger, Brochier 2000 ; Berger, Brochier en préparation ; Berger, Brochier (dir.) en préparation.

DU SOL AU CLIMAT ET AU PAYSAGE : L'EXPLOITATION DES ARCHIVES SÉDIMENTAIRES

C'est du sol où se trouvent enfouis les vestiges archéologiques que proviennent les informations sur le climat et le paysage. La terre qui les recouvre est également un document à part entière, elle n'est pas rejetée sans étude attentive ; de nombreux spécialistes s'y intéressent.

Les spécialistes des sciences de la terre s'occupent de la nature des couches de sédiments qui fossilisent les objets et les traces des sociétés du passé. Elle est fonction du milieu environnant selon des relations que l'on connaît bien et qu'on peut comprendre à travers quelques exemples schématiques. Des accumulations importantes de sédiments répondent à des érosions en amont qui ne peuvent agir que si les terrains sont déboisés, sensibilisés. Le régime pluviométrique qui, par les ruissellements de surface et les cours d'eau, est à l'origine du moteur du transport, est un paramètre climatique essentiel, également lié à l'état de la couverture végétale. Les régimes hydrologiques où les pluies sont abondantes provoqueront dans les basses plaines des débordements fréquents et le dépôt de couches d'inondation ; les nappes phréatiques vont monter et laisser des traces dans les sédiments gorgés d'eau. Des régimes plus contrastés à pluies concentrées, de type méditerranéen, produiront une certaine torrentialité des affluents préalpins du Rhône, et des dépôts grossiers (fig. 1). À côté de ces moments d'instabilité climatique où les dépôts mais aussi en contrepartie les érosions sont fréquentes, s'étendent des plages de stabilité où le sol qui n'est plus recouvert de sédiment se couvre d'une végétation, se transforme. On dit qu'il y a pédogenèse. De la matière organique s'accumule, des processus chimiques interviennent ; le sol

Fig. 1. Coupe stratigraphique montrant un épisode torrentiel d'époque médiévale, avec dépôt de graviers érodant les formations inférieures, Les Vignarets, Upie, (Drôme).

peut devenir plus brun, voire parfois presque noir. Ces paléosols que les travaux du TGV Méditerranée ont permis de révéler à plusieurs reprises sont des repères dans les coupes géologiques étudiées, et donc dans le temps ; ils marquent des moments importants de l'histoire de nos paysages et du climat (fig. 2 et 3). C'est le rôle du géoarchéologue de lire, de décrypter ce que les différentes couches de terrain ont enregistré de cette histoire. Dans le *géo* de géoarchéologue on peut tout autant entendre le *géo* de géologie que de celui de géographie, car ce professionnel vise la restitution du milieu physique, le paysage, le climat, tout autant que la place de l'homme dans ce milieu qu'il aménage depuis le Néolithique, mais aux fluctuations duquel il doit aussi s'accommoder et s'adapter. Pour cela, il dispose de différents outils.

Fig. 2. Remarquable succession de pédogenèses marquées par des paléosols noirs à brun foncé du Ve au IIIe millénaire avant J.-C., Le Serre 1, Roynac (Drôme).

À côté de l'observation directe, toujours essentielle, l'étude du sol au microscope, la micromorphologie, est d'un apport déterminant. La terre prélevée en petits blocs de 10 cm, enveloppés de bandes de plâtre durci, conserve sa structure d'origine (fig. 4). Les

Fig. 3. Paléosol noir, IIIe millénaire avant J.-C., Les Vignarets, Upie (Drôme).

Fig. 4. Coupe stratigraphique en cours d'échantillonnage, prélèvement de blocs plâtrés, Les Gachets, Chabeuil (Drôme).

blocs plâtrés sont ensuite indurés par des résines synthétiques afin de les durcir comme de la pierre. Ils peuvent être alors découpés en fines lames de 30 millièmes de millimètres d'épaisseur (fig. 5). Ces lames minces sont étudiées au microscope pétrographique qui révèle la composition et la structure intime du sol, autant d'indicateurs des conditions climatiques sous lesquelles il s'est formé (fig. 6 et 7).

Fig. 5. Lames minces et blocs plâtrés indurés de résine dont elles sont issues.

Les variations sensibles de la température au cours des temps postglaciaires, de 1 à 3° en moyenne, sont très difficiles à cerner. Les hausses de température peuvent être mesurées au travers de l'évaporation et des déficits hydriques que révèle la précipitation dans les sols des carbonates dissous par les eaux de pluie (fig. 8). La composition isotopique* du carbone et de l'oxygène des carbonates formés dans les sols dépend étroitement des conditions environnementales : températures, précipitations, couverture végétale, qui prédominaient au moment de leur formation. Des recherches expérimentales sont poursuivies dans ce sens sur les séquences sédimentaires du TGV Méditerranée.

Sur le terrain, le géoarchéologue joue le rôle d'homme-orchestre pour distribuer les échantillons à analyser aux différents spécialistes travaillant à la restitution des paléoenvironnements. Les paléobotanistes vont préciser les essences qui constituent la couverture végétale et son évolution. Les pollens de plantes se fossilisent mal en dehors des milieux de lacs et marais que le TGV n'a pas traversés ; ces témoins de la végétation n'ont pu être que très rarement utilisés. Les charbons de bois par contre sont imputrescibles. On les rencontre liés bien sûr aux structures de combustion des habitats, mais aussi dans de nombreux milieux naturels (chenaux

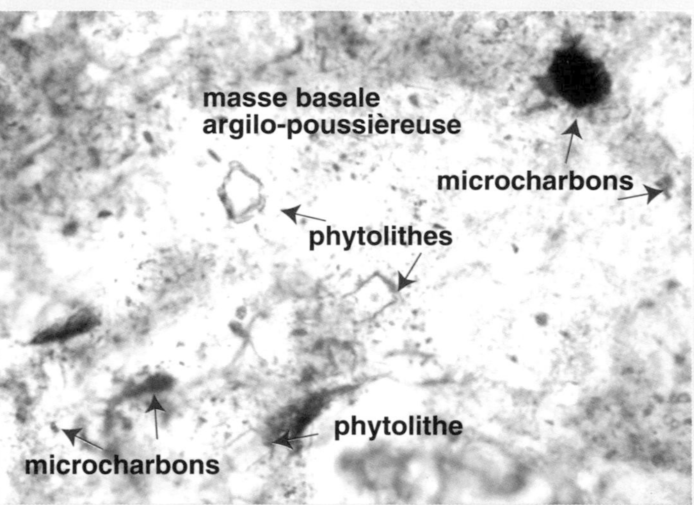

Fig. 6. Vue au microscope d'une lame mince de sol noir, 2e moitié du Ve millénaire avant J.-C. Dans une masse minérale d'argile et de poussières fines, riche en « humus », on distingue de très nombreux microcharbons et phytolithes. Ces caractéristiques sont révélatrices d'un sol peu boisé couvert d'une prairie subissant de fréquents incendies.

d'anciennes rivières, paléosols, structures agraires), où ils constituent les traces d'anciens feux de forêts ou de prairies. Ces paléoincendies fréquents ont rythmé l'histoire de la végétation postglaciaire et ont fourni un matériel précieux pour sa reconstitution car le spécialiste du charbon de bois, l'anthracologue, peut reconnaître l'essence qui a brûlé d'après la structure cellulaire propre à chaque espèce et toujours conservée. D'autres fossiles de la végétation sont représentés par les phytolithes. Ces « pierres de plantes » de la taille de quelques dizaines de microns sont des corpuscules siliceux qui se forment dans les tiges ou les feuilles de plantes (fig. 9). Leurs formes différentes permettent de distinguer, non pas les espèces, mais des types de couvertures végétales plus ou moins ouvertes ou fermées par exemple. Ces grains siliceux sont très résistants et se conservent très bien dans les sols. On les extrait à partir d'échantillons de terre, en dissolvant les autres poussières minérales. Leur détermination s'effectue au microscope jusqu'à des grossissements de 600 fois.

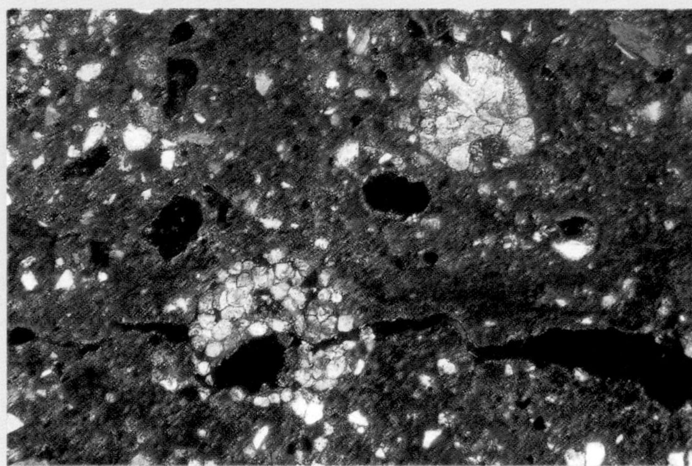

Fig. 7. Vue au microscope d'une lame mince du sol brun médiéval, du VIIe au XIIe siècle après J.-C . On observe de gros cristaux blancs de carbonates constitués autour d'une racine (rhizolites), révélateurs d'une forte évaporation liée à un réchauffement, et au-dessus le gros grain rond produit par des vers de terre et révélateur d'une forte activité biologique dans ce sol.

Enfin, dans le cadre de cette opération TGV, une autre discipline a été sollicitée pour restituer les paysages anciens : la malacologie, c'est-à-dire l'étude des mollusques pourvus d'une coquille qui se fossilise et permet de les identifier. À côté des gros escargots comme les Helix, les plus connus et les plus visibles (escargots de Bourgogne), cohabitent une multitude d'autres espèces qui peuvent être très petites, jusqu'à 0,5 mm (fig. 10). Ces espèces sont très liées à des milieux déterminés, prairie humide ou sèche, forêt, bosquets etc., d'où leur grand intérêt paléoécologique. Leur recherche nécessite, comme pour les charbons de bois, de tamiser de grandes quantités de terre, 10 à 20 litres par couche.

Chaque couche fait donc l'objet d'un échantillonnage multiple destiné aux différentes disciplines susceptibles d'intervenir. Un des intérêts du tracé du TGV est d'avoir révélé un grand nombre de séquences sédimentaires épaisses d'une grande qualité d'enregistrement. Les couches bien distinctes de quelques centimètres à quelques dizaines de centimètres se superposent, marquant le temps. Un échantillonnage en colonne sur la même verticale, le plus exhaustif possible, a été réalisé sur plusieurs centaines de points, soit plusieurs milliers de prélèvements à gérer : blocs plâtrés, sacs de

Fig. 8. Concrétions carbonatées macroscopiques du sol, taille de quelques millimètres à un ou deux centimètres.

terre de 20 g à 20 kg. En fait, 30 à 50 % au maximum de ces échantillons ont pu être analysés et exploités. Leur traitement, tamisage, tri, préparations diverses, et leur étude sont en effet très longs. Les laboratoires et leur personnel ne sont pas suffisants pour assumer un stock aussi important arrivant après un à deux ans de terrain en continu. Des choix ont été faits pour organiser une étude homogène couvrant les différentes unités de paysage et toutes les périodes de l'Holocène.

Cette systématisation de l'échantillonnage destiné aux études pluridisciplinaires, volontairement poussée sur cette opération TGV, a fourni à partir de ces archives que constitue le sol un corpus de données inestimables pour l'histoire des paysages et du climat en moyenne vallée du Rhône. En parallèle, s'écrivent une histoire des espèces végétales, une histoire des mollusques dont on a besoin pour mieux connaître les flores et faunes actuelles, leurs variabilités et leurs comportements. Du fait de la longueur des analyses et des études, ces données commencent tout juste à être exploitées et mises en perspectives, et nous ne pourrons présenter ici que quelques-uns de leurs aspects.

Nous avons gardé pour la fin la science qui sert de base à toutes ces études : la stratigraphie, c'est-à-dire l'étude de la succession des couches, des strates qui s'empilent selon l'ordre chronologique des événements qui sont à l'origine de leurs dépôts. Mais à la différence des temps géologiques qui se mesurent en millions d'années, on travaille là sur l'infime croûte superficielle de l'écorce terrestre, ne représentant que les dix derniers millénaires. Les sédiments sont terrestres et non marins, et les choses infiniment plus complexes. Les sédiments ne s'empilent pas régulièrement et n'enregistrent pas toutes les phases ; les lacunes sont nombreuses. De grands phénomènes érosifs balaient parfois plusieurs couches d'un coup, laissant un grand blanc, pas toujours facile à remplir. La systématisation des études sur le tracé du TGV a permis de contourner cette limite à l'étude des formations sédimentaires continentales. L'érosion ne s'est pas appliquée de façon uniforme dans les paysages ; des formations sont restées intactes localement, dans des positions mieux protégées. L'exploration de terrain à grande échelle du TGV a permis d'en retrouver, de combler des lacunes observées par ailleurs, et enfin d'obtenir une histoire presque continue des paysages du Nord méditerranéen. À large échelle géographique, l'observation dans la même période de phénomènes identiques, dans des contextes différents, va permettre d'assurer leur caractère non aléatoire et non anecdotique : ils procèdent alors d'une phase climatique impliquant le système de circulation atmosphérique à une échelle plus planétaire. Il ne s'agit donc pas d'événements rares mais bien de ce que l'on peut appeler une phase climatique. Phénomènes et phases ainsi périodisés permettent de modéliser sur le long terme la course et les fluctuations du climat, ainsi que de mesurer son impact sur notre environnement, en association ou non avec l'homme.

Jacques Léopold Brochier, Jean-François Berger

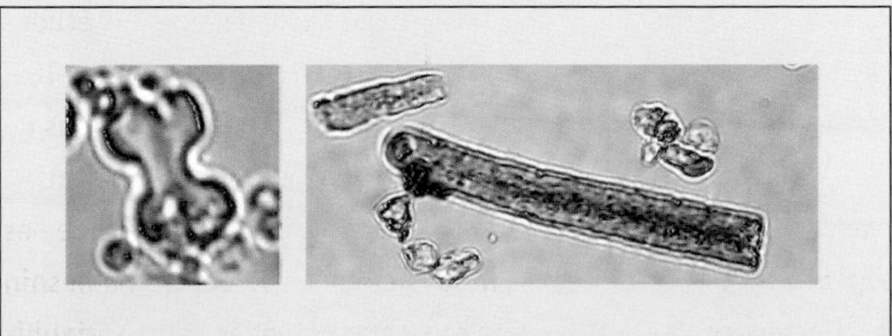

Fig. 9. Phytolithes de poacées (graminées) ; taille de quelques dizaines à une centaine de microns.

Fig. 10. Coquilles de gastéropodes, malacofaune, Le Serre 1, Roynac (Drôme).

UNE SÉQUENCE GÉOLOGIQUE EXCEPTIONNELLE SUR LE SITE DE LALO À ESPELUCHE (DRÔME)

Contribution à l'histoire climatique et paysagère de la moyenne vallée du Rhône entre 12 000 et 1 000 avant J.-C. [1]

Les sondages systématiques réalisés transversalement à la plaine alluviale de la Citelle, lors des fouilles archéologiques du site de Lalo, ont révélé une riche histoire des paysages et des climats de la première moitié de la période postglaciaire. Grâce à un enregistrement archéologique exceptionnel, le rapport entre l'homme et le milieu naturel a pu être approché, notamment aux premières heures où les sociétés commençaient à transformer leur environnement, au début du Néolithique.

La Citelle est le principal affluent de la rive gauche du Jabron, qui rejoint le Roubion au niveau de l'actuelle ville de Montélimar (fig. 1). Situé dans la partie méridionale du bassin valdainais, son bassin versant s'étend sur un peu plus de 27 km², et culmine à 495 m à la montagne de la Série, qui matérialise les contreforts des Préalpes calcaires du Diois. Un peu en amont du site, des formes d'érosion en ravines (appelés *bad lands*) sont encore visibles sur les versants sud de la colline où culmine le château de Rochefort-en-Valdaine. Ces *bad lands* témoignent de la vigueur des décapages et des ruissellements qui ont caractérisé la région au cours des périodes anciennes, sous l'action combinée de l'homme et du climat.

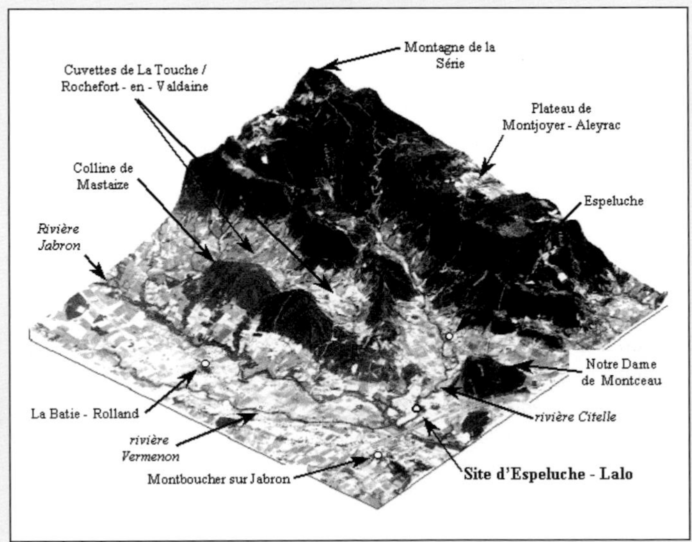

Fig. 1. Le site de Lalo à Espeluche (Drôme), image satellitale du paysage actuel. (G. Davtian – CEPAM)

L'étude des sédiments sur une coupe de 170 m de long (fig. 2), transportés puis accumulés par la rivière dans la plaine de la Citelle, permet d'expliquer et de dater ces « crises » érosives qui

1. Avec la collaboration de C. Delhon, S. Bonté, D. Peyric et S. Thiébault.

ont modifié les paysages de la région et souvent profondément enfoui les sites archéologiques. Une analyse fine des sédiments accumulés par la rivière (alluvions) a été menée. Leur datation, leur forme, leur altération (pédogenèse), et leur agencement dans une plaine alluviale renseignent sur l'histoire hydrologique, climatique et écologique de cette petite région. Parallèlement, des études sur les charbons de bois, les phytolithes, les coquilles de mollusques terrestres et les isotopes stables de l'oxygène et du carbone des formations carbonatées ont permis de reconstituer les anciennes végétations et d'apporter des données complémentaires sur l'histoire climatique régionale.

Vingt phases environnementales et une quarantaine de sous-phases ont pu être distinguées sur la base d'études stratigraphiques détaillées des dépôts sédimentaires. Leurs principales caractéristiques sont brièvement présentées avec la coupe (fig. 3).

Jean-François Berger

Fig. 2. Vue générale au début de la fouille. La grande tranchée longitudinale est celle qui a permis d'évaluer l'importance du site à l'origine, puis d'étudier son histoire sédimentaire complexe.

Fig. 3. (page suivante). Stratigraphie de la plaine alluviale de la Citelle. (Relevé J.-F. Berger, C. Jung)

Phase 1. Le Pléniglaciaire, il y a 20000 ans.
Mise en place de dépôts grossiers de taille variée (graviers, galets) par des flux torrentiels saisonniers, au cours d'une période associée à un climat périglaciaire froid, des paysages steppiques, peu protecteurs face aux processus d'érosion.

Phases 2 et 3. Le Tardiglaciaire (entre 15000 et 9000 avant J.-C.).
La rivière présente alors un style fluvial en tresse (chenaux multiples et très instables). Ces phases marquent la fin des très grands froids, et le début du réchauffement climatique postglaciaire ; la végétation cependant est encore peu protectrice, et les fluctuations thermiques et pluviométriques sont importantes. Un court épisode de déflation éolienne (2b) se distingue par la mise en place de dépôts sableux fins, un peu avant 8500 avant J.-C. Il pourrait caractériser le dernier coup de froid sec de la période glaciaire, appelé « Dryas récent », dont l'enregistrement est planétaire.

Phase 4. Le premier Holocène (entre 9000 et 8500 avant J.-C.).
L'accumulation régulière de carbonates secondaires dans les sédiments témoigne d'un réchauffement et d'un assèchement du climat. Un sol se forme, il affirme une stabilisation des paysages, associée au développement de la forêt dominée par la pinède dans l'ensemble du bassin de la Citelle. L'érosion se ralentit, le lit de la rivière s'encaisse et méandre. Un court épisode de crue et d'érosion atteint le bassin de la Citelle vers 8500 avant J.-C. Il provoque un changement de cours de la rivière qui va dès lors couler plus au nord, au pied de la terrasse supérieure.

Phase 5. Préboréal à Atlantique ancien (entre 8500 et 6200 avant J.-C.).
Elle correspond à un long épisode de stabilisation des paysages par un couvert forestier important et protecteur, dominé dans la plaine par la chênaie caducifoliée, durant plus de deux millénaires. Le lit de la rivière s'encaisse alors profondément au nord du site (phases 5a, 5c), les inondations se raréfient, et les dépôts de crue disparaissent. Une activité biochimique se développe alors dans le lit de la rivière (formation de travertins par accumulation de bicarbonate de calcium), confirmant la bonne stabilité du milieu. Un paléosol évolué, décarbonaté et légèrement lessivé, de couleur noire se développe alors. Il est identifié dans une grande partie de la plaine d'inondation de la Citelle (phases 5c, 5e). Il apparaît plus rubéfié (c'est-à-dire coloré en rouge par les oxydes de fer) sur le versant de la terrasse localisée au nord. Cette pédogenèse se poursuit jusqu'à l'occupation mésolithique « castelnovienne » de la plaine alluviale, datée de 6200-6000 avant J.-C. Les derniers chasseurs-cueilleurs s'implantent alors dans un contexte forestier, stable, au sud du site, dans une partie de la plaine surélevée.

Phase 6a. Atlantique ancien (vers 6200 avant J.-C.).
À partir de 6200 avant J.-C., le climat plutôt sec jusqu'alors devient rapidement très contrasté. Il se caractérise par des épisodes d'incendie fréquents, qui favorisent le développement de la pinède au détriment de la chênaie, et par des épisodes pluvieux très concentrés qui provoquent une érosion brutale et importante dans le bassin versant de la Citelle. Plusieurs décharges torrentielles de la rivière se succèdent dans la très basse plaine. Elles contribuent

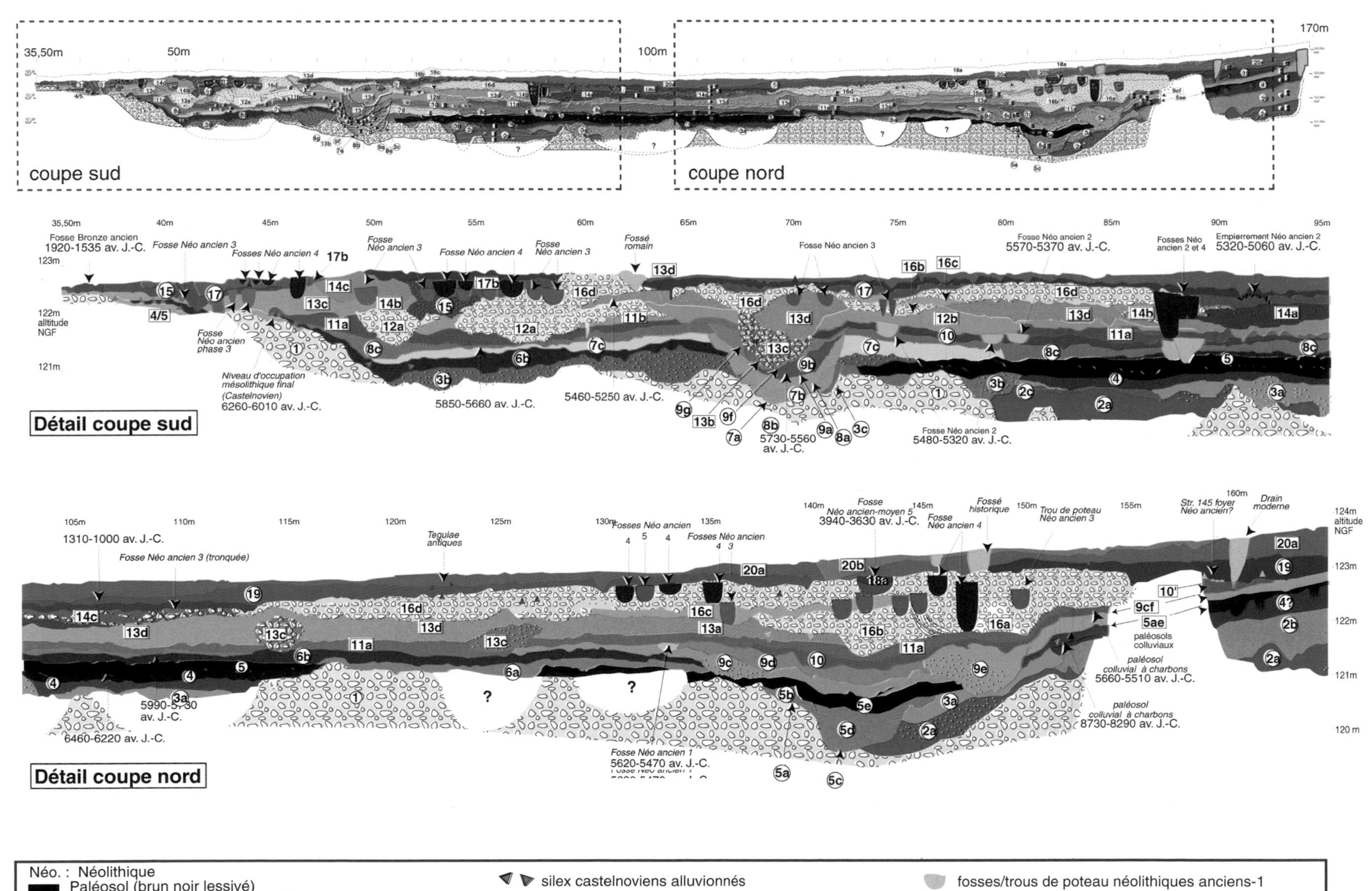
coupe sud
coupe nord
Détail coupe sud
Détail coupe nord
Néo. : Néolithique
Paléosol (brun noir lessivé) développé entre 9294 et 7315 BP
Paléosol (à carbonates) développé entre 6565 et 6420 BP contemporain de l'occupation néolithique ancien 2
Paléosol (fluvial typique) développé autour de 6300-6220 BP contemporain de l'occupation néolithique ancien 3
Paléosol (brun fluvial) développé entre 3545 et 2930 BP (contemporain des périodes Bronze ancien/récent)
Numéros de phases pédosédimentaires
silex castelnoviens alluvionnés
silex castelnoviens en place
silex ou tessons céramiques néolithiques anciens-phases 1/2 alluvionnés
silex ou tessons céramiques néolithiques anciens-phases 1/2 probablement en place
silex ou tessons céramiques néolithiques anciens-phase 2 alluvionnés
silex ou tessons céramiques néolithiques anciens-phase 3 probablement en place
fosses/trous de poteau néolithiques anciens-1
fosses/trous de poteau néolithiques anciens-2
fosses/trous de poteau néolithiques anciens-3
fosses/trous de poteau néolithiques anciens-4
fosses/trous de poteau néolithiques anciens-5
fosses/trous de poteau bronze ancien-phase récente
fossés antiques à modernes

à l'enfouissement et la destruction partielle du site mésolithique. Cette variation climatique brutale, identifiée vers 6 200 avant J.-C., est sans doute à rapprocher d'un changement climatique enregistré à l'échelle du globe, notamment dans les domaines glaciaire et continental.

Phases 6b-7a. Atlantique ancien (entre 6 200 et 5 850 avant J.-C.).
La rivière s'incise à nouveau, au centre de la plaine (m 70), en même temps que se développe une nouvelle pédogenèse, de couleur grise à brun foncé. La pluie est plus régulière, la température se réchauffe, favorisant l'accumulation de carbonatations dans les sols. La végétation s'est à nouveau refermée dans le bassin versant de la Citelle (développement de la chênaie), favorisant la stabilité des pentes.

Phases 7b à 9g. Atlantique ancien (entre 5 850 et 5 500 avant J.-C.).
La stabilité des paysages est rompue à partir de 5 850 ans avant J.-C. Deux périodes de dérèglements fluviaux se succèdent alors autour de 5 850-5 700 ans, puis de 5 600-5 500 avant J.-C. Ils sont responsables de la mise en place d'épais dépôts alluviaux d'inondation, très carbonatés, tandis que se constitue un épais bourrelet fluvial. Le climat est alors plutôt chaud et humide. Les analyses en géochimie isotopique (mesure du rapport en 180 et 160) confortent l'idée d'une augmentation des températures moyennes, synchrone de l'augmentation des précipitations. La végétation dominante est alors la chênaie caducifoliée, qui brûle fréquemment. La fin de cette crise hydrologique se traduit par une détérioration importante des écoulements dans la plaine alluviale (phases 9d à 9g) ; la rivière dont le lit est devenu totalement instable, adopte alors un style en tresses au nord du site. L'érosion est maximale.

Phase 10. Atlantique ancien (entre 5 500 et 5 400 avant J.-C.).
La fin de la dégradation climatique précédente coïncide avec la première installation d'une communauté néolithique dans la plaine alluviale, autour de 5 550 avant J.-C., au moment où les crues se réduisent. Ce premier niveau d'occupation est rapidement enfoui sous de fines alluvions de crue. Le paléosol qui se développe sur ces dépôts est légèrement brunifié, mais il apparaît surtout caractérisé par la présence de nombreuses concrétions carbonatées, qui s'accumulent le long des racines du sol et témoignent d'une augmentation de la température. Le lit de la rivière s'incise, et les écoulements se réduisent. Le climat apparaît donc plutôt chaud et sec. La plaine semble rapidement repeuplée par une chênaie, qui va être défrichée lors de l'installation du second niveau d'habitat néolithique. Cette phase d'occupation semble s'étendre sur un siècle, entre 5 500 et 5 400 avant J.-C.

Phases 11 à 17a. Fin de l'Atlantique ancien (entre 5 400 et 5 150 avant J.-C.).
Une longue phase de dérèglement hydrologique, associée à une période de refroidissement climatique, succède à ce court optimum du climat. La rivière exhausse rapidement son lit, sous l'afflux de matériaux arrachés aux collines. Les crues de débordement sont régulières (phases 11 à 13). La compétence de la rivière augmente encore par la suite, ce qui lui permet de charrier d'énormes quantités de galets vers l'aval de la rivière lors des phases 14 et 16. Elle prend alors un style en tresses, dont les chenaux multiples, très mobiles et instables, s'écoulent sur l'ensemble de la largeur de la plaine, empêchant toute occupation humaine permanente. Les carbonates disparaissent dans les sols, la fréquence des incendies diminue fortement. La végétation est réduite par le développement des activités agropastorales néolithiques (phases cardiales 3 à 5). Les charbons témoignent alors d'une végétation fortement modifiée par les activités humaines. Les phytolithes d'arbres se réduisent fortement, les mollusques de milieux ouverts augmentent. On observe également les premiers signes d'érosion des sols rouges méditerranéens des terrasses quaternaires. À l'occasion d'un court épisode d'accalmie, les hommes qui avaient abandonné la plaine se réinstallent dans la partie nord, sur des nappes caillouteuses (phase cardiale 3). Parallèlement, des *Betulaceae* (famille du bouleau) sont identifiées dans les charbons de bois, à côté d'espèces de lumière et d'humidité (saule, peuplier). L'hypothèse d'une phase plus fraîche (et plus humide ?) est suggérée par la paléobotanique, confirmant ainsi les observations effectuées par l'étude du comportement de la rivière. Les données paléoclimatiques continentales montrent à la même période une importante fluctuation du climat. Dans les Alpes, les glaciers descendent alors très bas dans les vallées, comme au cours du « Petit Âge glaciaire », tandis que la limite supérieure de la forêt s'abaisse de près de 200 m, témoignant d'une nette diminution de la longueur de la saison végétative en montagne. Le niveau des lacs alpins s'élève de façon corrélative, témoignant d'un bilan hydrique annuel nettement positif. La première véritable emprise humaine sur le milieu est alors attestée dans le bassin de la Citelle (vers 5 350-5 150 avant J.-C.). Elle aboutit, en association avec les effets d'une période climatique plus fraîche et humide, à une véritable crise des paysages, associée à des taux d'érosion particulièrement élevés et des modifications géomorphologiques importantes.

Phase 17b. Fin de l'Atlantique ancien (entre 5 150 et 5 000 avant J.-C.).
À la suite de l'enfoncement définitif du cours de la rivière au sud du site, sur environ 2 m, les néolithiques réoccupent alors la plaine (phase d'occupation 4), vers 5 150 avant J.-C. La majorité des structures archéologiques sont identifiées dans cette position stratigraphique. Les hommes implantent alors plusieurs maisons ovalaires, dont les trous de poteaux ont été retrouvés à la fouille. Les occupations humaines peuvent s'installer durablement sur cette terrasse, sans risques hydrologiques majeurs.

Phases 18 à 20. Holocène récent (entre la fin du Néolithique et l'actuel).
Seuls des dépôts colluviaux caractérisent la dynamique de cette terrasse au cours des millénaires suivants. Ils sont produits par l'érosion des sols rouges méditerranéens, développés sur la terrasse supérieure. De nombreuses nappes colluviales se succèdent, principalement dans la partie nord de la séquence étudiée. Elles recouvrent plusieurs niveaux d'occupation : un horizon d'occupation du Néolithique final-Campaniforme*, du Bronze ancien et des traces agraires antiques. Un sol se développe entre les épisodes d'érosion (phase 18c). Il indique une période de stabilité des paysages et de reconquête forestière entre l'abandon du site par les communautés du Bronze ancien (vers 1 700-1 600 avant J.-C.) et la mise en place du dépôt colluvial suivant, qui scelle en grande partie ce paléosol vers 1 200-1 100 avant J.-C. (phase 19). Cette période de pédogenèse recouvre la seconde moitié du Bronze ancien, le Bronze moyen et le Bronze récent. Elle semble correspondre à une forte déprise humaine, corrélative d'une reconquête importante par la forêt des terroirs cultivés. À partir de la période historique, le rythme de l'érosion s'accélère et les ruissellements s'amplifient, témoignage d'une mise en culture presque continue jusqu'à nos jours.

ARCHÉOLOGIE DES SYSTÈMES AGRAIRES SUR LE TGV MÉDITERRANÉE

Une opération de fouille sur les limites parcellaires fossiles a été réalisée sur le tracé du TGV Méditerranée entre Montélimar et Orange [1]. Cette étude spécifique a été lancée en raison de la présence d'un grand réseau parcellaire d'origine antique : la centuriation B d'Orange, uniquement connue jusqu'alors par les analyses morphologiques et des vestiges épigraphiques. Il était donc nécessaire de compléter les données déjà acquises sur ce réseau en appréhendant, par la fouille de ses vestiges, les questions relatives à sa matérialisation et à la fonction de ses linéaments.

La centuriation B d'Orange correspond à une déduction de terres réalisée par les Romains au détriment des populations indigènes. Le territoire pris aux populations locales est découpé selon une grille dont l'unité de base est la centurie (qui correspond à un carré de 708 m de côté subdivisé en parcelles quadrangulaires). Les terres situées dans cette trame sont pour la plupart distribuées aux vétérans de l'armée romaine, d'autres sont louées par la colonie, d'autres encore sont redonnées aux indigènes.

1. Opération menée par Jean-François Berger et Cécile Jung, avec la collaboration de Nathalie Valour et d'Alain Leroux pour le tri et le tamisage des échantillons en vue des analyses paléoenvironnementales.

Les vestiges de plusieurs centuriations romaines ont pu être mis en évidence en Narbonnaise par l'analyse morphologique des documents planimétriques. La centuriation B d'Orange est également connue par un document épigraphique correspondant à un plan cadastral gravé sur marbre et retrouvé à Orange où il devait être affiché. Ces fragments de marbre indiquent la position des centuries et le nom des propriétaires des terres. Ce document unique dans le monde romain a été précieux pour identifier l'emplacement de la centuriation dans ses grandes lignes. Par la suite les travaux morphologiques ont permis d'affiner sa localisation.

Notre connaissance de ce réseau se limitait donc avant les travaux archéologiques du TGV Méditerranée à la localisation précise de la grille centuriée, et à des postulats sur le découpage des parcelles à l'intérieur des centuries d'après les vestiges lisibles sur les photographies aériennes et les cartes topographiques. La matérialisation concrète du réseau restait donc à découvrir.

La matérialisation des limites du réseau B d'Orange

Les voies et les fossés matérialisant la centuriation B d'Orange sont les structures les plus communément retrouvées lors des opérations archéologiques. On note cependant une différence dans la matérialisation de ces structures en fonction de leur niveau de hiérarchie dans le réseau. Les voies matérialisent de préférence les *limites* (limites des centuries) de la centuriation et les fossés les limites parcellaires. Ces dernières étant plus nombreuses, il n'est pas surprenant de retrouver plus fréquemment des fossés que des voies. Ainsi, en Valdaine et dans la plaine du Tricastin, plus de cinquante fossés orientés selon la cadastration ont été recoupés et étudiés durant les travaux archéologiques du TGV Méditerranée. Seulement douze voies ont été recoupées, dont neuf correspondent à des axes de centuries. Néanmoins les photographies aériennes ont permis également de repérer onze axes de centuries matérialisés par une voie.

Il faut cependant souligner que l'identification des voies est parfois délicate sur le terrain, lorsque les chaussées ne sont pas construites et/ou qu'elles ne sont pas bordées par un fossé. Il est probable qu'un certain nombre de ces structures n'ont pas été repérées sur le terrain lors des opérations archéologiques.

Fig. 1. Coupe de voie à Mondragon, Les Ribauds (Vaucluse).

Sur certains sites, comme Saint-Jean à Mondragon, Les Devès et Les Girardes à Lapalud (Vaucluse), les voies recoupées et décapées ne sont repérables que dans les zones marécageuse où leurs chaussées sont construites avec des pierres ou des galets (fig. 1). Ces mêmes structures deviennent invisibles dans les secteurs où la terrasse rhodanienne affleure et présente un substrat suffisamment compact pour n'avoir pas besoin d'édifier une bande de roulement. On comprend dès lors aisément que nombre de ces vestiges n'aient pu être perçus lors des sondages archéologiques.

Fig. 2. Alignements de trous de plantations dans la plaine de Pierrelatte (Drôme).

Si les voies et les fossés restent les plus communément retrouvés lors des opérations archéologiques, il faut néanmoins préciser que des haies ont pu également servir de limites parcellaires. Des photographies aériennes montrent d'ailleurs des alignements de trous de plantation (fig. 2), orientés sur le cadastre B d'Orange dans la plaine de Pierrelatte.

Il faut enfin noter la polymorphie que peut présenter un même axe tout au long de son tracé. Ainsi, il peut correspondre à une voie à un endroit puis, plus loin, à un simple fossé et ailleurs à une haie. Ce constat permet d'assouplir les schémas théoriques de l'organisation de la centuriation mis en place lors des analyses morphologiques et montre la complexité de la matérialisation du réseau sur le terrain.

Différents exemples en Tricastin nous montrent le changement de forme d'un de ces axes suivant l'endroit où l'on réalise l'observation. Ainsi en est-il sur les communes de Bollène et de Lapalud (Vaucluse), où le *decumanus* DD3 est matérialisé sur le site des Bartras par un canal d'irrigation de taille importante (fig. 3). Celui-ci se désolidarise ensuite du tracé du *decumanus* pour bifurquer vers le sud. Le *decumanus* n'est alors plus matérialisé sous une forme perceptible par les investigations archéologiques. À 1 km plus à l'est sur le site des Girardes, on le retrouve sous la forme de deux fossés de taille réduite et très arasés, qui n'ont aucun rapport avec la précédente structure.

Fig. 3. Canal d'irrigation antique recoupé par un fossé du réseau de drainage moderne (en sombre), Les Bartras, Bollène (Vaucluse).

Deux principales fonctions : drainage et irrigation

La plupart des structures orientées sur le cadastre B d'Orange correspondent à des fossés. Ceux-ci, s'ils ont une fonction dans le marquage des limites de centuries ou parcellaires, ont également un rôle important dans la gestion des eaux des paysages qu'ils structurent. Aussi, les fossés recoupés lors des sondages archéologiques montrent des fonctionnements variés. Le fossé est généralement identifié comme une structure servant à l'évacuation des eaux de ruissellement au moment de fortes précipitations. L'étude sur les fossés menée en Valdaine et dans la plaine du Tricastin démontre que ces structures ont d'autres rôles comme le contrôle du niveau des nappes phréatiques, la canalisation de cours d'eau ou l'irrigation de certaines terres.

Dans les zones à bon drainage naturel, il n'y a pas ou rarement besoin de rabattre le niveau de la nappe phréatique par des moyens artificiels : les fossés ont pour rôle principal l'évacuation des eaux de pluie qui tombent généralement très brutalement et ne peuvent pas être absorbées par les sols. La fraction sédimentaire grossière (sables, graviers), retrouvée dans le remplissage de ces fossés témoigne de violents écoulements hydriques. La morphologie de ces fossés atteste cette fonction. Ceux-ci sont généralement de petit module (1 m à 1,5 m de large à l'ouverture), mais ils sont fréquemment élargis par le passage de flux hydriques abrasifs. Ces structures sont la plupart du temps peu profondes (0,6 m maximum), ce qui renforce l'idée qu'il s'agit plutôt de rigoles d'écoulements des eaux vers des exutoires naturels, plutôt que de saignées visant à abaisser le niveau de la nappe phréatique.

Fig. 4. Fossé de drainage à Lapalud, Les Girardes (Vaucluse).

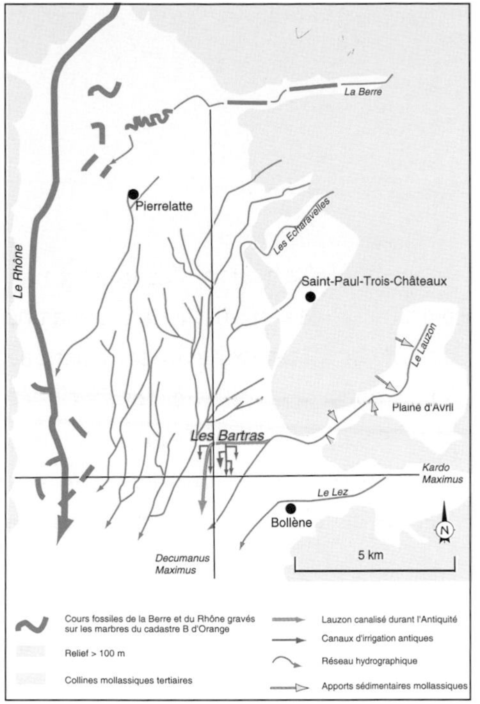

Fig. 5. Schéma de fonctionnement du réseau d'irrigation antique des Bartras, Bollène (Vaucluse). (Dessin J.-F. Berger, C. Jung)

Dans les zones où les sols sont régulièrement engorgés par les remontées des nappes phréatiques, la fonction première des fossés est de réguler les battements de ces dernières. Les eaux vont s'écouler de préférence dans ces saignées linéaires, ce qui va entraîner une baisse générale du niveau de la nappe, d'autant plus importante que les fossés du réseau seront nombreux et profonds. On perçoit le rôle drainant des fossés également dans les traits sédimentaires des sols qui leurs sont associés. Ceux-ci paraissent bien aérés et tranchent avec les sols sous-jacents hydromorphes. La plupart des fossés étudiés dans la plaine du Tricastin sont situés dans ce contexte de basse plaine alluviale et parfois de dépressions humides qui sont soumises à la remontée des nappes phréatiques (fig. 4). Leur module est souvent supérieur à celui rencontré dans les zones où seule l'évacuation des eaux importe (ouverture de 1 à 3 m et profondeur souvent supérieure à 1 m). Ces structures s'organisent également afin d'évacuer les eaux de pluie vers les exutoires naturels. On remarque en effet une hiérarchisation dans la taille des fossés et dans leur répartition spatiale afin de procéder à l'écoulement des eaux. Les fossés secondaires, de taille réduite, se déversent ainsi dans des collecteurs plus importants qui conduisent l'eau vers les exutoires naturels (les cours d'eau).

Un parcellaire antique d'irrigation a été retrouvé sur le site des Bartras à Bollène (fig. 5) et de probables canaux d'amenée d'eau ayant fonctionné durant l'Antiquité, le Moyen Âge et la période moderne ont été reconnus sur les sites des Malalônes à Pierrelatte (Drôme) et des Brassières à Mondragon. Dans la plupart des cas, la fonction d'irrigation des canaux a été déterminée par l'analyse sédimentaire du remplissage des structures fossoyées. Généralement, elle présente un caractère discordant avec le contexte lithologique du site (sables mollassiques dans un contexte de limons argileux brun foncé) ce qui traduit le caractère intrusif des sédiments et leur apport depuis des zones amont par le biais de captages de l'eau des rivières ou des torrents du Tricastin.

Les canaux d'amenée d'eau retrouvés sur les sites des Malalônes ou des Brassières, qui correspondent à des canaux de grande taille (2 à 3 m de large sur 1,5 à 2 m de profondeur) rappellent le fonctionnement des « mayres » actuelles qui présentent une double vocation dans la gestion des eaux de la plaine. Leur grande profondeur provoque une forte incision dans le sol et ces structures jouent un rôle non négligeable dans le rabattement du niveau de la nappe phréatique. Dans le même temps, un système d'écluses et de vannes permettant de retenir l'eau dans ces structures fossoyées en font des éléments essentiels pour l'irrigation des terres de la plaine du Tricastin.

Pérennisation des réseaux parcellaires antiques

Les travaux menés sur l'organisation des formes du paysage à partir de documents planimétriques récents (photographies aériennes, cartes et plans) témoignent de la force structurante que présentent encore les parcellaires mis en œuvre au cours de la Protohistoire, de l'Antiquité et du Moyen Âge, dans l'organisation et le découpage des paysages actuels. La fouille archéologique des parcellaires réalisée lors des travaux du TGV Méditerranée a permis de dater précisément ces structures et de mieux comprendre la filiation entre les limites parcellaires antiques et actuelles. La datation des fossés a été rendue possible par la chronologie relative entre ces structures fossoyées et d'autres structures archéologiques bien datées, les céramiques retrouvées dans le colmatage des fossés et les dates radiocarbones réalisées sur les charbons de bois. Les limites parcellaires les plus anciennes de la centuriation B d'Orange remontent, d'après ces datations, au Ier siècle avant notre ère. Aux fossés antiques succèdent des limites médiévales et modernes. Ainsi a-t-on pu constater que de nombreux fossés actuels pérennisaient l'emplacement exact ou proche de fossés antiques bien que ces derniers soient enfouis dans le sol sous des alluvionnements importants. C'est le cas par exemple aux Malalônes à Pierrelatte ou aux Crémades à Caderousse (Vaucluse), où une voie matérialisant le *decumanus* SD18 de la centuriation B d'Orange a été retrouvée en sondage sous plus de trois mètres d'alluvionnements. Si aucune structure ne paraît pérenniser à cet endroit cet axe de la centuriation, de nombreuses limites parcellaires encore actives reprennent l'orientation de ce réseau dans tout le secteur.

Les nombreux exemples rencontrés posent donc le problème de la matérialisation de ces structures au cours du temps et de la transmission de leur présence malgré des hiatus temporels parfois importants. Si l'on a pu mettre en évidence qu'une végétation arbustive se développait de préférence dans les fossés abandonnés, constituant un marqueur plus durable que la structure fossoyée dans le paysage agricole, cette explication ne semble pas suffisante pour expliquer la pérennité de ces limites parcellaires. En effet, les hiatus temporels pluriséculaires que nous entrevoyons régulièrement semblent trop importants pour que cette seule réponse puisse être prise en considération.

Il paraît évident que la pérennité d'un réseau parcellaire est étroitement liée à l'intégration de celui-ci dans le paysage, à sa capacité de maintenir et contenir les phénomènes naturels (ruissellement des eaux, hausse des nappes phréatiques, crues des rivières). On a pu d'ailleurs constater combien les contraintes topographiques et hydrographiques influençaient l'orientation et l'organisation de ces parcellaires.

Cependant, il faut également s'interroger sur le fait que des sociétés successives, avec une perception du paysage probablement différente, continuent à découper un même espace de la même façon, selon une même logique, alors que certains marqueurs de ces organisations antérieures ont disparu.

La stabilité du réseau de chemins au cours du temps permet de comprendre en partie la pérennité des organisations parcellaires. La vie d'un réseau routier est inféodée à l'activité des centres de peuplement qui constituent les moteurs des voies de communication. On s'est aperçu que le réseau d'agglomérations que l'on connaît actuellement prend en grande partie ses racines dans l'Antiquité et présente donc une certaine stabilité. Les habitats qui revêtent une importance dans l'économie et la desserte locale ou régionale vont assurer une durée de vie relativement longue au réseau de chemins.

Une partie des axes de la centuriation matérialisés sous forme de voies a donc perduré et a constitué une ossature suffisamment prégnante sur laquelle les sociétés agraires successives se sont appuyées pour établir de proche en proche leur découpage parcellaire et entretenir de cette façon la permanence du réseau. Cette hypothèse ne nous permet pas d'expliquer la pérennité de l'ensemble des limites parcellaires. Elle nous permet en revanche de comprendre par le phénomène d'isoclinaison* comment une orientation parcellaire peut perdurer dans le temps, même si une partie des axes reprenant son orientation est abandonnée.

Une autre piste permettant de comprendre la pérennité du découpage parcellaire est la stabilité de la superficie des champs, unité de base du découpage parcellaire, qui évolue relativement peu durant les périodes pré-industrielles.

Le champ correspond à la mesure du temps de travail qu'un paysan consacre pour le labourer en une journée. Il s'agit donc de l'étendue agraire du labeur quotidien. Le «journal» ou le «jour» désigne en France une superficie agraire très répandue durant le Moyen Âge et la période moderne, qui correspond à ce travail quotidien. Il varie selon les régions et les villages, suivant les types de sol cultivés et l es moyens mis en œuvre pour travailler la terre[2]. L'utilisation encore très récente de l'araire dans les régions méditerranéennes

2. Les variations peuvent être importantes d'une région à l'autre, de 22,85 ares (Auxois, terres lourdes) à 34,28 ares (Châtillonais, terres légères). (Favory 1983).

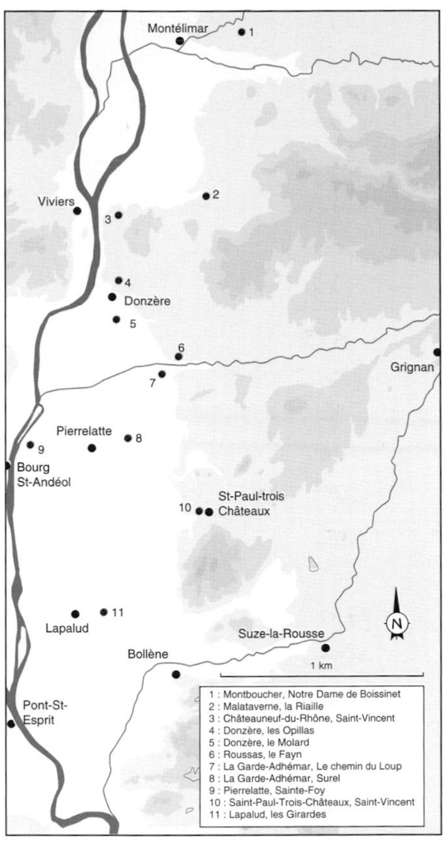

Fig. 6. Localisation des sites viticoles antiques et des zones de culture de la vigne. (Dessin C. Jung)

(jusqu'au début du siècle dans certains secteurs) confirme cette pérennité dans la manière de travailler les champs. Il faut donc envisager certainement que la superficie des parcelles n'a pas dû évoluer de façon significative entre l'Antiquité et le XIXe siècle dans les secteurs méditerranéens.

Cette idée d'une relative stabilité des surfaces journalières cultivées au cours des siècles permet également de mieux concevoir cette inertie dans le découpage parcellaire durant les périodes historiques que l'on observe sur le terrain.

Enfin, le bornage des champs, qui peut être excessivement varié dans ses formes comme le montrent les études effectuées sur les textes et les vignettes des traités d'arpentage, a également contribué à la fixité des limites parcellaires, sous des formes que nous n'avons pas pu appréhender par l'archéologie et qui nous restent pour l'instant inconnues.

Les cultures associées au réseau B d'Orange

La céréaliculture est bien attestée en moyenne vallée du Rhône durant l'Antiquité et le Moyen Âge par les analyses carpologiques (étude des graines) et palynologiques (étude des pollens) réalisées sur les sédiments constituant le remplissage des fossés centuriés.

Les analyses paléobotaniques montrent également le développement de la viticulture sur l'ensemble du Tricastin (sites des Girardes et des Devès à Lapalud, le Duc à Mondragon, et sur les hautes terrasses de la Valdaine). La présence de pollens de vignes dans les analyses polliniques est tout à fait indicatrice d'une pratique de la viticulture locale. En effet, ces plantes pollinisent très peu et la dispersion de ces pollens est très restreinte.

Par ailleurs, des fosses de plantation de vigne ont été mises en évidence lors des opérations archéologiques liées au TGV Méditerranée sur de vastes zones couvrant le sud de la plaine de Tricastin (sites des Girardes, des Farauds et des Devès à Lapalud[3]). Ces plantations semblent fonctionner dès le début de notre ère et perdurer durant le Ier siècle. Les analyses palynologiques sur le site des Girardes semblent indiquer un arrêt de cette culture à la fin du Ier siècle. Aux Devès, une deuxième série de plantation est réalisée dans le courant du Ier siècle, mais nous ignorons sa durée de fonctionnement.

Ces données associées à celles que nous avons sur les établissements ruraux où l'on a pu mettre en évidence soit des aménagements de pressoirs, soit des lieux de stockage, permettent de montrer l'importance de cette culture sur l'ensemble de la plaine et des piémonts. Ainsi, on dénombre grâce aux prospections et aux fouilles réalisées sur certains de ces établissements, une dizaine de sites (fig. 6) ayant un lien avec la viticulture. Ceux-ci sont implantés au début ou au cours du Ier siècle de notre ère. Leur fonctionnement est attesté, le plus souvent, durant les deux premiers siècles après J.-C.

Cécile Jung

3. Le site des Farauds a été sondé par Guy Alfonso. (Alfonso [*et al.*] 1996).

Bibliographie

Berger, Jung 1996 ; Berger [*et al.*] 1997 ; Favory 1983 ; Favory, Gonzales 1995-1997 ; Roupnel 1932.

L'ANALYSE MORPHOLOGIQUE D'UN PAYSAGE : L'EXEMPLE D'ALLAN DANS LA DRÔME

Les études paléoenvironnementales et sédimentaires réalisées lors des travaux archéologiques sur le tracé du TGV Méditerranée ont montré une importante mobilité du paysage de la vallée du Rhône au cours des derniers millénaires. En revanche, les analyses morphologiques et archéologiques des réseaux routiers et parcellaires qui structurent ces mêmes paysages montrent que ceux-ci demeurent relativement stables depuis l'Antiquité.

Sur les documents planimétriques actuels (cartes topographiques, photographies aériennes) nous pouvons ainsi mettre en évidence les vestiges d'organisations du paysage parfois très anciennes.

Le travail du morphologue est basé sur l'analyse des tracés de routes et des limites parcellaires relevées sur les cartes et les photographies aériennes[1]. Le chercheur reproduit sur un calque l'ensemble des chemins, routes et limites de parcelles qui apparaissent sur les plus anciennes missions aériennes à haute altitude. Celles-ci ont été réalisées la plupart du temps au lendemain de la Seconde Guerre mondiale et sont conservées à l'Institut géographique national (fig. 1). Ces missions photographiques qui couvrent la totalité du territoire français permettent d'avoir une image du paysage antérieure aux grands aménagements autoroutiers, fluviaux et périurbains qui ont été réalisés ces dernières décennies. Le chercheur va également relever sur le calque les traces fossiles d'anciens chemins ou de fossés comblés qui apparaissent en filigrane sur les photographies aériennes (fig. 2). Pour ce faire, il consulte de nombreuses missions aériennes qui selon les années et les saisons où elles ont été prises donnent différentes révélations fossiles.

Fig. 1. Photographie aérienne, IGN, mission de 1946.

1. Les analyses morphologiques sur le tronçon drômois du TGV Méditerranée ont été réalisées par Gérard Chouquer et Cécile Jung.

À partir de ce calque mettant en évidence l'ossature du territoire, le morphologue va repérer les linéaments de chemins et de limites parcellaires qui s'organisent en réseaux (fig. 3).

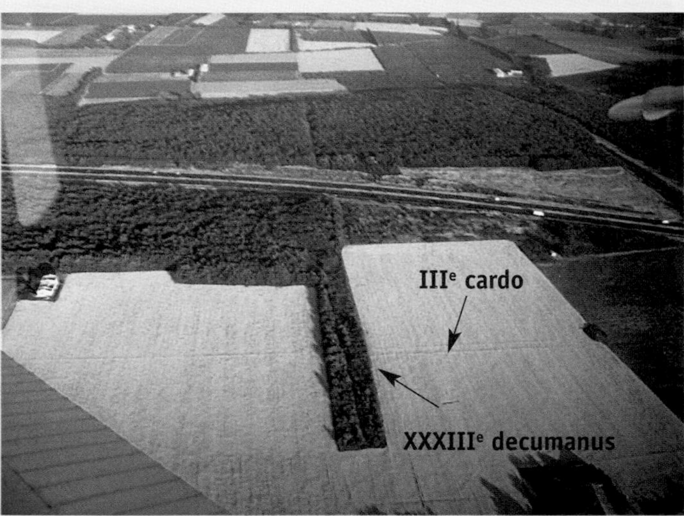

Fig. 2. Vue aérienne à basse altitude sur le site des Emmas, Allan (Drôme).

Les réseaux repérés peuvent être de plusieurs types. Ils peuvent recouvrir de vastes étendues ou peuvent être très limités géographiquement (en lien avec une déforestation, l'assèchement d'un marécage, etc.). Ils peuvent découler d'une planification réfléchie du découpage du territoire (réseaux de fondation liés à l'implantation d'une cité romaine, d'une ville neuve médiévale...) ou être issus d'un découpage plus ou moins aléatoire lié aux conditions topographiques, à l'évolution du réseau de peuplement (on les nomme réseaux de formation).

L'exemple du secteur d'Allan est très représentatif de la mise en évidence de ces différentes organisations du paysage.

Le réseau prédominant correspond aux vestiges de la centuriation romaine d'Orange. Il s'organise en trame quadrillée, avec des carrés de 708 m de côté appelés centuries, eux-mêmes subdivisés en parcelles plus ou moins grandes. Ce réseau s'étend sur l'ensemble de la vallée du Rhône entre Montélimar et Orange. Il est très bien conservé autour d'Allan, comme on le constate sur le calque d'interprétation, sous la forme de chemins ou limites parcellaires encore en activité actuellement ou sous la forme de traces fossiles repérées sur les photographies aériennes.

À ce vaste réseau s'ajoutent également d'autres mises en valeur ponctuelles du terroir.

On note un parcellaire dont la forme en éventail est caractéristique du drainage d'une zone humide. L'ensemble des fossés drainant les eaux convergent en direction du ruisseau de la Chaussée qui sert d'exutoire naturel. La lecture de la carte des sols nous apprend que cette organisation parcellaire est implantée dans un secteur encore humide où les sols sont régulièrement engorgés. Par ailleurs, les textes d'archives du XVe siècle (terrier du seigneur d'Allan) mentionnent à cet endroit la présence d'un vivier qui n'est plus cité dans les textes du XVIIe siècle. L'assèchement de ce secteur pourrait donc remonter au début de l'époque moderne.

On observe également une forme circulaire sur les piémonts de la colline de Notre-Dame de Montceau qui correspond probablement aux vestiges d'un enclos lié au hameau du Ferrent mentionné au XIVe siècle.

Enfin, on observe deux organisations parcellaires géométriques se développant le long de deux routes départementales (parcellaire des Blachettes et des Bruyères). Elles sont probablement liées au développement du village neuf d'Allan dans le courant du XIXe siècle, au passage de ces voies et à des opérations de défrichement.

Un autre pan du travail du morphologue est la mise en évidence des traces fossiles naturelles qui apparaissent sur les photographies aériennes et qui correspondent la plupart du temps à des divagations de cours d'eau.

Un travail en collaboration avec les spécialistes des sciences de la Terre permet alors de comprendre le fonctionnement hydrologique d'un secteur et de circonscrire les zones de forte activité hydrosédimentaire.

L'ensemble des observations réalisées par le morphologue permet donc, en travaillant sur des données spatiales, de dresser une histoire de la formation et de la structuration du paysage en croisant les informations historiques, archéologiques, géographiques et morphologiques.

Cécile Jung

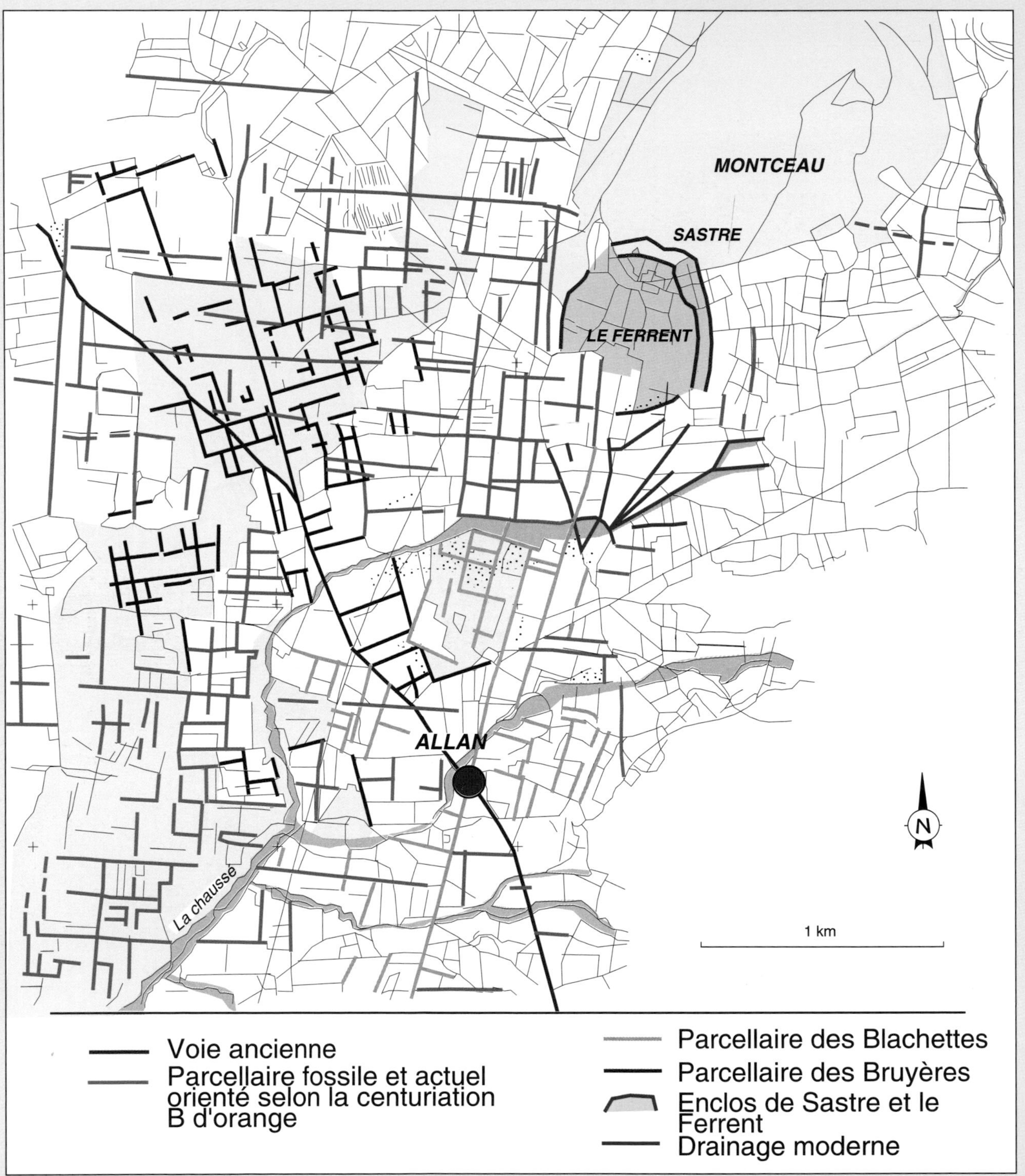

Fig. 3. La formation du parcellaire d'Allan (Drôme). (Dessin C. Jung, G. Chouquer, B. Delattre)

LA COUPE DU FOSSÉ DES MALALÔNES À PIERRELATTE (DRÔME)°

Il s'agit d'une série de fossés superposés, orientés selon la centuriation B d'Orange et situés à environ 300 m au sud du *decumanus* DD12 (fig. 1 et 2). Le premier fossé est creusé au cours de l'Antiquité à partir d'un niveau de sol limono-argileux brun sombre présentant des artefacts de *tegulae* et de céramiques antiques roulées. Il est colmaté par une série d'alluvionnements limono-argileux brun sombre et un deuxième fossé est creusé au même niveau que le précédent selon la même orientation. Cette structure est à son tour comblée par des alluvionnements réguliers, puis est scellée par deux niveaux de crue individualisés de plusieurs décimètres d'épaisseur sur lesquels se développe une pédogenèse évoluée que l'on attribue aux VIIe-XIIe siècles d'après les différentes données chronostratigraphiques élaborées régionalement.

On remarque, suite à ce long épisode d'abandon des cultures, le creusement, au même endroit, d'un fossé reprenant l'orientation de la centuriation B d'Orange. Ce fossé présente des phases de curages, pour être finalement colmaté et scellé par un alluvionnement massif de sables mollassiques qui rompt totalement avec l'homogénéité de la sédimentation antérieure. Cet apport alluvial correspond, d'après les textes d'archives[1], aux débordements récurrents du chenal

Fig. 1. Fossé des Malalônes, Pierrelatte (Drôme).

des Écharavelles qui désorganisent constamment la mise en valeur de cette zone entre le XVIIe et le courant du XIXe siècle (fig. 3). De 1667 à 1859, de nombreuses pièces d'archives relatent ces dérèglements. Une succession de plaintes des riverains et de rapports d'experts se font en effet l'écho des problèmes d'inondation, de destruction des terres et des cultures dans le quartier des Malalônes

1. Archives de Pierrelatte 3 06 (datée de 1633), Archives de Pierrelatte 3 06 (extrait des minutes de Dupré notaire), Archives de Pierrelatte 3 01, Archives de Pierrelatte 3 04 (datées de 1829 et 1864).

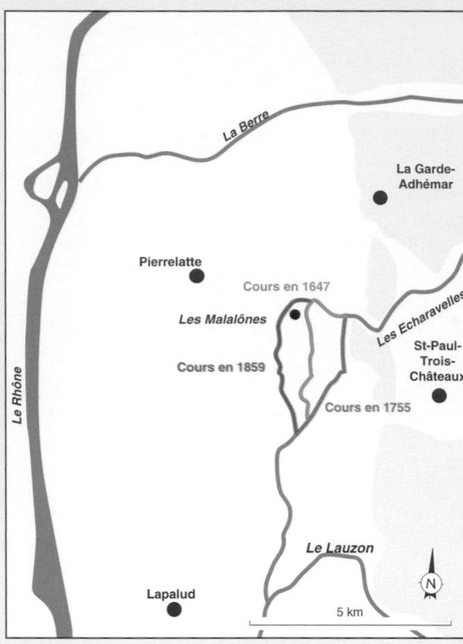

Fig. 3. Évolution du cours des Écharavelles entre le XVIIe et le XIXe siècle. (Dessin C. Jung)

et des prescriptions concernant l'entretien des fossés qui ne sont pas respectées. Un nouveau lit est creusé en 1755 pour canaliser les Écharavelles, mais, non entretenu, il s'engorge rapidement et dévaste de nouveau les terres avoisinantes. En 1859, un autre cours est créé et le syndicat en ayant la charge fait respecter les mesures nécessaires à son bon fonctionnement.

Au sommet de ces alluvionnements sableux, probablement dans le courant du XIXe siècle, on constate le creusement d'un nouveau fossé reprenant également l'orientation de la centuriation et la position du fossé antique. Son remplissage, constitué de sables mollassiques peu pédogenéisés, témoigne d'une activité sédimentaire encore forte. Ce fossé est scellé par un alluvionnement d'une vingtaine de centimètres qui constitue la terre arable actuelle.

Les données de la géoarchéologie et de la paléobotanique

Sur la coupe stratigraphique étudiée, les fossés apparaissent au sein d'une séquence de dépôts d'inondation historiques. L'étude combinée des sédiments, des pollens, des charbons de bois, des graines fossiles et des coquilles d'escargots renseigne très précisément sur

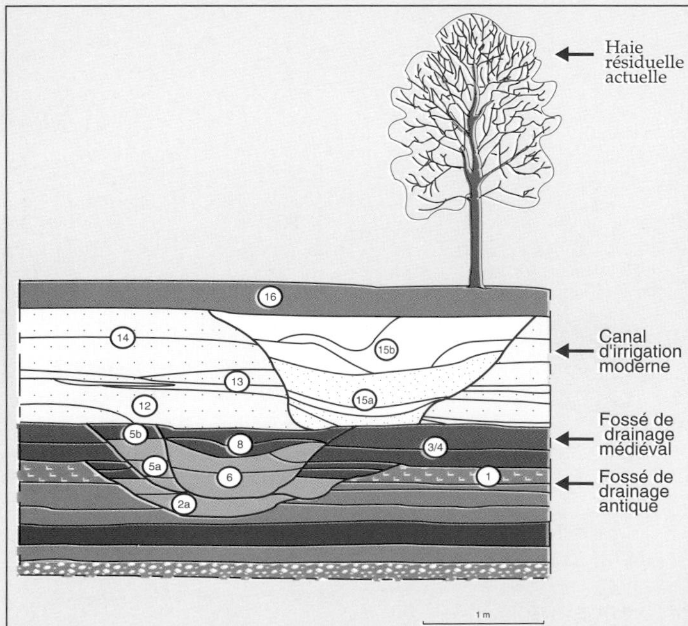

Fig. 2. Succession des fossés des Malalônes depuis l'Antiquité. (Dessin J.-F. Berger, C. Jung)

la structure des paysages, l'état de la couverture végétale, le niveau des nappes phréatiques, les rythmes d'érosion, de brûlis, d'inondation et les principales mutations agraires enregistrées par ces structures agraires.

Plusieurs phases ont été distinguées sur la base des caractéristiques sédimentaires de chaque dépôt.

1. Le paléosol antique (phase 1) associé à de nombreux tessons et fragments de tuiles antiques, est brun sombre, bien structuré et comprend de nombreuses carbonatations indiquant une forte évaporation. Le remplissage du fossé drainant associé révèle des phénomènes d'assèchement régulier (2a). Les pollens d'herbacées et des mollusques confirment qu'il s'agit d'une période globalement sèche, associée à une nappe alluviale basse. Le paysage est très ouvert, les prairies à graminées et cichoriées dominent, alors que les arbres sont rares. La présence d'un champignon microscopique (*glomus*) indique des périodes d'érosion.

- La seconde phase de colmatage de ce réseau fossoyé, toujours d'âge antique, suit une phase d'entretien associée à un curage. La couleur brun gris des sédiments indique un enrichissement en matière organique, et un probable atterrissement du réseau drainant par absence d'entretien. L'ambiance est toujours assez sèche, d'après les cortèges de mollusques et les carbonatations, malgré une légère remontée du niveau de la nappe. La déforestation de l'environnement est maximale. Les espèces caractéristiques de la dégradation de la forêt sont particulièrement bien développées (présence de Cistacées).

2. L'entretien de ces fossés est ensuite stoppée à une période encore mal connue, sans doute vers la fin de la période antique. Un paléosol évolué, de couleur brun noir, se développe durant le

haut Moyen Âge, aux dépens de dépôts d'inondation qui ont scellé le paysage agraire antique (phases 3, 4). Il indique à la fois une longue période d'abandon de l'entretien des systèmes hydrauliques du secteur et une période de stabilité durable de la plaine. Des prairies anthropiques à cichoriées, graminées et liliacées se développent. La forêt semble se régénérer localement, car les taux de pollens d'arbres augmentent, notamment ceux du chêne caduc et du pin sylvestre, mais on est loin d'identifier ici le retour de la forêt profonde et hostile souvent mentionnée dans les textes médiévaux. L'humidité est bien présente, par l'extension de marqueurs comme *Rivularia type*, une cyanobactérie, et par la présence de très nombreux mollusques de prairie humide (*Bythinia, Anisus*). Ces traits pourraient traduire le développement des pratiques pastorales dans la plaine du Tricastin.

3. Une nouvelle phase de drainage est attestée au cours du Moyen Âge. Les fossés sont recreusés à au moins cinq reprises, dans l'axe du réseau antique (phases 5 à 9). L'étude de leur remplissage témoigne d'une érosion modérée des sols, de la pratique de brûlis fréquents (feux courants) dans les parcelles voisines, associée à la culture céréalière. En effet, de nombreuses graines carbonisées de blé nu de type froment (*Triticum aestivum/turgidum*), accompagnées de leurs adventices (brome faux seigle) ont été retrouvées (fig. 4). Les indicateurs d'humidité (cypéracées, algues microscopiques) sont fréquents dans la première phase de drainage (phases 5a, 5b). Leur présence révèle un haut niveau de la nappe phréatique, nécessitant le drainage continu d'une plaine qui s'était probablement transformée en marais durant une partie du haut Moyen Âge. Les sédiments de colmatage de ces fossés successifs enregistrent aussi des épisodes de crue, qui semblent s'amplifier au cours du Moyen Âge. L'entretien des fossés est finalement abandonné. Une végétation hygrophile envahit ces fossés, qui finissent par être recouverts presque instantanément par des dépôts de crue de haute énergie (sables fins), associés à des dérèglements hydrologiques qui marquent le bassin amont des Écharavelles (les plateaux mollassiques de l'arrière-pays). Ces dépôts d'inondation de plus en plus grossiers provoquent l'abandon au moins momentané de l'exploitation du secteur. Plus d'un mètre d'alluvions se déposent ainsi entre la fin du Moyen Âge et la période moderne (phases 12 à 14).

- Au cours de la période moderne, les agriculteurs reviennent implanter un réseau hydraulique dans l'axe du réseau romain B d'Orange (phase 15). Sa fonction semble avant tout reposer sur l'irrigation, d'après l'aspect et la composition des sédiments qui le colmatent. Les diverses espèces attestées par des semences non carbonisées appartiennent pour la plupart à la végétation sauvage locale, en particulier aux plantes qui accompagnent les cultures de printemps ou qui se développent sur les jachères. Quelques restes semblent également témoigner de la culture *in situ* de la vigne (*Vitis vinifera*) et du figuier (*Ficus carica*). Les charbons de bois indiquent aussi la présence de ceps de vigne, brûlés dans les environs immédiats. Les charbons et pépins de raisin sont aussi régulièrement répandus dans les sols cultivés situés autour des fossés. L'association de ces restes botaniques, de la présence de trous de plantation quadrangulaires, et la cartographie en vigne du secteur des Malalônes sur la carte de Cassini révèlent l'extension des vignobles dans la plaine à la fin du XVIIIe siècle. Aujourd'hui, cette culture est abandonnée, et seule une haie d'arbres résiduelle orientée sur le cadastre antique (phase 16) témoigne dans le parcellaire contemporain de cette très longue histoire agraire de la plaine tricastine.

Jean-François Berger, Cécile Jung[2]

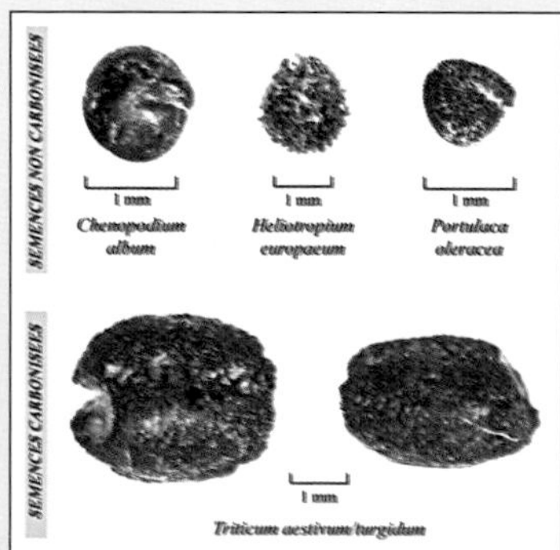

Fig. 4. Semences de plantes adventices et de blé nu provenant des remplissages médiévaux et modernes des fossés des Malalônes, Pierrelatte (Drôme).

2. Avec la collaboration de J.-A. Lopez-Saez, L. Bouby, L. Rousseau, D. Peyric.

Bibliographie

Berger, Jung 1996 ; Berger, Brochier en préparation ; Roupnel 1932.

LES VIGNOBLES ANTIQUES DU TRICASTIN

Comme dans le secteur plus en aval des Bouches-du-Rhône, les fouilles du TGV ont mis en évidence de très nombreuses traces agraires antiques, attribuables pour la plupart à la viticulture. Sur la commune de Lapalud (Vaucluse), deux ensembles remarquables ont été fouillés, Les Devès et Les Girardes, tous deux inscrits dans le cadastre B d'Orange et caractérisés par des alignements de petites fosses rectangulaires ou carrées. Ces creusements réguliers, alignés le long de rangées parallèles et équidistantes, correspondent à ce que les Romains appelaient *scrobes*, mode de défoncement minimal du terrain à l'emplacement d'un futur plant. Ce type de vestige archéologique se repère particulièrement bien lorsque le contraste est grand entre la partie remuée par les anciens agriculteurs (le remplissage) et celle restée vierge de toute intervention humaine (l'encaissant). Dans la partie centrale de la plaine du Tricastin, le sous-sol se caractérise par des formations tardiglaciaires de couleur claire (limons ou chenaux plus grossiers) surmontées par des niveaux pédologiques bruns à brun noir, qui, lorsqu'ils se trouvent enfouis en profondeur par le travail agricole, forment un contraste saisissant avec leur environnement. Une fois la couche pédologique la plus récente enlevée à la pelle mécanique, les fosses antiques apparaissent avec une grande netteté sur des surfaces considérables, autorisant une restitution sous forme de champs. Grâce au dépôt d'une mince pellicule de calcaire au fond des fosses, – phénomène lié à l'ancien microclimat régional –, il est même possible de retrouver les impacts et, indirectement, la gestuelle, associée aux outils agricoles utilisés pour le creusement. La datation de ces ensembles est assurée par l'étude du mobilier incorporé dans le compost au moment de la plantation, par celle du contenu des fosses tronquées par ces opérations agricoles, qu'elles relèvent déjà du secteur viticole, de l'habitat ou encore du domaine funéraire, enfin, par l'analyse des recouvrements. Un autre critère utilisé concerne la géométrie des plantations qui peuvent éventuellement coïncider avec l'implantation de l'habitat, des réseaux viaires ou des systèmes de drainage, indiquant leur relation chronologique (antériorité, postériorité) avec des ensembles mieux datés.

L'exemple des Girardes à Lapalud

Le site le mieux connu est celui des Girardes, situé à l'emplacement d'un emprunt TGV de près de 35 ha de superficie, à cheval sur quatre centuries du cadastre B d'Orange. Les premières prospections avaient livré les indices d'un habitat ainsi qu'une multitude de fosses réparties sur la quasi-totalité de l'espace exploré. La fouille a permis de confirmer la présence d'un établissement rural[1]

1. Responsable d'opération : Karine Roger.

ainsi que l'existence de trois nécropoles*. Les vignobles se répartissent alentour et occupent presque tout l'espace environnant, au moins lors du Ier siècle après J.-C., donnant l'image d'une quasi-monoculture, à l'exception de quelques terres labourées que l'on suspecte grâce à la présence de pollens de céréales. Les fosses de plantations rectangulaires (77 x 60 cm en moyenne sur l'un des secteurs fouillés) s'organisent en plusieurs champs allongés et enregistrent du nord au sud une variation de 6° par rapport au cadastre B, montrant ainsi une colonisation progressive et souple du vignoble dans le cadre de la centurie. Les rangées de plants sont espacées de 1,67 m en moyenne, laissant un espace libre de trois pieds standard entre les creusements ; dans une même rangée, les centres de deux fosses sont en moyenne distants de 1,19 m (quatre pieds). Les seuls champs entièrement circonscrits ont des surfaces respectives de 1,98 ha et 3,1 ha ; il est probable que d'autres vignobles soient encore plus vastes, la surface totale estimée à l'intérieur de l'emprunt TGV étant de l'ordre d'une vingtaine d'hectares. Comme les autres plantations découvertes en Narbonnaise depuis une dizaine d'années, ces vignobles montrent l'emploi de la technique du provignage, marcottage spécifique à la vigne qui consiste en l'enfouissement d'un sarment à partir d'un pied existant, afin de produire un nouveau plant après enracinement et section de cette même tige. Cette technique particulière se matérialise par l'existence de tranchées peu profondes reliant plusieurs fosses rectangulaires où se situaient les ceps les plus anciens ; elles sont préférentiellement situées à gauche et à droite de l'axe de chaque rangée.

À une période difficile à préciser, des fossés de drainage sont creusés aux dépens de certaines vignes ; on ignore cependant si ce nouveau dispositif fonctionne encore avec le vignoble. Puis, à la fin du Ier siècle, dans un milieu toujours ouvert et dans une ambiance climatique toujours chaude, les marqueurs naturalistes analysés dans le remplissage des fossés indiquent une nette reconquête forestière et une remontée générale des aquifères ; les indices de viticulture disparaissent en même temps, pour ne réapparaître que beaucoup plus tard, au IVe siècle après J.-C.[2]

Philippe Boissinot

2. Travaux J.-F. Berger et C. Jung.

Vue aérienne du secteur oriental des Girardes, Lapalud (Vaucluse). Aux fosses rectangulaires creusées pendant le Haut-Empire et destinées à la vigne, succède un ensemble de fossés au remplissage plus foncé favorisant le drainage des terrains durant l'Antiquité.

Bibliographie

Billiard 1913 ; Boissinot 1997 ; Boissinot 2000 ; Boissinot, Brochier 1997 ; Tchernia, Brun 1999.

Les fouilles archéologiques du TGV Méditerranée ont été l'occasion de nombreuses découvertes qui amènent parfois à compléter ou à réexaminer les formes déjà connues d'habitats de la Préhistoire au Moyen Âge dans la moyenne vallée du Rhône.

OCCUPATIONS, MAISONS ET VILLAGES

DE LA PRÉHISTOIRE RÉCENTE AU MOYEN ÂGE

Les fouilles archéologiques du TGV Méditerranée ont été l'occasion de nombreuses découvertes qui amènent parfois à compléter ou à réexaminer les formes déjà connues d'habitats de la Préhistoire au Moyen Âge dans la moyenne vallée du Rhône. Le contexte rural de l'intervention archéologique et le fait que certains secteurs du tracé n'avaient jamais été explorés auparavant constituaient un atout majeur pour la connaissance des sociétés du passé.

Presque tous les sites fouillés dans le cadre de l'opération ont livré des témoignages d'habitats humains : fosses pré- et protohistoriques constituant des négatifs d'occupations dont les maisons, si elles existaient, n'ont pas laissé de traces, trous de poteaux, murs de pierre, éléments de bois ou de terre incendiés. Certains de ces vestiges, pour des raisons diverses, étaient mieux conservés et ont fourni des éléments nouveaux concernant le plan et le mode de construction ou d'organisation des habitats de telle ou telle période. Ce sont ces habitats au sens strict, sites majeurs ou moins importants, pour lesquels une maquette a souvent pu être proposée, qui sont ici présentés.

Pour la période néolithique, de nombreuses fouilles menées ces vingt dernières années avaient montré une structuration du territoire de la moyenne vallée du Rhône en différentes catégories de sites (grands sites de plaines et grottes-bergeries en sont les principaux), mais les maisons proprement dites n'avaient pu être mises en évidence, posant la question de la réalité de la sédentarisation, au moins pour le Néolithique ancien et moyen.

Si les fouilles du TGV ne remettent pas en cause ce questionnement, elles ont fourni toutefois des plans de bâtiments dans la Drôme à Lalo, Espeluche (Néolithique cardial), qui serait la plus ancienne maison connue dans la moyenne vallée du Rhône, et à Blagnat, Montmeyran (Néolithique chasséen). Par ailleurs, les structures excavées en quadrillages du site des Petites Bâties, Lamotte-du-Rhône (Vaucluse), sont peut-être des vestiges d'élévations, inédites à ce jour en France pour la période néolithique.

L'âge du Bronze ancien a livré un ensemble exceptionnel en moyenne vallée du Rhône : au Serre, Roynac (Drôme), une vingtaine d'unités architecturales témoignent d'une organisation spatiale qui peut être qualifiée d'architecture agglomérante. Ces grands « villages », connus en Europe du Nord, mais dont la genèse est controversée, étaient inconnus chez nous. D'utiles comparaisons se dessinent avec le site voisin du Bronze ancien de Saint-Martin 3, Chabrillan (Drôme). Pour le Bronze final la fouille du site de Laprade, Lamotte-du-Rhône, a permis de mettre en évidence neuf bâtiments de terre et de bois accompagnés d'un abondant matériel.

À Crest (Drôme), sur le site de Bourbousson 1, ont été découverts les vestiges de quatre bâtiments domestiques organisés autour d'une aire centrale. Il s'agit d'un exemple d'habitat groupé de plaine dont on n'avait pas encore d'équivalent pour le premier âge du Fer dans cette région. Ce site remarquable par l'abondance de son mobilier et la bonne conservation de ses structures d'habitat se révèle fort intéressant, en raison de sa position à la frontière des mondes méditerranéen et continental.

Pour la période antique, outre les bâtiments orientés selon le Cadastre B d'Orange dans la plaine du Tricastin, tels que Espitalet Nord, Pierrelatte (Drôme), ou La Barque, Allan (Drôme), il faut citer les sites drômois de Claveysonnes, Montélier, et Saint-Martin 1, Chabrillan, qui apportent d'intéressants compléments sur l'habitat rural du territoire de Valence, notamment parce que ce sont des implantations tardives, peu ou pas répertoriées auparavant. Le site de Bourbousson 3 en est l'exemple majeur pour le Bas-Empire : un ensemble bâti, successivement petite ferme, auberge, station routière, perdure du IIIe au Ve siècle. La fouille de ce site, à un carrefour de voies importantes, a confirmé comme d'autres fouilles TGV, le relatif dynamisme de l'occupation du territoire de la moyenne vallée du Rhône au Bas-Empire.

Enfin à Constantin, Montboucher-sur-Jabron (Drôme), une maison incendiée du XIe siècle a permis aux archéologues de recueillir des éléments extrêmement précis sur l'architecture de fond de cabane en terre et bois. Ce bâtiment constitue une référence unique en moyenne vallée du Rhône pour l'habitat rural isolé du Moyen Âge, parallèlement aux sites religieux et castraux fouillés jusqu'alors préférentiellement.

Les profonds changements du milieu naturel provoqués par le réchauffement qui suit la dernière phase glaciaire (à partir de 9000 avant J.-C. environ) s'accompagnent de transformations aussi irréversibles pour les sociétés humaines. D'abord lentes et peu spectaculaires, elles s'accélèrent dans le processus dit de « néolithisation » que l'on peut placer en France méridionale et vallée du Rhône entre 6000 et 5000 avant J.-C.

Cette phase de mise en place du Néolithique – c'est-à-dire de l'état de civilisation où l'homme acquiert et développe une économie de production pour ses ressources vivrières (élevage et agriculture) en relais puis remplacement de la prédation qui était de règle depuis les origines de l'humanité (cueillette, pêche, chasse) – pose des questions plus complexes qu'on ne l'a dit pendant longtemps.

Le premier Néolithique méridional

S'il était acquis que cette transition n'avait pas été une révolution brutale, il semblait admis – après examen et en général abandon des hypothèses de génération spontanée de ce mode de vie en divers points du pourtour méditerranéen – que les symptômes matériels du Néolithique (céramique, pierre polie, outillage agricole, maisons et villages etc.) arrivaient dans un laps de temps assez court « dans les bagages » de migrants issus plus ou moins directement des zones fertiles du Proche-Orient.

Un impact majeur et décisif est certes incontestable, vers 6000-5700 avant J.-C., avec l'apparition des « cultures à céramiques imprimées » – c'est-à-dire décorées par impression de divers instruments ou objets (poinçons en os ou en bois, peignes à plusieurs dents, coquillages marins, doigts...) – dont on connaît surtout dans le Sud de la France l'ensemble culturel dit Cardial. Mais il apparaît aussi, dans les quelques siècles qui précèdent, une possible évolution en cours à la fin du Mésolithique, cette période de transition cependant encore totalement représentée par les modes de vie des chasseurs-cueilleurs. Cette évolution est perceptible dans des indices de modification par l'homme du milieu naturel (espaces plus anthropisés, c'est-à-dire moins boisés qu'on ne le pensait, plus ouverts – notamment par le feu) et dans l'évolution de l'outillage.

La transition semble donc avoir été longue et le mode de vie sédentaire en village que l'on avait un temps pu postuler comme très précoce à l'image du modèle proche-oriental, ne s'est sans doute instauré que tardivement, laissant place à des comportements encore partiellement nomades et adaptatifs aux ressources du milieu.

Pendant longtemps l'absence de traces de cette période dans la moyenne vallée du Rhône a laissé croire que cette région géographique n'était pas touchée par les premiers ébranlements du Néolithique méditerranéen et que l'impulsion du changement n'arrivait que bien plus tard, précédant 5 000 avant J.-C. Les fouilles du TGV Méditerranée sont venues confirmer les quelques indices contraires en apportant d'importantes données nouvelles.

Le site de Lalo

Parmi ces données nouvelles, celles qui sont issues de la fouille du site de Lalo, commune d'Espeluche (Drôme) sont les plus complètes et démonstratives.

Dans la partie méridionale de la Valdaine, l'un des bassins naturels bien circonscrits qui se développe en rive est du Rhône dans sa partie moyenne, la rivière Jabron est rejointe quelques kilomètres avant son arrivée sur les terrasses rhodaniennes par la Citelle, son principal affluent en rive gauche, à l'issue d'un cours assez bref mais fortement pentu. C'est à cette confluence que le site est implanté, au pied d'une butte formée par une terrasse plus ancienne et tournée au sud. Le cumul de critères favorables : sa position de confluence, son orientation et sa situation au contact de deux systèmes naturels, piémont des reliefs d'un côté et bassin inférieur du réseau hydrographique-plaine rhodanienne de l'autre, explique sans doute les multiples épisodes de la présence humaine à cet endroit. Une dizaine de phases d'occupation sont en effet matérialisées, dont au moins une concernant le Mésolithique récent et quatre le Néolithique ancien. Bien datées et situées stratigraphiquement, elles prennent une place importante dans ce débat sur la néolithisation rhodanienne (fig. 1).

Le contexte sédimentaire des trouvailles et son étude donnent les clés de la compréhension du site et un de ses apports majeurs. Le cours de la Citelle retrouvant une pente beaucoup plus faible à peu de distance de là, le site naturel a été le lieu d'enregistrement idéal de la variation de son débit et de son action en répercussion des actions de défrichement ou d'abandon de l'homme sur son bassin amont, attestant tantôt de profondes incisions du lit, tantôt de puissantes phases érosives « en rabot » tronquant ou faisant disparaître les vestiges humains, et surtout provoquant un déplacement périodique du tracé du cours d'eau aussitôt fossilisé avant d'être, le plus souvent, entaillé de nouveau quelques siècles plus tard. C'est le résultat fort complexe et enchevêtré de 5 000 à 6 000 ans de telles actions que la fouille a dû résoudre en quelques mois d'intervention dans l'urgence, prolongée par un long travail d'analyse en laboratoire pour reconstituer les divers états de ce cadre naturel chahuté, base de toute compréhension des rythmes et activités des occupations humaines.

Fig. 1. Vue zénithale d'une partie de la fouille néolithique. Un ancien lit de la rivière constitué de blocs et galets a été remanié et organisé par l'homme préhistorique, qui y a notamment installé un foyer.

Les phases d'occupation concernées

La présence, en rebord de la basse terrasse dominant le lit actuel de la Citelle, d'un campement du Mésolithique récent dit « Castelnovien » (vers 6 500 avant J.-C.) est de la plus haute importance. Ce faciès culturel*, quoique maintenant bien isolé, est encore très mal connu. Seuls une douzaine de sites en ont livré des vestiges pour le Sud-Est de la France, dont quatre seulement en plein air (ailleurs que dans les grottes ou abris). Encore s'agit-il le plus souvent de gisements déjà anciennement fouillés, concentrés soit en zone méridionale où se pose directement la question de la cohabitation et de l'interaction de composantes culturelles différentes au moment de la toute première néolithisation, soit dans les Préalpes où un retard de plusieurs siècles dans l'apparition des premiers apports « orientaux » laisse cette culture comme seule en action au moment de la transition. Le sol d'habitat mésolithique de Lalo est donc à plusieurs points de vue un jalon intermédiaire géographique et culturel pour saisir les liens entre ces deux régions distantes et les modes de l'action humaine avant le grand déclenchement des changements.

Les vestiges immobiliers (foyers simples, emplacements de poteaux...) et la position des fragments travaillés (aires de débitage du silex) ne donnent que peu de renseignements nouveaux par rapport aux connaissances déjà acquises : il s'agit des traces fugaces d'un campement de chasseurs-cueilleurs. Les vestiges osseux n'étant pratiquement pas conservés, on ne saura rien des activités liées, dérivées de la chasse, notamment culinaires, mais aussi travail de l'os qui auraient permis éventuellement de repérer une station saisonnière de plus longue durée par des activités moins immédiatement liées à l'économie de subsistance. Le silex est abondant, varié et de qualité, dénotant une exploitation assidue et compétente des diverses ressources régionales minérales (fig. 2). Une étude en cours montrera si des parcours peuvent en être déduits.

Des ravines de ruissellement sur l'habitat peuvent être liées à une activité érosive assez forte de la rivière. Il est difficile de les mettre en relation avec une pression humaine sur l'environnement plus qu'avec une modification circonstancielle du climat, mais c'est une question sur laquelle il faudra rester attentif ailleurs si l'on veut parvenir à préciser ce qui se passe dans les communautés humaines au début de cette période de transition.

D'ailleurs divers autres dérèglements hydrologiques sont décelables dans le laps de temps qui sépare l'établissement castelnovien de la première occupation du Néolithique ancien, vers 5 600 avant J.-C., et plus on se rapproche de cette date, plus la responsabilité humaine apparaît théoriquement pouvoir être engagée par le biais de l'agriculture et de l'élevage sans que l'on sache établir encore où se trouve la frontière plausible... ni même s'il y en a une, si l'on admet un comportement proto-néolithique des derniers groupes prédateurs !

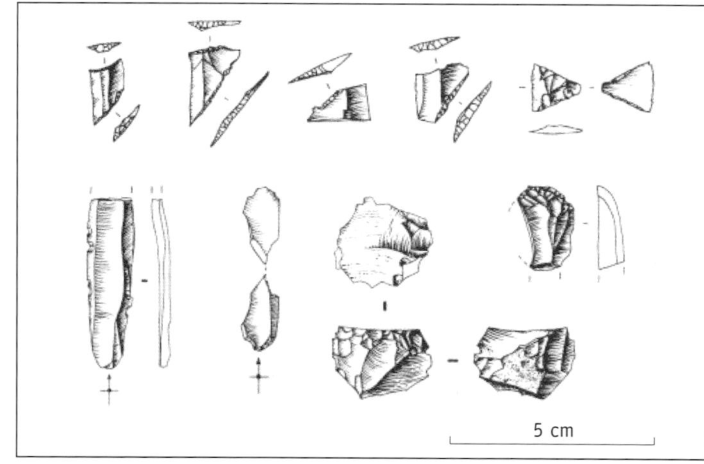

Fig. 2. Silex mésolithiques. (Dessin R. Picavet)

Au moins quatre phases de présence sont bien attestées pour le Néolithique ancien entre 5 600 et 5 100 avant J.-C., séparées par d'autres phases érosives violentes qui, cumulées, pourraient marquer un épisode destructif généralisé en moyenne vallée du Rhône et expliquer la rareté des vestiges de cette période ancienne du Néolithique. Bien que partiellement arasées et peu spectaculaires, ces phases d'occupation montrent une présence précoce et continue de l'homme néolithique, de peu postérieure à celle de la bande littorale méridionale. Les vestiges consistent en fosses, foyers en cuvettes, aménagements des chenaux de circulation de l'eau... sur une surface d'emprise débordant sans doute largement les 1,3 ha de la fouille. Les objets en céramique et silex sont rares mais bien caractéristiques. Les deux phases les plus récentes : Cardial moyen (vers 5 300 avant J.-C.) et Cardial final (vers 5 100 avant J.-C.), sont les mieux documentées. Et principalement la dernière qui a livré les traces de deux emplacements de cabanes de plan ovalaire présentées par ailleurs.

La présence dans la phase finale d'un tesson de céramique portant un décor complexe, à base de lignes d'incisions et de ponctuations (fig. 3), totalement inconnu auparavant en vallée du Rhône et caractéristique du Languedoc occidental et de la Catalogne, montre la longue distance possible des contacts à cette période et donc la difficulté que l'on rencontre pour établir des schémas logiques de peuplement et de diffusion culturelle.

Fig. 3. Tesson à décor solaire.

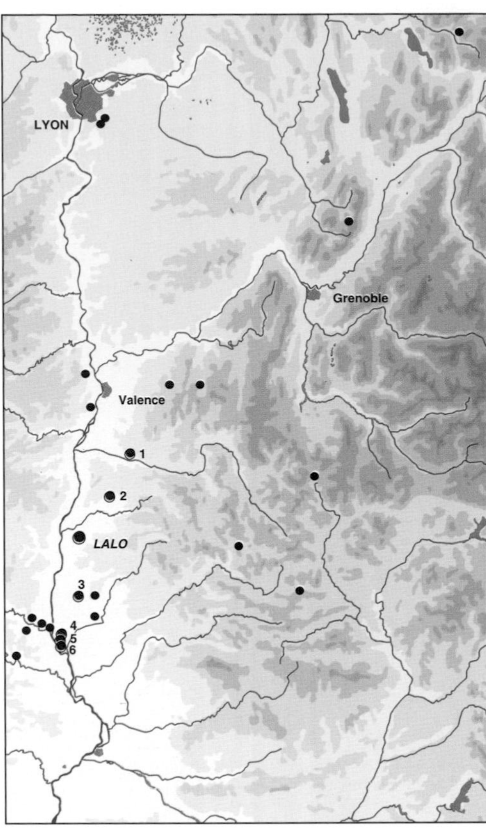

Fig. 4. Carte des sites du Néolithique ancien. (A. Beeching)
1. Bourbousson 3, Crest
2. Le Serre 1, Roynac
3. Surel, La Garde-Adhémar
4. Les Petites Bâties, Lamotte-du-Rhône
5. Pont-de-Pierre 2 Nord, Bollène
6. Les Juilléras, Mondragon

Les autres documents disponibles dans la région

Hormis sur le site de Lalo, le Mésolithique récent n'a pas été trouvé en moyenne vallée du Rhône. Le Néolithique ancien a été retrouvé sur le tracé du TGV aux Petites Bâties, Lamotte-du-Rhône (Vaucluse) et, sous forme de vestiges isolés, sur les sites des Juilléras et de Pont-de-Pierre 2 Nord à Bollène (Vaucluse), à Surel, La Garde-Adhémar (Drôme), au Serre 1, Roynac (Drôme), à Bourbousson 3, Crest (Drôme). Auparavant, il était déjà connu dans cette zone au Bosquet Saint-Martin d'Ardèche (Ardèche), à La Seizillière, Suze-la-Rousse (Drôme), au Pas de Clavel, Clansayes (Drôme), aux Charignons, Peyrus (Drôme), et à La Brégoule, Soyons (Ardèche) pour les sites les plus importants (fig. 4). La conception d'une implantation précoce (avant 5 400) jusqu'à hauteur de Valence au moins peut maintenant être admise. Des sites relevant de phases moyennes à récentes du Néolithique ancien dans la banlieue lyonnaise montrent que la diffusion s'est poursuivie du sud vers le nord jusqu'à rencontrer, en Auvergne, Sud-Bourgogne, et plus problématiquement Jura, les courants danubiens du Nord de la France, alors que, dans les Alpes, d'autres contacts peut-être beaucoup plus précoces s'établissaient avec la plaine du Pô.

Le couloir rhodanien passe donc à la faveur des découvertes de ces dernières années du statut de marge à celui de creuset et pôle secondaire pour cette période charnière de la néolithisation qui est peut-être le vrai début de l'Histoire.

Alain Beeching

Bibliographie

Beeching 1995 ; Binder 1987 ; Guilaine 1994 ; Guilaine, Courtin, Roudil et Vernet 1987.

LA MAISON NÉOLITHIQUE ANCIEN DE LALO, ESPELUCHE (DRÔME)

Vers 5 200 à 5 000 avant J.-C., dans le niveau le plus récent du Néolithique ancien du site de Lalo, trente-deux emplacements de poteaux sous la forme de dépressions étroites et profondes se rapportent à des constructions en bois que de bonnes raisons permettent de considérer comme des structures d'habitation (fig. 1). L'une d'elle, concernant vingt-quatre de ces « trous de poteaux », présente un plan complexe mais bien conservé qui en fait le premier attesté sur le territoire français pour le Néolithique ancien de souche méditerranéenne.

Ces emplacements de poteaux se répartissent en plusieurs types dont l'interprétation est la clef de l'analyse architecturale : des trous larges et profonds attestant de gros poteaux porteurs, des poteaux de taille plus modeste mais groupés par paires ou triades, parfois dans la même fosse d'implantation, liés à des structurations internes complexes, et des trous simples et espacés.

Après analyse critique, le plan le plus probable retenu pour cette construction est ovalaire, d'environ 10 m de grand axe et 7,5 m de largeur (fig. 2). La verticalité des poteaux périphériques, régulièrement espacés, indique l'existence de parois latérales dont la hauteur, quoique non restituable, ne pouvait logiquement que correspondre à une hauteur humaine ou de peu inférieure pour justifier l'intérêt fonctionnel de ce choix. La difficulté interprétative vient du fait que l'unique poteau marquant faîtière et induisant un toit conique est très nettement excentré. Ce toit devait donc être asymétrique, présentant – ce qui peut en être la cause – une pente plus faible et plus longue vers le nord et le vent dominant violent de la vallée du Rhône, et une pente plus brève hypothétiquement liée à un effet de façade au sud où se place l'unique accès reconnaissable.

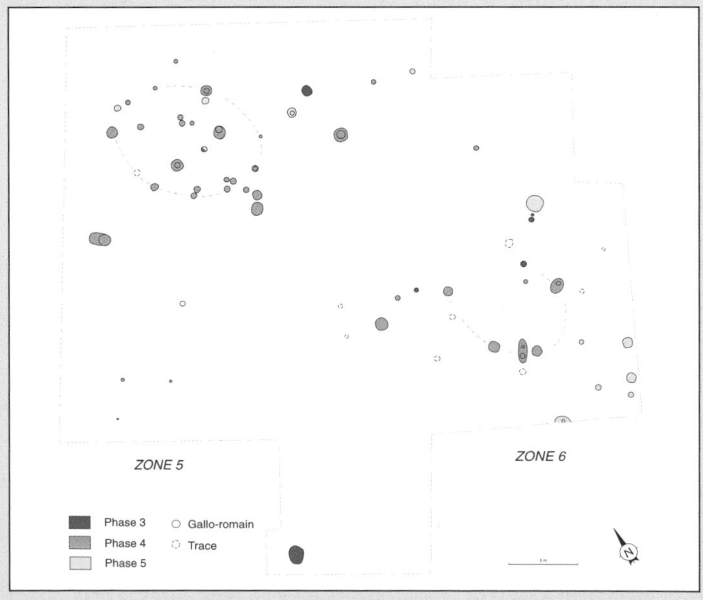

Fig. 1. Plan des structures du Néolithique ancien. (Dessin A. Beeching)

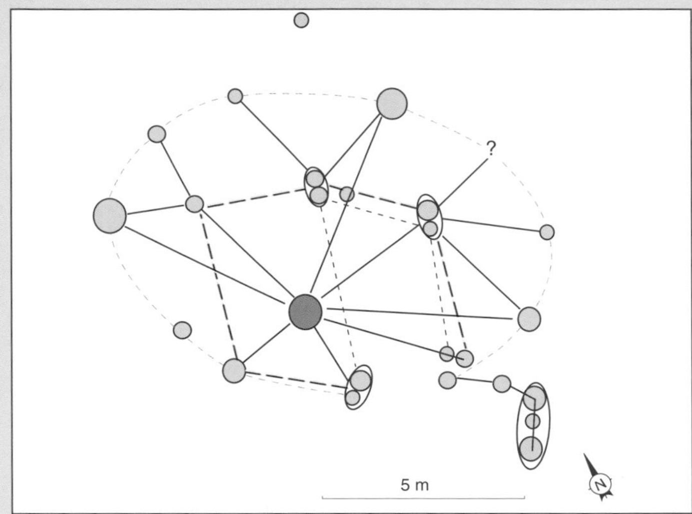

Fig. 2. Plan interprété de l'habitation. (A. Beeching)

Cette entrée apparaît au même endroit dans toutes les hypothèses, qui par le fait la rendent plus que vraisemblable. Elle découle de la lecture des groupements de poteaux par deux ou par trois. Cette particularité ne peut, semble-t-il, être liée qu'à un moyen technique rudimentaire. En l'absence de techniques d'assemblage performantes (par encastrement, à mi-bois…), la multiplication des poteaux porteurs peut en effet permettre de régler le problème posé par une structuration interne complexe. La liaison entre les quatre cas de ce genre donne un plan quadrangulaire trapézoïdal dont un des petits côtés se confond avec la paroi externe. L'ouverture au sud peut être liée à un dispositif d'entrée (sas, corridor) et une structuration architecturale interne fonctionnelle : zone d'activité liée à un foyer, grenier… Divers modèles de huttes des plaines d'Europe nord-orientale et de la taïga sibérienne offrent par la forme, la taille, la vocation à recevoir plusieurs familles dans des subdivisions internes, la fonction symbolique de la zone foyère centrale, des termes de comparaison possibles (fig. 3).

On sait que les plans circulaires, sans être exclusifs, sont ceux qu'adoptent le plus volontiers les peuples nomades, mobiles ou récemment fixés. La taille moyenne est souvent autour de 5 à 7 m de diamètre, atteignant facilement 10 m pour les campements d'hiver et pour les familles élargies. La puissance d'ancrage de la présente maison exclut une structure légère à démontages fréquents. Deux hypothèses viennent d'abord à l'esprit : campement de base hivernal de longue durée ou sédentarisation en cours. L'existence d'une deuxième maison, mal conservée, 10 mètres plus au sud, montre un regroupement qui peut s'interpréter dans les deux sens. Une vue plus globale de la question pour le Sud de la France permet de proposer un modèle de dynamique évolutive pour la maison néolithique qui verrait le plan circulaire ou ovoïde, exclusif au Néolithique ancien, évoluer en s'allongeant jusqu'au quadrangulaire de la période Néolithique final-Bronze ancien. Ce qui serait plutôt une reprise décalée dans le temps du schéma évolutif complet proche-oriental qu'une adoption directe des modèles d'époque équivalente.

Alain Beeching

Fig. 3. Maquette de la maison néolithique.

Bibliographie

Aurenche 1981 ; Beeching 1999 ; Lepoitevin 1996.

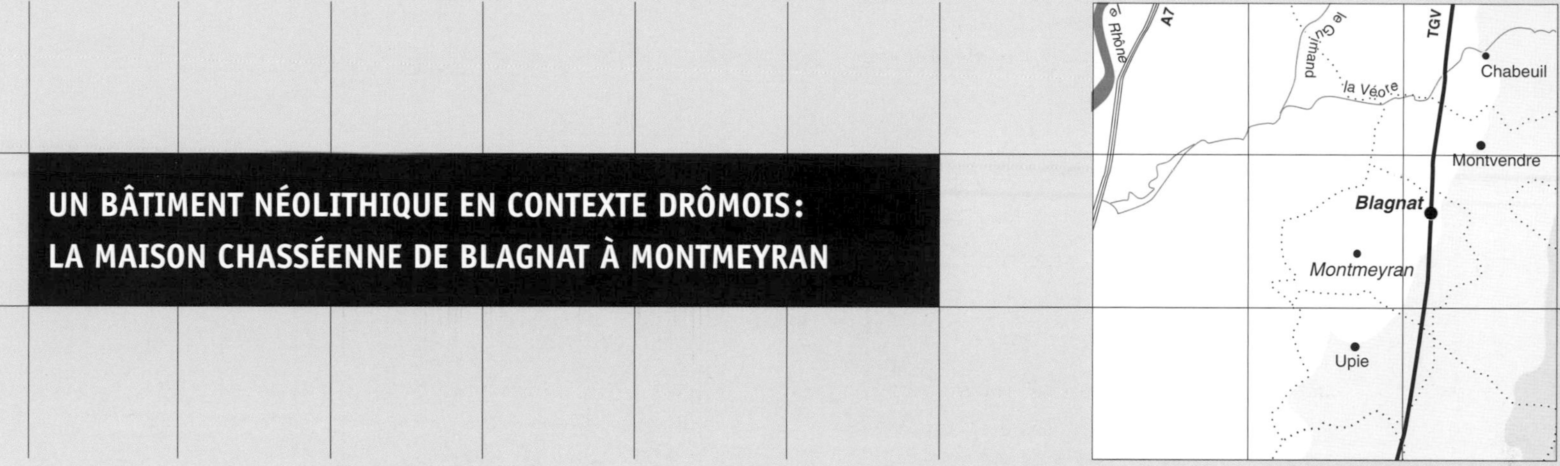

UN BÂTIMENT NÉOLITHIQUE EN CONTEXTE DRÔMOIS: LA MAISON CHASSÉENNE DE BLAGNAT À MONTMEYRAN

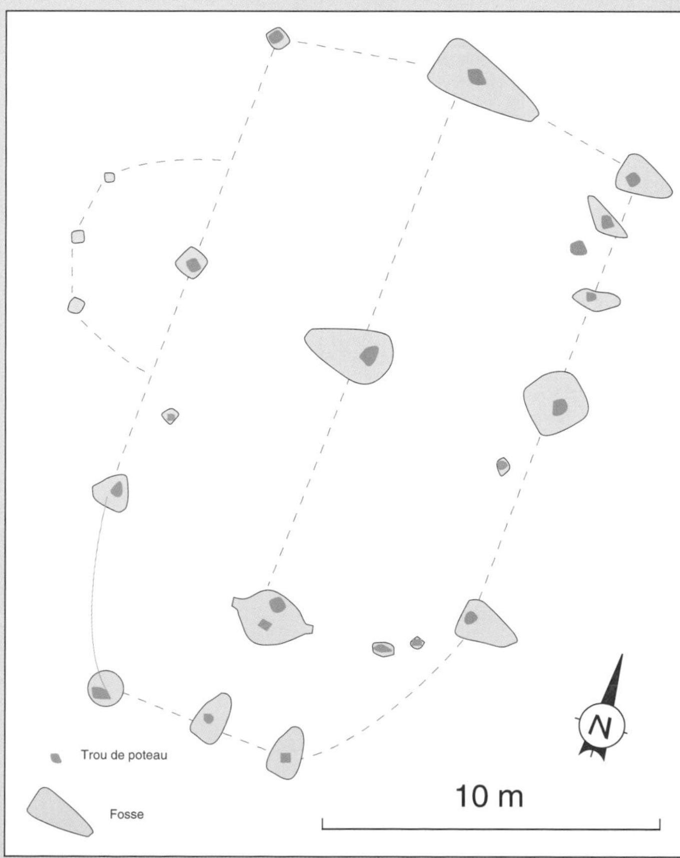

Fig. 1. Plan interprété du bâtiment néolithique. (Dessin J.-M. Petit, D. Ruf, P. Sarazin)

Le site localisé au sud-est de Valence au sein du bas Dauphiné, en rive gauche du Rhône, est installé en plaine, sur un cône très large et plat correspondant à un dépôt torrentiel d'âge rissien* issu du Vercors. De même que pour la plupart des occupations archéologiques situées sur des terrasses alluviales, la sédimentation est très faible et les niveaux d'occupation sont absents. À Blagnat, un niveau de labours composé de limons argileux repose directement sur des graviers de terrasse, et seules les structures en creux comprenant des fosses, des calages et des trous de poteaux ont été préservées de l'érosion. Ces creusements constituent donc les seules traces résiduelles d'aménagements par les néolithiques.

La maison est orientée nord-sud, et mesure 20 m de long par 12 m de large. Vingt-quatre structures en creux ont été dénombrées (fig. 1). Parmi ces excavations, on distingue dix structures simples (trous de poteaux) et quatorze structures mixtes (fosses-trous de poteaux). Cette construction comporte deux nefs de largeur égale. L'axe principal des poteaux porteurs de faîtière comprend trois fosses dotées d'un ou de deux calages centraux ou disposés en butée. La structure la plus profonde se présente comme une large excavation ovalaire. Son dispositif interne, composé d'un double calage, indiquerait que deux poteaux jumelés pouvaient constituer le double pilier porteur le plus haut et le plus massif. Trois fosses-trous de poteaux, disposées sur un même axe constituent l'extrémité sud de la maison. Par rapport aux autres structures, elles sont implantées suivant un arc de cercle formant ainsi une abside. Trois trous de poteaux disposés à l'ouest du bâtiment pouvaient correspondre à un auvent ou un diverticule juxtaposé à la paroi, mais ceci à titre de proposition d'interprétation. Enfin cinq structures peuvent être interprétées comme des creusements de poteaux utilisés pour renforcer la paroi ouest du bâtiment (fig. 2).

Les comblements des fosses sont très peu marqués par la présence de l'homme, car leur remplissage correspond au sédiment encaissant, de sorte qu'il a été très difficile de distinguer les limites entre les creusements des fosses et les comblements eux-mêmes. Il s'agit d'ensembles clos et homogènes qui ne présentent, ni en surface, ni dans les remplissages, d'autres types de mobiliers que ceux qui appartiennent à la période du Néolithique moyen.

Fig. 2. Maquette de la maison.

D'après l'organisation de ces aménagements et les dimensions de cette construction, il semble que la maison de Blagnat soit suffisamment étayée pour être confrontée aux fortes bourrasques de mistral que l'on connaît dans ce secteur de la Drôme ; de plus le bâtiment est orienté suivant un axe nord-sud.

Le matériel archéologique, piégé en profondeur dans les creusements, se limite à un broyon en calcaire quartzeux, à neuf formes céramiques et trois silex taillés. Parmi le matériel lithique, on dénombre deux fragments de lamelles brutes de taille et un grattoir à front circulaire en silex blond chauffé, voilé d'une légère patine blanche. Le petit ensemble de vases compte diverses formes dont une marmite à bord rentrant et à boutons perforés déjetés, situés sur le col, six vases à bord rentrant ou ouvert, et un élément de mamelon ainsi qu'une carène. Ce petit échantillon s'apparenterait à un corpus provenant du site des Clôts à Rousset-les-Vignes (Drôme), attribué à une phase ancienne du Chasséen.

La fonction de cette construction reste difficile à déterminer. Néanmoins, la présence de mobilier de type domestique piégé dans les structures évoque une unité d'habitat.

Cette maison, découverte isolée, appartient probablement à un complexe d'aménagements plus important comme l'atteste l'abondance de silex taillés, dont quelques lamelles chasséennes récoltées à la périphérie du secteur de l'emprise décapée.

Cette unité d'habitation est attribuée au Néolithique moyen II, c'est-à-dire au cours de la première moitié du IVe millénaire. Dans la Drôme et à cette latitude de la vallée du Rhône, il s'agit de la seule maison chasséenne reconnue comme telle à ce jour.

Sylvie Saintot

Bibliographie

Audouze, Buchsenschutz 1989 ; Beeching 1991 ; Beeching, Brochier 1994 ; Beeching, Vital 1994 ; Coudart 1993 ; Gasco 1985 ; Muller 1995 ; Muller 1999 ; Vaquer 1975.

LA DALLE ANTHROPOMORPHE CHASSÉENNE DU SITE DE LA PRAIRIE, CHABRILLAN (DRÔME)

Une représentation humaine façonnée à partir d'une dalle de calcaire local

Le site de La Prairie est localisé à une trentaine de kilomètres au sud de Valence et à une quarantaine de kilomètres au nord de Montélimar. Il se place au cœur des collines drômoises, qui constituent la charnière entre les Préalpes du Sud et la vallée du Rhône.

Au cours de la fouille, une dalle anthropomorphe a été découverte, associée à plusieurs aménagements dont une dizaine de trous de poteaux organisés, un foyer et une fosse contenant un squelette de canidé. Elle provient d'un niveau archéologique qui correspond à une phase ancienne du Chasséen. Elle était implantée au nord d'un dispositif rectangulaire légèrement trapézoïdal. La présence, au centre de ces structures, d'une fosse/foyer et d'une fosse/dépôt contenant un squelette de canidé, prouve une organisation particulière de cette unité d'habitation. Ainsi, une relation directe entre la zone foyère, la dalle anthropomorphe et l'aménagement constitué par les trous de poteaux peut être proposée, et cet ensemble pourrait correspondre à une construction ou à une unité d'habitation.

La dalle anthropomorphe stylisée

Il s'agit d'une dalle en calcaire gréseux, aménagée par bouchardage et par polissage (fig. 1). Néanmoins, il est difficile d'observer les stigmates de travail et de percevoir leur ordre, car la roche est particulièrement érodée. Les dimensions de cette dalle sont 46 x 31 x 13 cm. Il s'agit d'une borne appointée, évoquant un personnage stylisé. Seule la face antérieure est sculptée et la face arrière, exempte de tout aménagement, présente des cupules liées à l'action d'eau stagnante (de même que les lapiaz). Le décor sculpté et le polissage de la silhouette du personnage s'inscrivent uniquement sur une plaquette épaisse de 3 à 6 cm. Vue de profil, cette plaquette se dégage nettement par un décrochement de la masse de la dalle.

De face, on distingue une tête en relief, un nez et deux yeux en retrait par rapport au front proéminent (fig. 2). La tête, appointée en partie sommitale, est dégagée par deux encoches latérales curvilignes qui suggèrent à la fois le cou et les épaules. La base de la tête est cernée par deux rainures convergentes au niveau du menton. Ces traits sont sans doute gravés à partir de fissures naturelles réutilisées et approfondies. Les bras parallèles et droits sont matérialisés par deux bandes piquetées asymétriques, en ressaut par rapport au buste. Le torse (féminin ?), légèrement dégagé par rapport à l'ensemble de la dalle, présente deux pectoraux figurés en ronde-bosse et traités par polissage. Il pourrait s'agir de seins. La base d'une tunique semble être indiquée par une bande ondée (piquetée) perpendiculaire à la dalle, mais il est possible que ce détail soit un jeu de la nature. Enfin une pointe est aménagée à la base de cette dalle par un angle dièdre, ce qui permet d'ailleurs de maintenir la dalle debout, fichée dans le sol. Cette petite dalle anthropomorphe a été trouvée la face antérieure reposant sur la terre, ce qui a sans doute protégé les décors de l'érosion.

Le personnage-bloc de La Prairie s'apparente aux nombreuses autres figurations humaines que l'on connaît dans le Sud de la France. De même qu'en Languedoc oriental et en Provence, elle a la particularité d'être réalisée à partir d'une dalle mise en forme, dont seule la face antérieure est sculptée. Érigée à proximité d'une construction et d'une zone foyère recoupée par l'inhumation d'un canidé, cette petite sculpture pourrait évoquer l'identité de l'occupant(e) d'une maisonnée et symboliser un personnage féminin dont le statut social est reconnu.

Sylvie Saintot

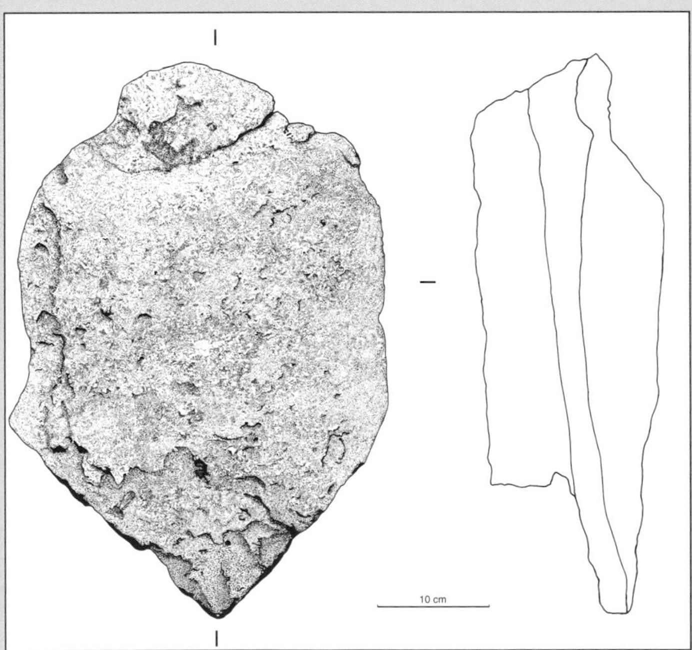

Fig. 1. Relevé et profil de la dalle anthropomorphe. (P. Mellony)

Fig. 2. Interprétation de la dalle. (Dessin S. Saintot)

Bibliographie

Beeching 1995 ; D'Anna 1977 ; D'Anna, Gutherz, Jallot 1987 ; Guilaine 1994 ; Jallot, D'Anna 1987 ; Saintot 1998 ; Voruz 1992.

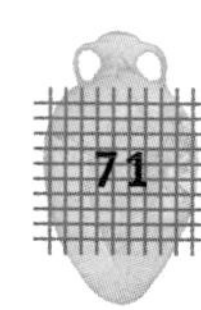

LE SERRE 1, ROYNAC (DRÔME) : LES PREMIÈRES FORMES D'HABITAT RHODANIENNES À L'ÂGE DU BRONZE ANCIEN

Situation et circonstance de la découverte

Le site du Serre 1, sur la commune de Roynac, occupe le pied sud d'une des collines préalpines qui limitent la Valdaine (bassin de Montélimar). Il s'inscrit dans la partie nord de ce vaste amphithéâtre de près de 300 km^2 et d'une quinzaine de kilomètres de diamètre, ouvert à l'ouest sur la terrasse de Montélimar et sur la vallée du Rhône, en bordure est du petit ruisseau du Rif-Vieux, affluent du Roubion (fig. 1). Ce gisement offre une remarquable séquence stratigraphique de plus de quatre mètres de puissance reposant sur un substrat limoneux, piégée en marge d'un paléovallon*. Cette accumulation de matériaux résulte des grandes facultés d'érosion du pied marneux de l'édifice collinéen distant de 2 km, comme de son entablement calcaire, et des possibilités de sédimentation *in situ*. Celle-ci s'est réalisée au sein d'un petit bassin versant de 2 500 x 500 m de développement, avec un pendage limité à 2-3 % au niveau de la fouille, précisément peu après une rupture de pente du versant septentrional. Quatre horizons pédogénétiques majeurs marquent cette sédimentation holocène. Neuf niveaux d'occupation avaient été repérés lors de la phase d'évaluation, rattachables aux périodes médiévale, gallo-romaine, de l'âge du Bronze ancien, du Néolithique moyen et du Néolithique ancien Cardial. Ces premiers éléments furent décisifs pour engager une fouille d'envergure.

Fig. 1. Le site au centre vu du sud, le piémont nord de la Valdaine. On distingue l'entablement calcaire qui repose sur les assises marneuses.

La portion du gisement menacée de destruction par les travaux liés à l'aménagement de la ligne nouvelle du TGV

Méditerrannée a été fouillée de mai à septembre 1996. Quatre surfaces indépendantes ont été traitées. Sur les 4 500 m^2 réellement décapés, 1 600 ont été principalement dévolus à l'observation des niveaux profonds du Néolithique (zones II, III et IV), conduite sous la responsabilité de J. Durand, en n'opérant qu'une observation, une fouille et un relevé rapides des niveaux des âges des Métaux. La surface restante était réservée à l'observation plus fine des aménagements des occupations présumées de ces périodes (fig. 2).

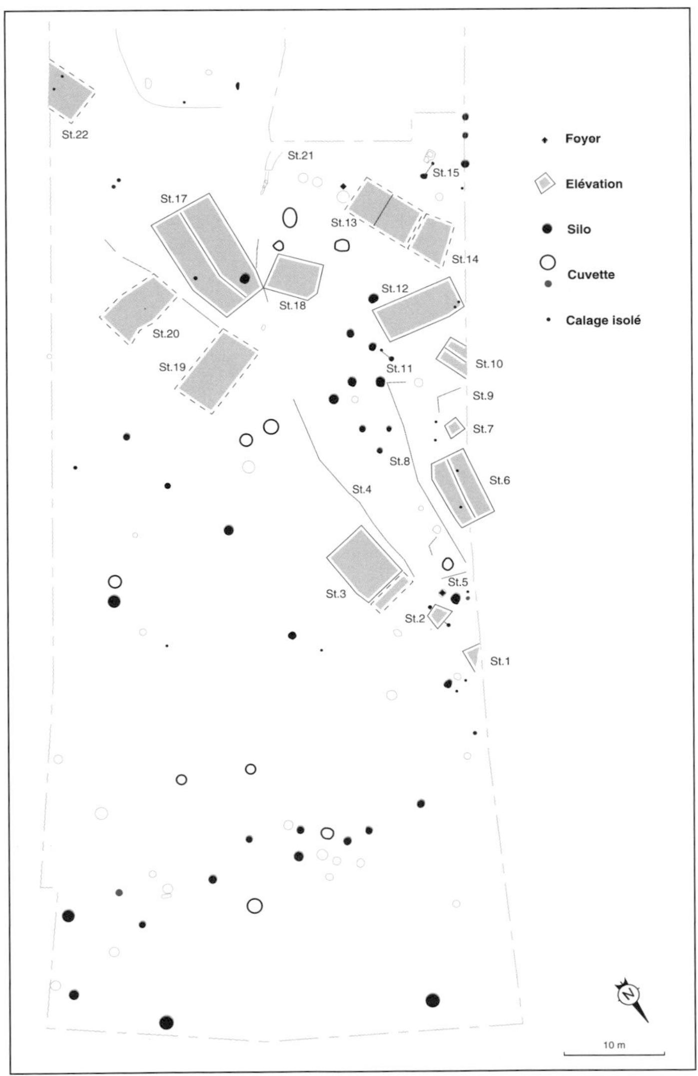

Fig. 2. Plan des structures de la surface 1 du Bronze ancien. (Dessin J. Vital)

La séquence sédimentaire du site

L'étude des conditions de mise en place des dépôts sédimentaires et de la fossilisation des niveaux d'occupation a pu être conduite à l'issue de la réalisation d'un grand nombre de relevés stratigraphiques sur plus de 300 mètres. Les premières analyses ont permis d'isoler soixante et onze unités sédimentaires définissant trente et un épisodes de mise en place. Ils peuvent être regroupés en treize grandes phases responsables du dépôt et de l'évolution de chaque ensemble pédosédimentaire. Cette séquence remarquable a cependant enregistré le temps écoulé de façon lacunaire, et surtout hétérogène. Les troncatures, dues à l'érosion, ont soustrait une partie de l'enregistrement, et les couches alluviales les plus épaisses peuvent représenter un temps beaucoup plus court que les couches moins épaisses marquées par la pédogenèse. Une série importante d'un peu plus d'une vingtaine de datations radiocarbone a été réalisée de manière à réduire ces incertitudes chronométriques. Les phases sont le reflet des modifications des conditions de stabilité du bassin versant, de la paléotopographie, du couvert végétal. Ces bouleversements du milieu naturel dépendent des conditions climatiques mais aussi d'éventuelles interventions humaines. Cette séquence se caractérise par trois phénomènes majeurs : une forte sédimentation par transfert alluvial, une succession d'érosions souvent illustrées par des chenaux et/ou des nappes de graviers, des phases de stabilisation des paysages permettant la formation de sols pédologiques bien marqués.

La séquence terminale des âges des Métaux est la suivante, de bas en haut :

Ensemble E. Une première occupation campaniforme est attestée au sommet de l'ensemble E (surface 3), à partir de 2 450 avant J.-C. environ. De nombreux charbons transportés par l'eau, déposés en flaques, témoignent de paléo-incendies sur les versants voisins. Ces témoins d'incendies sont par ailleurs récurrents tout au long de l'ensemble de la séquence sédimentaire. Aucun lien entre ces feux et la présence humaine n'a pu être établi.

Ensemble D. Ce cycle est caractérisé par une sédimentation alluviale avec le dépôt de limons de débordement lors d'inondation, entrecoupée par une phase érosive de courte durée. Une seconde occupation campaniforme majeure est matérialisée vers 2350-2300 avant J.-C. (surface 2). Les fortes charges alluvionnaires impliquent une phase d'ouverture du milieu importante.

Ensemble C, unité C2. Les sédiments sont des apports du substrat et des sols du bassin-versant, déposés par des ruissellements et marquent un ralentissement/arrêt de la sédimentation. Une part est même probablement d'apport anthropique, mise en place sur le site comme terre à bâtir. Une surface archéologique polyphasée se constitue au Bronze ancien (surface 1).

La sédimentation, faible voire nulle, a favorisé l'action des processus pédogénétiques. Le paléovallon, déjà fortement comblé, ne fonctionne plus comme piège à sédiments.

Une lacune importante sépare C2 de C1 sans discontinuité majeure.

Ensemble C, unité C1. La sédimentation est de même nature que précédemment. Son arrêt progressif a permis le développement d'un sol brun évolué. Cette pédogenèse pourrait être rapprochée de celle développée du VIIe au XIe siècle après J.-C., marquée par une période de stabilité avec un assèchement progressif. Cette unité renferme des vestiges gallo-romains.

Ensemble B. Cette phase est marquée par une sédimentation alluviale limono-sableuse, homogène, correspondant pratiquement au terme du comblement du vallon. Cet épisode est classique après le paléosol médiéval; on peut le rattacher à titre d'hypothèse au « Petit Âge glaciaire » sans que rien ne puisse le confirmer.

L'ensemble A correspond à la terre labourée et à la pédogenèse actuelle des dépôts antérieurs remaniés à la faveur de l'agriculture.

Les occupations des âges des Métaux

Les trois surfaces archéologiques des âges des Métaux, S3, S2, S1, se développent sur un terrain relativement régulier, à faible pendage (2 à 3 cm par mètre).

La surface S1 décrite ici relève seule du Bronze ancien. Elle regroupe plusieurs centaines d'aménagements anthropiques qui correspondent au télescopage de plusieurs occupations s'échelonnant entre 2200 et 1800 avant J.-C. environ, avec une très nette concentration des dates radiocarbone sur la séquence 2150-2000 avant J.-C.

La succession des trois surfaces du Serre offre une excellente résolution chronométrique. Cette caractéristique est également observable pour ce qui concerne l'organisation de l'espace architecturé au Bronze ancien (fig. 2). La surface 1 a été traitée manuellement sur près de 1600 des 5800 m^2 décapés mécaniquement. Outre de nombreux contrastes sédimentaires correspondant au niveau d'ouverture des structures en creux, la surface 1 montrait des placages de limons argileux bruns très anthropisés, sur une aire discontinue totalisant moins de 200 m^2. Ce faciès sédimentaire particulier semble lié à la présence de plusieurs ensembles d'élévations (activité humaine = ethnofaciès* de limons à nodules de terre cuite et charbons) et pourrait révéler l'édification de constructions en terre.

Cette surface 1 est la plus abondamment pourvue en témoins de toutes natures :

- une cinquantaine de fosses de type silo (fig. 3), dont l'une conservait au fond un placage d'une dizaine de centimètres d'épaisseur de céréales carbonisées mélangées au sédiment ; d'autres montrent des remplissages très anthropisés, situation rare pour cette période ;
- une cinquantaine de fosses dévolues à d'autres fonctions ;
- trois aménagements de combustion en fosse (avec restes de four ?) ou à même le sol ;
- près de cent cinquante calages de poteaux de formes diverses.

Les aménagements du Bronze ancien se répartissent en trois grandes catégories typologiques.

- Les creux d'élévation montrent une grande variété, qu'il s'agisse des sablières basses de fondation des petits côtés ou des calages, avec ou sans blocs, dont les formes et les remplissages permettent d'isoler des ensembles géométriquement cohérents. Ces derniers constituent une vingtaine d'unités architecturales. Des édifices de dimensions variables correspondent probablement à des habitations (structure 6) ou à des greniers surélevés (structure 7) qui leur sont associés. Plusieurs structures limitantes s'apparentent à des clôtures dont les contours peuvent être réduits (structures 9 et 5). D'autres systèmes d'enclos sont plus développés, correspondant dans ce cas à de probables limites de propriétés. L'alignement de la structure 8 sur un axe préalable campaniforme de la surface 2 indique une certaine mémorisation ou pérennisation topographique de ces aménagements.

Fig. 3. Le silo 496 présente une accumulation de paléosemences carbonisées.

- Les creux de surface se différencient des précédents par des diamètres supérieurs à 45 cm. Leurs profondeurs sont souvent importantes et leurs formes également discriminantes. Ces critères ont permis de distinguer quatre grands ensembles regroupant dix types de creux de surface parmi les quatre-vingt-six unités découvertes. Ces grandes structures excavées forment souvent des ensembles spécifiques limités, ou plus lâches, qui occupent prioritairement les intervalles séparant les édifices (fig. 2). Les deux principales catégories sont constituées de plusieurs types de silos ou de cuvettes de dimensions variables. Dans le premier cas, les remplissages sont souvent complexes. Les sédiments proviennent pour partie de l'encaissant mais constituent souvent aussi des reliques de formations désormais absentes sur le site. L'origine végétale de certaines d'entre elles pourrait être attestée par des niveaux d'aspect cendreux. Les analyses micromorphologiques à venir devraient permettre une caractérisation précise de l'ensemble des sédiments fins. Les vestiges pondéreux, de nature très diverse, sont bien représentés dans les creux de surface. Des masses de pierres diverses ou calibrées sont fréquentes, tout comme les fragments de bon nombre de pièces de mouture en matériaux sub-locaux (grès). Une mention particulière doit être faite concernant des formes en calcaires ou grès, souvent brisées, homométriques lorsque entières, que l'on propose d'interpréter comme des marques d'identification des structures de conservation dont les visées (localisation, contenu, propriété...) nous échappent. Les fragments de pièces de mouture (plus d'une centaine) ou de dalles de type stèle, reposent le plus souvent au fond des creux. La présence de pièces osseuses animales particulières (crâne de bovidé, restes en connexion) évoquent différents statuts de rejet. Un dépôt de restes osseux de suidés est attesté en fond de silo. Les vestiges céramiques, quoique peu nombreux en regard des volumes fouillés, ne semblent pas non plus se répartir de manière aléatoire, notamment pour ce qui concerne les récipients de plus forts volumes vraisemblablement dévolus au stockage. Un petit éclat et quelques gouttes de bronze attestent la fonte de ce métal sur place.

- Enfin, les structures de combustion sont toutes situées hors des constructions.

L'analyse architecturale

Nos observations préliminaires permettent de définir trois à quatre zones où se concentrent les calages, et d'autres secteurs, comme les espaces inter-édifices, où sont regroupés les silos ou les cuvettes (fig. 2). Ces différents ensembles s'excluent topographiquement, assurant une certaine cohérence spatiale. Si plusieurs bâtiments peuvent être individualisés, leurs soubassements (à sablière, à trous de poteaux), leurs modules (rectangulaires à deux nefs, allongés), leurs orientations (deux axes privilégiés) et leur emplacement permettent d'assurer que nous avons affaire à au moins deux, voire trois phases d'édification, en conformité avec les données de la chronométrie radiocarbone. Des regroupements sont cependant perceptibles, comme des mises en parallèle, voire en rangées. Dans un cas notamment, deux bâtiments de modules comparables à vocation probable d'habitat sont accompagnés chacun d'un grenier surélevé sur quatre à neuf poteaux (fig. 4). Tous ces groupes de structures semblent organisés suivant un mode orthogonal qui suit les axes cardinaux. Nous sommes donc en présence d'une architecture agglomérante du Bronze ancien, un peu à l'instar de ce qui nous est connu sur des gisements un peu plus tardifs des littoraux lacustres alpins : Les Mongets, Sévrier (Haute-Savoie), ou jurassiens : Concise sous Colachoz (canton de Vaud, Suisse). Ce terme d'« architecture agglomérante » est utilisé ici de préférence à celui d'agglomération, dans la mesure où la synchronie des bâtiments n'est pas démontrée. Cependant la cohérence du plan d'ensemble et la faiblesse des espaces inter-édifices successifs à une certaine constante métrique justifient le recours à cette notion. L'absence de parois communes ne permet pas à l'inverse d'évoquer une « architecture agglutinante ».

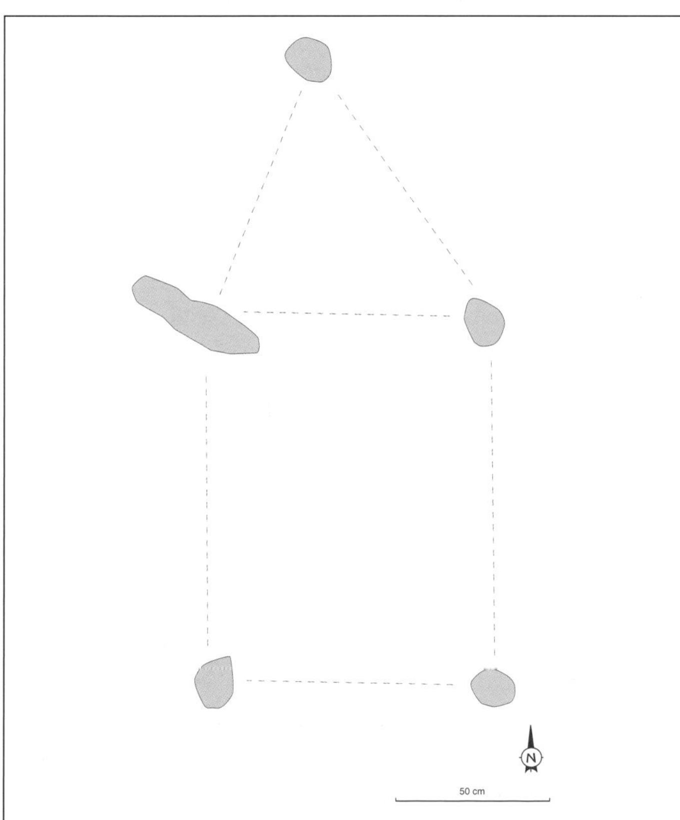

Fig. 4. Plan du grenier sur poteaux. (Dessin J. Vital)

De nouvelles perspectives de recherches

Le gisement du Serre 1 à Roynac constitue donc une documentation de fond concernant la mise en place, l'évolution et la nature des sociétés des débuts des âges des Métaux, entre Néolithique final et Bronze ancien, et les processus d'intégration de ces sociétés dans leur environnement. Les bases économiques du Campaniforme et du premier Bronze ancien demeurent très mal connues. Les données fauniques et botaniques font cruellement défaut.

Quelques points de problématique peuvent être résumés :

- Existe-t-il un modèle architectural rhodanien accompagnant les implantations campaniformes, dans l'hypothèse de la diffusion à longue distance de ce courant culturel ? Comment évolue-t-il ensuite au Bronze ancien ? Si l'occupation de la surface 1 de Roynac reprend l'axe d'implantation privilégié nord-sud de l'architecture du Campaniforme de la surface 2, les modalités architecturales se révèlent en très forte opposition.

- Y a-t-il indépendance des formes d'habitat entre le Nord et le Sud de la France durant l'âge du Bronze, entre les modèles basés sur la ferme isolée d'une part, et sur une architecture agglomérante d'autre part ? Ces deux conceptions architecturales ont-elles une portée transchronologique, donc géographique ? La réflexion engagée lors de l'étude des établissements du Bronze final et du premier âge du Fer dans le Jura peut trouver là d'autres développements.

- Il en est de même concernant la place de l'agriculture parmi les techniques et les bases de la subsistance des populations. Le volume et la concentration spatiale des structures, les paléosemences*, posent la question du statut du site et de la contribution relative des différentes sphères de la production technique et économique dans la définition du stade Bronze ancien.

- Situons-nous maintenant à la fois dans une perspective chronologique de l'évolution de la production matérielle et du point de vue des différents stades de développement techno-économique et social des cultures. Si nous privilégions l'hypothèse des pouvoirs de changement qu'exerce la métallurgie sur la structure sociale, suivant la formulation de C. Strahm, il n'est pas certain que le stade correspondant de production intensive soit atteint avant le dernier tiers du Bronze moyen dans le Sud-Est de la France. Cependant, les données rassemblées à Roynac indiquent qu'un seuil est franchi pour la première fois au début du Bronze ancien chronologique, sur d'autres critères que ceux de la seule évolution de la production matérielle, par la concomitance d'une architecture agglomérante de plan régulier à base quadrangulaire, d'une production agricole, d'un stockage probablement important et d'une métallurgie du Bronze en rapport vraisemblable avec les Alpes internes (Saint-Véran).

- Enfin, le constat de C. Strahm relatif à la constitution, au début du Bronze ancien, de zones de peuplement en îlots le long des grandes voies de communication demande à être sérieusement considéré pour le domaine rhodanien, bien que les raisons de ce mouvement nous échappent encore. Comme pour l'Europe centrale, la recherche et le contrôle des ressources métallifères pourraient avoir joué un rôle moteur, par la dorsale alpine et ses vallées, mais probablement ni dominant, ni exclusif. La nécessité de séparer les différentes composantes mobilisables dans nos analyses se révèle une nouvelle fois avec force.

Joël Vital

Bibliographie

Vital 1998 ; Vital, Brochier, Durand, Prost, Reynier et Rimbault 1999 ; Vital, Brochier, Durand, Prost, Reynier, Rimbault et Sidi Maamar (à paraître).

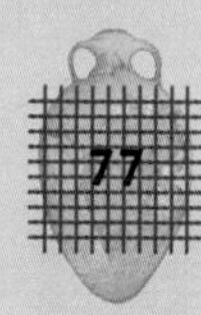

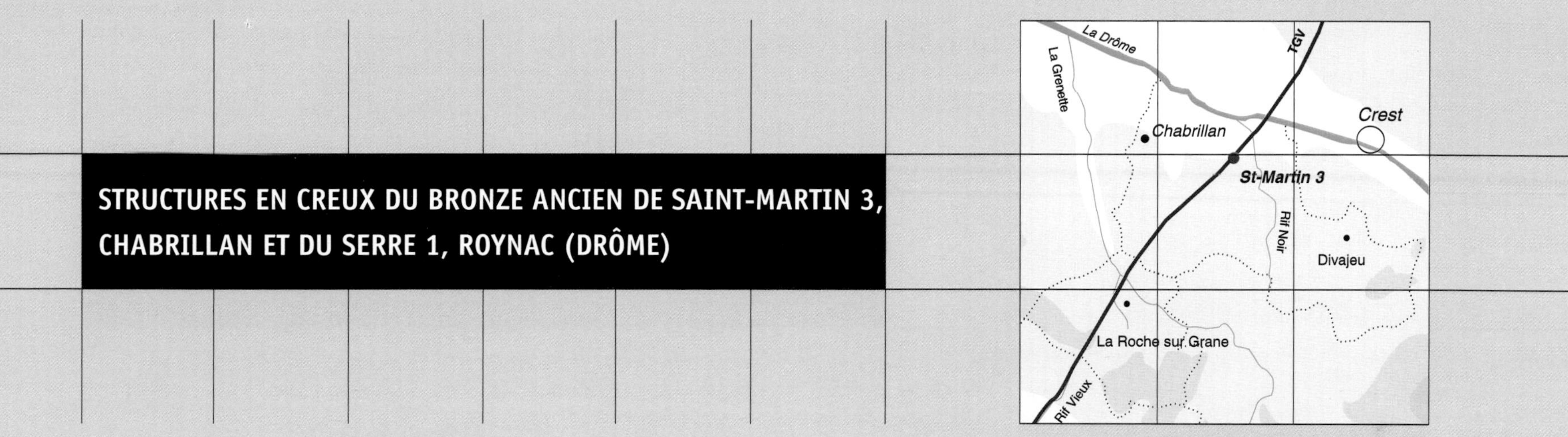

STRUCTURES EN CREUX DU BRONZE ANCIEN DE SAINT-MARTIN 3, CHABRILLAN ET DU SERRE 1, ROYNAC (DRÔME)

Premières constatations

Le site de Saint-Martin 3 à Chabrillan se développe en rive gauche de la Drôme, dans le bassin de Crest, terminaison méridionale de la plaine de Valence. Le gisement occupe un paysage de terrasses situé au pied du versant nord du massif de la forêt de Marsanne. Le site du Serre 1 à Roynac s'étend au pied du versant sud de ce même massif, qui délimite au nord le bassin de la Valdaine. La proximité géographique et l'attribution chronologique des deux gisements au début du Bronze ancien autorisent une comparaison des fosses retrouvées en grand nombre sur ces deux sites : quatre-vingt-quatre à Roynac, soixante-dix-neuf à Chabrillan. Ce sont pour l'heure les plus importants ensembles de la moyenne vallée du Rhône datés de cette période.

Chabrillan présente des structures du Néolithique moyen et du Bronze ancien, ainsi que les vestiges fugaces d'un site antique situé à proximité. Contrairement à Roynac, les sols du Néolithique et de l'âge du Bronze ont subi une érosion. Les structures de ces deux périodes s'ouvrent dans le même horizon stratigraphique et seuls deux trous de poteaux ont été retrouvés sur l'ensemble de la parcelle fouillée.

Ces différences ne sont pas sans conséquences sur la comparaison des structures en creux. En effet, le niveau d'ouverture des creusements de Roynac est conservé ou peut être restitué grâce aux données stratigraphiques, tandis que celles de Chabrillan ont été en partie arasées dans une proportion qu'il faut tenter de déterminer, qui peut varier d'une partie du site à l'autre. En moyenne, les dimensions des structures sont un peu plus faibles, toutefois la différence avec Roynac est peu marquée, notamment pour les profondeurs, ce qui tend à montrer que l'arasement a peu touché le sommet des structures.

Deux catégories principales : silos et cuvettes

Outre les dimensions, les structures sont caractérisées par leur morphologie. Si la forme à l'ouverture est toujours, à de rares exemples près, circulaire, le profil permet de distinguer deux catégories de creusements (les quelques fosses dont la morphologie n'entre pas dans ces deux catégories ne seront pas présentées ici) :

- les cuvettes présentent un profil évasé et représentent 39 unités à Roynac, 29 à Chabrillan (fig. 1).

- les fosses peuvent présenter différentes morphologies : tronconique, cylindrique ou en sablier (39 unités à Roynac, 48 à Chabrillan).

La fonction des cuvettes est souvent difficile à déterminer. Dans quelques cas, les remplissages donnent des indices : la présence de tessons de céramique, de restes fauniques, de déchets de débitage etc., témoigne d'une utilisation comme fosse dépotoir. Il s'agit en l'occurrence de la fonction secondaire des structures. La fonction primaire laisse rarement des traces en dehors de quelques sédiments rubéfiés qui signalent l'action du feu.

Les fosses, quant à elles, offrent un diamètre à la base supérieur au diamètre de l'ouverture. Il est d'usage de les interpréter comme des structures destinées à la conservation des grains, c'est-à-dire des silos enterrés. À Roynac, les conditions de conservation exceptionnelles du site ont permis de retrouver des graines dans certains d'entre eux. Les formes cylindriques ou en sablier sont le résultat d'effondrement des parois.

Les plans de répartition (fig. 2) montrent pour les deux sites des concentrations de structures et des espaces vides de fosses et de cuvettes, espaces occupés à Roynac par des bâtiments. Il paraît raisonnable de penser que, pour Chabrillan, l'organisation de l'espace est la même. Les zones à forte densité de structures s'organisent en larges bandes dans les deux cas, avec des alignements approximatifs de fosses, et des regroupements de cuvettes à proximité.

Les conditions initiales de dépôts sont vraisemblablement à l'origine des divergences remarquables vues dans les remplissages de structures sur les deux sites. Le comblement est plutôt homogène à Chabrillan et complexe à Roynac. Les modifications ultérieures des dépôts ont pu, dans une certaine mesure, renforcer cette singularité pour chacun d'eux. D'autres éléments viennent corroborer cette idée de dynamiques de remplissage différentes, notamment en ce qui concerne les dépôts anthropiques.

À Chabrillan, des tessons de céramiques disposés à plat jonchent le fond de quelques structures, parfois associés à une ou plusieurs inhumations. En dehors des restes fauniques résultant des rejets culinaires, des dépôts d'animaux complets ou incomplets ont été observés sur ce même site : un jeune suidé en connexion anatomique (fig. 3) ; un crâne de chien placé entre la paroi de la fosse et une petite dalle disposée de chant ; une tête de chien complète, avec la mandibule en connexion, associée à une mandibule de veau ; un thorax de capriné en connexion ; et enfin un crâne de bovidé. Soit au total cinq structures – fosses ou cuvettes qui ont livré des restes d'animaux particuliers – tandis qu'à Roynac, l'échantillon faunique ne comprend que la trilogie porc/bœuf/mouton-chèvre dont les restes ont l'aspect de rejets domestiques.

En ce qui concerne les blocs, dalles et fragments de stèles, la situation est inverse. Ils sont relativement fréquents sur le site de Roynac, alors que Chabrillan n'a livré qu'une seule structure avec de nombreux blocs. Ces différents types de blocs ont pu servir à la fermeture hermétique des silos, tout en marquant leur emplacement. Ils peuvent également être le signe distinctif du (des) propriétaire(s) ou gestionnaire(s) des grains conservés.

Enfin, autre différence remarquable entre les deux sites, et non la moindre, la proportion de fosses à Chabrillan par rapport au nombre total de creusements est plus importante qu'à Roynac. Il faut rappeler que les deux emprises n'ont permis d'explorer qu'une partie des sites. De ce fait, des secteurs à vocation différente, sortes de « quartiers spécialisés », ont pu être concernés par les investigations archéologiques. Dans cette hypothèse, la zone explorée à

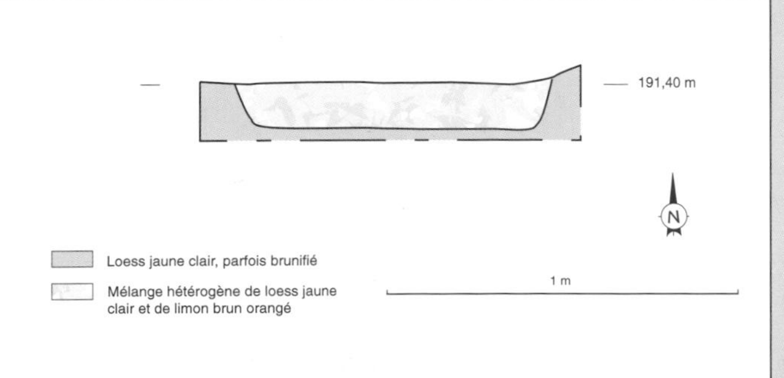

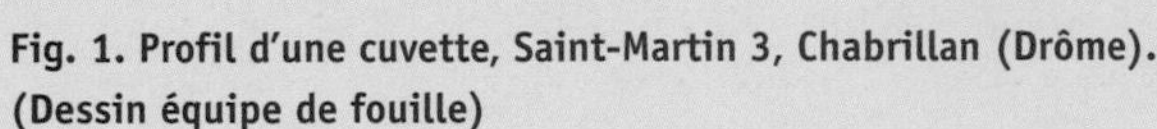
Fig. 1. Profil d'une cuvette, Saint-Martin 3, Chabrillan (Drôme). (Dessin équipe de fouille)

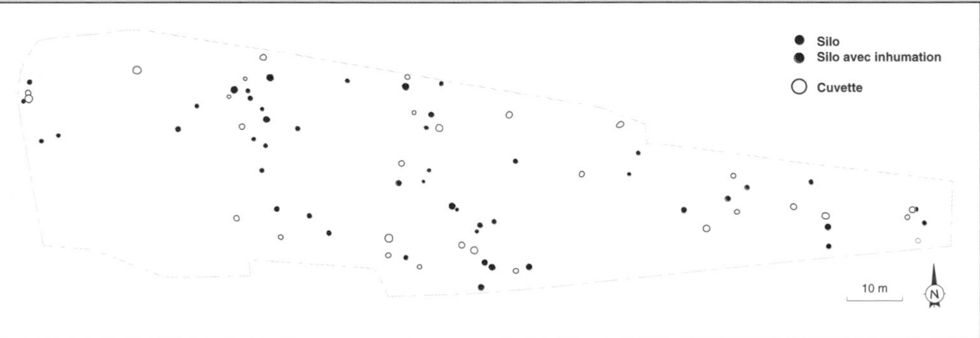

Fig. 2. Plan de répartition des structures en creux de Saint-Martin 3, Chabrillan (Drôme). (Dessin équipe de fouille)

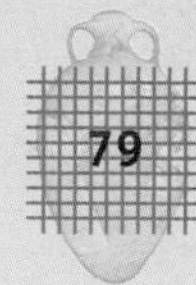

Fig. 3. Jeune suidé en connexion anatomique.

Chabrillan serait dévolue au stockage des céréales. Comment expliquer alors la présence d'espaces vides similaires à ceux de Roynac ? Autre hypothèse : le site dans son ensemble pourrait être destiné à la production de céréales, et s'inscrire, en complémentarité avec d'autres sites, dans une gestion territoriale des ressources. Enfin, comment expliquer les dépôts singuliers retrouvés à Chabrillan (animaux, céramiques, inhumations) et parallèlement l'absence quasi totale de blocs et d'autres objets pondéreux ?

D'autres axes explicatifs s'offrent aux chercheurs pour tenter de comprendre la teneur de ces différences entre les deux sites. La première concerne la chronologie : les sites sont-ils strictement contemporains ? En quelques décennies, une différenciation culturelle ou, pourquoi pas, un changement dans les techniques de conservation des grains, indispensables à l'alimentation, mais aussi nécessaires à la production céréalière de l'année suivante a pu intervenir. Répondent-ils aux options de groupes culturels contemporains *stricto sensu*, mais territorialement distincts ? Bien que les deux sites soient proches dans l'espace, ils sont séparés par le massif de la forêt de Marsanne qui peut jouer le rôle de « frontière » culturelle. Enfin, les conditions d'abandon des deux sites ont pu être déterminantes et engendrer des pratiques spécifiques des occupants dont nous ne retrouvons que les traces matérielles.

Toutes ces hypothèses devront être explorées, du point de vue des déterminismes culturels autant que fonctionnels. Plusieurs facteurs ont peut-être conjointement joué un rôle, la part de chacun restant à préciser. Quoi qu'il en soit, les différences et similitudes pointées ici sont pour l'instant difficilement interprétables. En effet, toute conclusion paraît prématurée avant une étude approfondie de l'ensemble des vestiges et des données recueillies sur les deux gisements.

Histoire d'une fosse, Le Serre 1, Roynac (Drôme)

Un creusement en cloche est réalisé afin de ménager une ouverture minimale tout en offrant le plus grand volume possible à la conservation des grains. Les grains (généralement des céréales) sont déposés dans le silo. Au contact des parois, une réaction chimique se produit, formant une « croûte » qui protège les grains placés au centre du silo. Il existe des risques de perte de la récolte qu'il convient de prévenir : pourrissement, germination précoce, dégradation par des insectes ou des rongeurs… Dans ce but, la structure de conservation

Fig. 4. Fosse silo 435 du Serre 1, Roynac (Drôme). La partie supérieure du remplissage est composée de sédiments gris charbonneux d'aspect cendreux, tandis que la base est constituée de limons argileux jaune brun où ont été retrouvés des blocs et des fragments de stèles.

est bouchée. Les techniques de fermeture sont méconnues et peu d'exemples de bouchons nous sont parvenus. Les blocs et fragments de stèles retrouvés dans le fond du silo pourraient appartenir au système de fermeture. Ils peuvent également être un marqueur du silo, permettant simplement de signaler son emplacement, ou bien d'identifier le ou les propriétaires, la nature des grains conservés.

Fig. 5. Vue du silo après la fouille de son comblement. On observe le volume important du silo destiné à la conservation des grains, avec un diamètre élargi à la base et un rétrécissement de la partie sommitale.

Le silo est ensuite abandonné pour des raisons inconnues : insalubrité ou effondrement des parois, voire désertion du site lui-même. Si les témoignages ethnographiques nous donnent de nombreuses informations quant à l'utilisation des silos enterrés, les pratiques d'abandon n'ont jamais fait l'objet d'un tel intérêt et les observations dans ce domaine sont très lacunaires. Les processus de remplissage des silos abandonnés varient d'un site à l'autre. Deux types de facteurs interviennent dans cette variabilité : les processus naturels et les processus anthropiques.

Les pierres et les sédiments présents dans la moitié inférieure du silo témoignent de l'intervention probable de phénomènes naturels au cours des premières phases de comblement. Les blocs maintenus en place au sommet par des matériaux périssables, chutent au fond de la structure lors de la décomposition de ces derniers. Parallèlement, les parois se dégradent à un rythme difficile à estimer qui dépend essentiellement de la nature des niveaux encaissants et des précipitations. À l'origine, le silo devait présenter une ouverture plus étroite.

Le comblement de la partie supérieure du silo montre l'action des occupants du site. La présence de cendres et de charbons de bois évoquent de multiples rejets de foyers, auxquels ont pu être ajoutées des matières organiques. Le silo est alors utilisé comme dépotoir.

Sylvie Rimbault

LES MOBILIERS CÉRAMIQUES DE SAINT-MARTIN 3, CHABRILLAN ET DU SERRE 1, ROYNAC (DRÔME) AU BRONZE ANCIEN

Implications chronologiques et culturelles

Force est de constater que depuis le travail de synthèse de J. Bill en 1973, peu de données sont venues modifier l'état de la question concernant les origines et le développement de la production céramique du Bronze ancien dans le Sud-Est de la France. Hormis la définition du groupe méridional de type « Camp de Laure », dont la position chronologique comme les tenants et aboutissants culturels demandent encore à être précisés, les différentes contributions à cette question ont été réalisées peu ou prou sur les mêmes bases documentaires, mais mobilisées suivant des modalités différentes. Cet état de fait ne peut que renforcer l'intérêt des séries céramiques exhumées à Chabrillan et à Roynac, dont il ne sera effectué ici qu'un examen très préliminaire en termes de tendances.

Le mobilier céramique présente un taux de fragmentation variable suivant ses conditions d'enfouissement. Tous les profils typologiquement utilisables issus des gisements de Saint-Martin 3 à Chabrillan et du Serre 1 à Roynac provenant de fosses, la vaisselle est pratiquement seule représentée. Malgré de mauvaises conditions de conservation, ces séries permettent enfin de constituer un référentiel régional pour les débuts du Bronze ancien.

Formes et décors du corpus céramique

Variabilité morphologique

Une trentaine de formes céramiques ont été définies sur des critères morphologiques et métriques (fig. 1). Elles correspondent à des fonctions variées de consommation et de stockage, mais l'absence de découverte de contenants en position fonctionnelle ne permet pas encore de confirmer les propositions que l'on peut induire des connaissances ethno-historiques. Ces formes céramiques se répartissent dans une quinzaine de catégories typologiques ; six groupes peuvent plus particulièrement faire l'objet d'un commentaire préliminaire à valeur essentiellement chronométrique et géoculturelle. Les comparaisons ont été recherchées aussi bien dans les groupes campaniformes que dans le Bronze ancien, les contacts avec le Bronze moyen étant à peu près nuls.

- Les gobelets sphériques à col sont bien représentés (fig. 2). Les affinités régionales ne sont pas évidentes. Bien que la position de l'anse soit différente, les groupes campaniformes de Moravie et du Jura fournissent quelques comparaisons. Il en est de même des groupes de transition au Bronze ancien de Basse-Autriche.

- Les gobelets larges et jattes carénées, que nous avions tendance à ne voir se développer qu'au début du Bronze moyen, sont présents, quoique sous une forme légèrement différente. Aucune

Fig. 1. Vaisselier de Saint-Martin 3, Chabrillan et du Serre 1, Roynac (Drôme).

comparaison ou filiation probante proche n'a pu être identifiée. Observons toutefois que plusieurs des formes de Chabrillan trouvent des correspondances en Italie du Nord.

- Les gobelets élancés de petites ou grandes dimensions peuvent éventuellement correspondre à une composante régionale du groupe culturel Fontbouisse*. D'une manière plus générale, le gobelet est présent dans le groupe méridional de Laure, mais porte alors un riche décor barbelé.

- Les jarres à profil très sinueux apparaissent dans les horizons de la fin du Fontbouisse en moyenne vallée du Rhône (Donzère). Elles portent toutefois des cordons et languettes au Bronze ancien, ce qui réduit la portée de cette comparaison. Une dérivation à partir de formes du Campaniforme n'est cependant pas à exclure, surtout pour les formes de jarres à profil en S moins accusé.

- Les pots à languettes, anses, plus rarement cordon fin, sont présents en Europe centrale (Moravie) et en Basse-Autriche, aussi bien dans des horizons campaniformes que dans le domaine culturel cordé*.

- Les grandes jarres et pots à cordons, parfois en disposition orthogonale, sont une des composantes de la « civilisation du Rhône », généralement rapportée à une phase récente de son développement. Cependant, les décors de cordons digités, parfois complexes, appartiennent également en propre aux groupes méridionaux de la fin du Néolithique. Les formes supports sont néanmoins très différentes.

Les céramiques décorées

Les céramiques à pâte fine ou de petites dimensions décorées sont rares. Deux exemplaires sont connus à Chabrillan. L'un est représenté par un gobelet sphérique à col dont la base de l'anse est soulignée par un bouton ; un autre est un fragment de gobelet dont la panse est soulignée par des impressions circulaires réalisées avec un outil tubulaire. Ce motif est bien représenté dans les horizons les plus récents de développement du Campaniforme : surface 2 du Serre 1 à Roynac et groupe de Laure. Seuls les récipients de taille supérieure portent fréquemment des ajouts plastiques ponctuels, en position médiane ou sur la partie supérieure, ou linéaires : cordon pré-oral, cordon horizontal ou plus ou moins sinueux sur la partie supérieure, réseaux de cordons horizontaux et verticaux, cordons sur la panse. Il s'agit tout autant, dans la plupart des cas, de décorations plastiques que de systèmes de préhension. Une mention particulière doit être faite concernant une jarre sinueuse, qui porte une suite verticale d'impressions allongées au-dessus d'un cordon. Cette thématique n'est pas sans évoquer la céramique cordée, dans une phase finale, comme dans le groupe bavarois de Geiselgasteg.

Implications chronologiques et culturelles

La faiblesse numérique des inventaires céramiques du Bronze ancien issus des complexes archéologiques synchrones (nécropoles de Singen en Allemagne du Sud et de Sion en Valais) ne facilite pas les comparaisons ni l'analyse des interconnexions culturelles. Celles-ci s'orientent vers les campaniformes d'Europe centrale plus que vers ceux connus régionalement. Des rapports probables avec l'Italie du Nord-Est au Bronze ancien vont dans le même sens. Il ne semble pas que les contributions des cultures chalcolithiques régionales, notamment campaniformes, aient une influence majeure sur le développement des premières productions du Bronze ancien. Les difficultés d'identification de certaines composantes sont probablement liées à l'état très disparate de la documentation disponible en Europe occidentale. En effet, les relations avec l'Europe centrale peuvent s'effectuer soit par le Plateau suisse, au nord des Alpes, soit, au sud, par la Plaine padane. Dans le premier cas, les données sont quasi inexistantes, dans le second, les sites les plus proches sont ceux de la Lombardie orientale et plus précisément de l'amphithéâtre morainique du lac de Garde.

Fig. 2. Gobelet sphérique à col, Saint-Martin 3, Chabrillan (Drôme).

Les documents de Chabrillan et de Roynac permettent cependant de donner un peu de corps à la notion de « Bronze ancien sud-français » récemment proposée par A. Hafner. Dans son travail sur les manifestations de la phase évoluée de la « civilisation du Rhône », cet auteur propose en effet de déconnecter le domaine médio-rhodanien et méridional de cette entité, limitée aux groupes Saône-

Jura et Aar-Rhône définis pour l'occasion. Son argumentation repose notamment sur la continuité des traditions sépulcrales locales de la fin du Néolithique et des spécificités céramiques liées aux mêmes prolongements culturels. Avec les nouveaux documents du premier Bronze ancien de moyenne vallée du Rhône, la continuité de la production céramique postulée antérieurement entre la fin du Néolithique et le Bronze ancien n'apparaît plus désormais avec la clarté souhaitée.

Si la composante campaniforme régionale est souvent créditée d'une forte responsabilité dans la mise en place du Bronze ancien rhodanien, certaines comparaisons peuvent être également opérées avec les différents faciès campaniformes et cordé d'Europe centrale, voire avec des formes communes aux complexes culturels campaniforme et cordé, éventuellement de manière plus convaincante qu'avec leurs développements ultérieurs au Bronze ancien. Il est donc possible que les zones d'influences initiales (au sens géographique), au Campaniforme comme au Bronze ancien, puissent être situées sur le cours du Danube, entre le bassin des Carpates et sa source. Le rôle des cultures continentales (Italie, Valais...) ne doit donc pas seulement être envisagé en synchronie, ou localement dans le temps (continuité Campaniforme-Bronze ancien), mais sur une échelle spatio-temporelle de dynamique globale.

En tout état de cause, on doit isoler très probablement au Bronze ancien deux composantes culturelles distinctes dans le Sud-Est de la France, entre 2 200 et 2 000 avant J.-C., correspondant à la phase Bronze A1 de la chronologie centre-européenne. La première, identifiée depuis deux décennies, correspond au groupe de Laure dont les tenants campaniformes sont indiscutables, notamment pour les motifs décoratifs, mais dont le développement ne semble pas se prolonger dans la phase récente du Bronze ancien. Sa répartition préférentielle est exclusivement provençale et languedocienne. La seconde, identifiée à Roynac et à Chabrillan, semble assez peu devoir aux campaniformes régionaux et tirer son origine de vecteurs multiples, mais dont les plus forts pourraient relever de la zone orientale des Alpes. Cette composante serait à l'origine du Bronze ancien rhodanien. Son extension couvre actuellement la moyenne vallée du Rhône, jusqu'en basse Auvergne.

Joël Vital

Bibliographie

Vital, Brochier, Durand, Prost, Reynier et Rimbault 1999 ; Vital, Brochier, Durand, Prost, Reynier, Rimbault et Sidi-Maamar (à paraître).

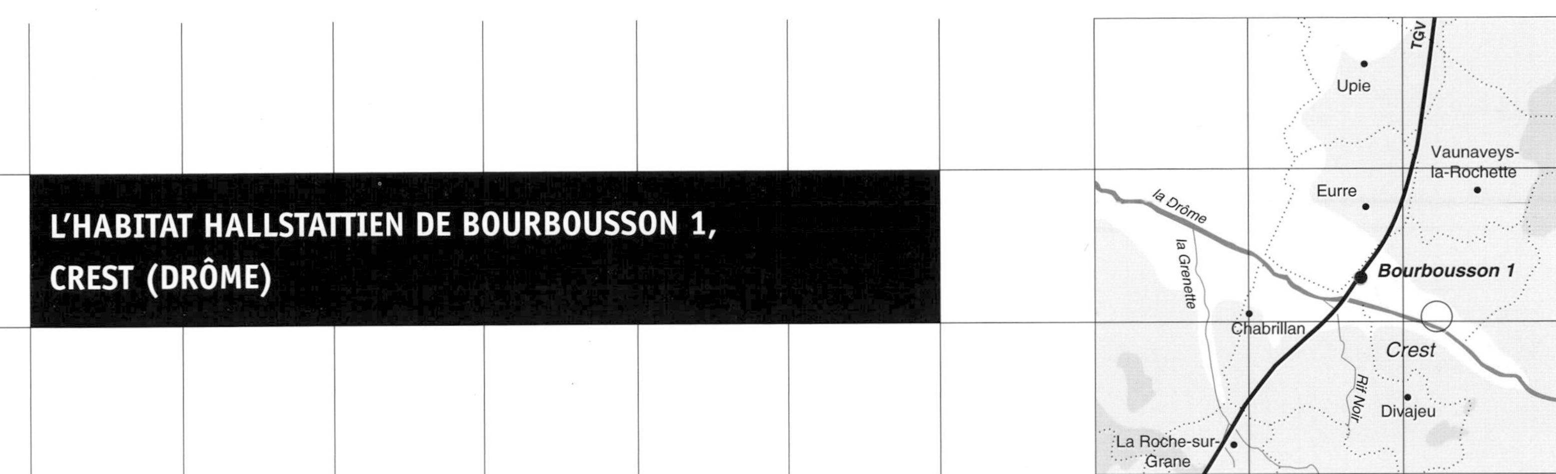

L'HABITAT HALLSTATTIEN DE BOURBOUSSON 1, CREST (DRÔME)

Un jalon important pour la connaissance du premier âge du Fer dans le couloir rhodanien

Le site de Bourbousson 1 se trouve sur la commune de Crest, à une vingtaine de kilomètres au sud-est de Valence. Il est localisé en rive droite de la Drôme, à 1,5 km de son lit mineur actuel, sur le piémont du versant septentrional de la vallée. Découvert en septembre 1995 au cours de la campagne de sondages systématiques effectuée sur le tracé du futur TGV Méditerranée, il a été fouillé entre novembre 1995 et juin 1996, sur une surface d'environ 8 000 m^2 partagée entre une moitié sud quasi horizontale et une moitié nord en pente (fig. 1).

L'habitat hallstattien se développe à la fois sur les pentes et dans la plaine. L'érosion des niveaux archéologiques au nord et au sud, mais également la limite d'emprise des travaux SNCF, ne permettent pas de définir son extension originelle.

La conservation des vestiges et des sols d'occupation du Ve siècle avant J.-C. est loin d'être uniforme. Dans certains secteurs, le sol ancien est très bien conservé et livre des mobiliers dans leur position d'abandon ; à d'autres endroits, les surfaces de circulation sont totalement détruites et seule subsiste la base des structures excavées les plus profondes. Cette conservation différentielle est la conséquence de plusieurs facteurs d'érosion postérieurs à l'abandon du site, favorisés par sa topographie contrastée et auxquels s'ajoutent l'action des cultures et les épierrements anciens.

Fig. 1. Vue vers l'est du site en cours de fouille.

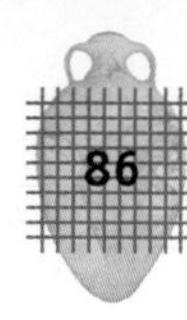

Une histoire antérieure au Ve siècle avant J.-C.

La présence de mobilier erratique, dans les couches antérieures au Ve siècle avant J.-C., atteste la fréquentation du secteur au Néolithique et à l'âge du Bronze final. À l'exception d'une fosse isolée du Néolithique moyen, mise au jour dans un sondage profond, les premiers aménagements conservés remontent au premier âge du Fer. Entre le début ou le milieu du VIIe siècle et la fin du VIe siècle avant J.-C., la campagne environnante fait l'objet d'une mise en valeur agricole à grande échelle. Sur l'emprise fouillée, un amas linéaire de galets associé à un fossé marque la limite entre deux champs, une terrasse de culture retenue par un important mur de soutènement est aménagée, et de petits tas de galets attestent l'épierrement des parcelles cultivées.

Plus tard, vraisemblablement dans le courant du VIe siècle avant J.-C., un chemin empierré traverse le site d'est en ouest. Aménagé avec soin et large de quatre à cinq mètres, il correspond peut-être à l'une des pistes qui permettent de rejoindre le massif alpin depuis la vallée du Rhône, *via* la vallée de la Drôme. Le parcellaire de la phase précédente est pérennisé par le doublement de l'une des structures de limitation. Une sépulture à incinération en fosse, dépourvue de mobilier et isolée sur la surface de l'emprise, pourrait dater sensiblement de la même époque.

Enfin, dans la première moitié du Ve siècle avant J.-C., un habitat groupé de plan très aéré s'installe sur le site. Le chemin est alors abandonné, mais certains éléments de l'ancien parcellaire structurent encore partiellement le secteur. Deux bâtiments réoccupent de façon opportuniste la surface de l'ancienne terrasse de culture.

Par la suite, le site restera inoccupé jusqu'à la fin du Ier siècle avant J.-C.

Une occupation bien datée et de courte durée

Plusieurs éléments concordants assurent la datation de l'habitat hallstattien de Bourbousson 1, dans le second quart ou vers le milieu du Ve siècle avant J.-C. : la typologie de la céramique tournée d'importation, celle du mobilier métallique et l'analyse archéomagnétique de la sole de foyer du bâtiment 1.

- Plusieurs fragments de céramique attique à vernis noir appartiennent à une coupe de type Vicup Agora 434-438, datée à Athènes du second quart du Ve siècle avant J.-C.

- Tous les vases en céramique monochrome grise du site se rattachent au groupe 3 de C. Arcelin-Pradelle, dont les productions s'échelonnent entre le deuxième quart du VIe siècle et la fin du Ve siècle avant J.-C.

- Parmi les productions en céramique à pâte claire, on identifie un bol caréné de type Bats F331, dont l'usage est attesté du dernier quart du VIe siècle à la fin du Ve siècle avant J.-C., et une cruche de type Bats F561, courante durant tout le Ve siècle avant J.-C.

- L'amphore massaliète est représentée par quatre fragments de bord du type 3 de M. Py, daté de la première moitié du Ve siècle avant J.-C.

- Le mobilier métallique, et notamment l'ensemble des fibules, avec la représentation majoritaire des exemplaires à large ressort et pied en timbale, se rattache sans ambiguïté à la première moitié du Ve siècle avant J.-C. Une fibule apparentée au type de Marzabotto, et dans une moindre mesure des exemplaires à fausse corde à bouclettes, à large ressort en fer ou à décor discoïde riveté sur l'arc, permettent de repousser l'occupation du site jusque dans le milieu du Ve siècle avant J.-C.

- Enfin, l'archéomagnétisme* permet de dater la sole de foyer du bâtiment 1 dans une fourchette de 60 ans comprise entre 500 et 440 avant J.-C.[1] (fig. 2).

L'habitat de Bourbousson 1 se rapporte donc à l'extrême fin de la période hallstattienne, c'est-à-dire au Hallstatt D3 des chronologies septentrionales.

Plus que la continuité stratigraphique de la couche archéologique dont la genèse est complexe, différents faits vont dans

1. Analyse effectuée par Ian G. Hedley, département de Minéralogie de l'Université de Genève.

le sens d'une contemporanéité assez stricte des aménagements reconnus sur le site (fig. 3). On note en effet :

- l'absence de recoupement des structures et des bâtiments,
- l'aménagement de toutes les maisons sur un sol vierge,
- l'absence de reconstruction sur place des bâtiments, seuls quelques réaménagements ponctuels étant perceptibles dans le bâtiment 1,
- une logique organisationnelle d'ensemble, avec des espaces complémentaires bien différenciés et des circulations communes,
- un assemblage de mobilier (céramique non tournée, céramique d'importation, petits objets métalliques) tout à fait comparable d'un ensemble domestique à l'autre.

L'absence de reconstruction ou de réfection importante des maisons, l'absence de rechapage du foyer du bâtiment 1, la faible densité des fosses (et en particulier des fosses-silos), mais également l'unité typologique des différents mobiliers et leur concordance chronologique, indiquent qu'il s'agit d'une occupation courte, de l'ordre de quelques décennies, soit à peu près la durée d'une génération.

Tout semble indiquer que le site a fait l'objet d'un abandon rationnel et programmé, s'accompagnant d'une récupération systématique des mobiliers utilisables.

Fig. 2. Prélèvement d'échantillons pour l'analyse archéomagnétique de la sole de foyer du bâtiment 1.

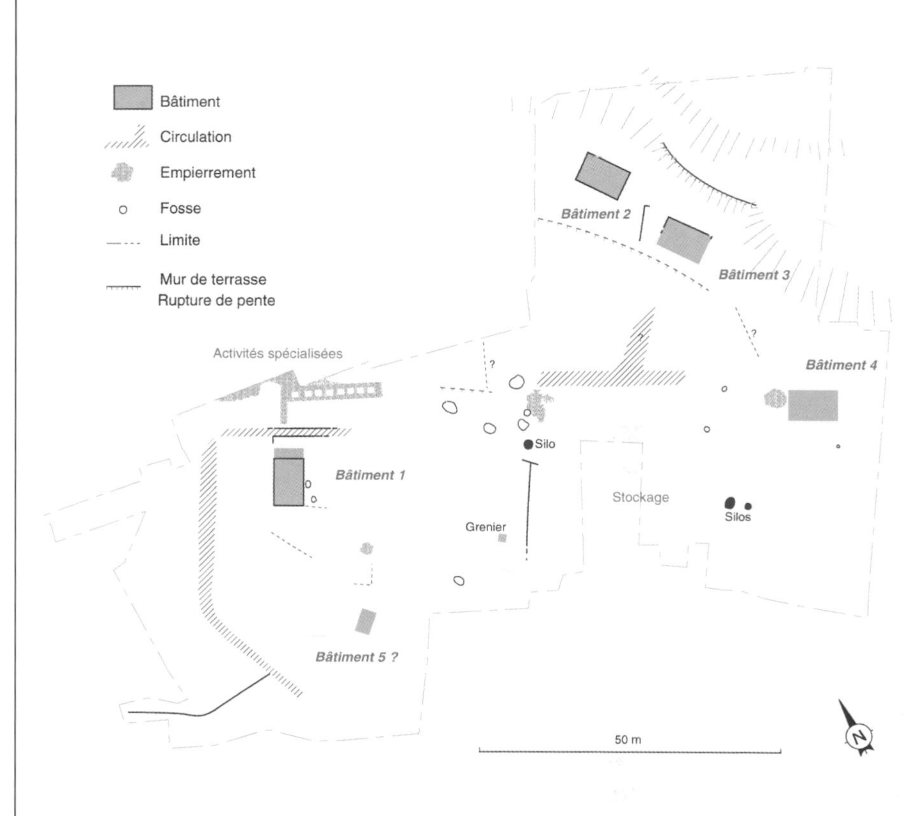

Fig. 3. Plan général des aménagements du Ve siècle avant J.-C. (J.-M. Treffort)

Une approche fructueuse de l'architecture et de l'organisation interne de l'habitat

Les vestiges de quatre bâtiments en architecture de terre et de bois, présentant une surface couverte et fermée de l'ordre de 40 m^2 et interprétés comme des unités domestiques, ont été fouillés.

La conception des bâtiments 1 et 2 est identique et montre qu'un modèle standard, avec un plan et des options architecturales préétablis, a été utilisé pour la construction de certaines maisons : une cellule de plan carré, construite sur poteaux porteurs et au centre de laquelle s'installe par la suite le foyer domestique, en constitue le module de base (fig. 4 et 5).

Le bâtiment 1 et ses alentours immédiats forment le secteur le mieux préservé du site. Le plan de la maison et l'organisation générale de ses espaces périphériques y apparaissent clairement. Dès la base du premier décapage manuel (dégagement du sol du Ve siècle avant J.-C.), avant même la découverte des trous de poteaux, on a pu mettre en évidence des effets de paroi matérialisés à la fois par la répartition différentielle des galets (densité, granulométrie) et par celle du mobilier archéologique résiduel. La synthèse et l'analyse des données permettent de restituer un petit bâtiment rectangulaire, avec des murs en colombage hourdé de terre reposant sur des sablières basses et un toit à deux pans vraisemblablement marqué par la présence d'une croupe à l'une de ses extrémités.

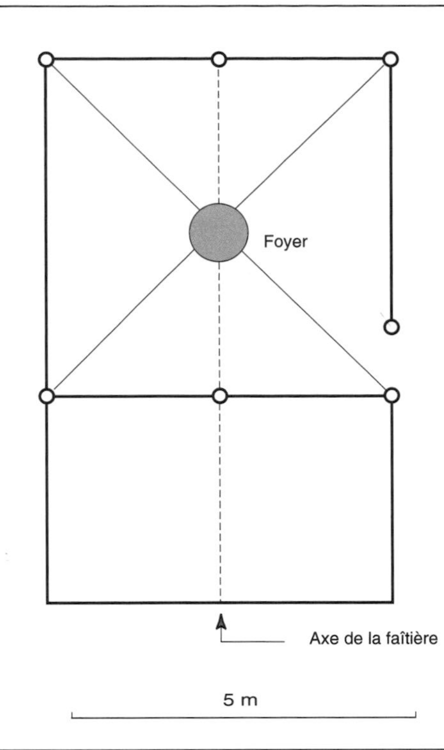

Fig. 4. Illustration du module de base commun aux bâtiments 1 et 2. (J.-M. Treffort).

Fig. 5. Sole de foyer située à l'intérieur du bâtiment 1.

On notera la présence, en association étroite avec les restes du bâtiment 2, d'une sépulture de nourrisson âgé de moins de 3 mois.

Le bâtiment 4 répond quant à lui à une conception architecturale totalement différente puisqu'il s'agit d'une construction sur cadre de poutres, assise sur un soubassement de gros galets. Il trouve un excellent parallèle sur le site hallstattien de Gorge de Loup à Lyon, et de façon plus générale dans l'architecture protohistorique du domaine alpin.

Dans les espaces situés entre les bâtiments, différents aménagements permettent d'appréhender la structuration interne de l'espace villageois. Pour la part perçue d'une occupation dont la surface globale n'est pas connue se dessine une organisation lâche, juxtaposant différents ensembles domestiques constitués d'une unité principale, d'aménagements ou de bâtiments annexes et d'une certaine surface associée. Sur la surface fouillée, ces différents ensembles se répartissent autour d'une aire centrale qui concentre la totalité des structures de conservation reconnues (trois fosses-silos et un grenier sur quatre poteaux). Des chemins ou des ruelles empierrées assurent la liaison entre les différents secteurs du site, tout en séparant de façon nette certains ensembles voisins.

Une structure énigmatique, installée dans un espace bien délimité, pourrait être réservée à une activité artisanale spécialisée. Il s'agit d'un empierrement dense de forme allongée, d'une vingtaine de mètres de longueur, dans l'axe central duquel s'organise un alignement régulier de huit empreintes carrées très peu profondes, de 1 x 1 m (fig. 6). La synthèse des données de fouille amène à imaginer une batterie de structures carrées en matériau périssable, peut-être des cuves en bois, dont la fonction demeure délicate à appréhender en l'absence de mobilier et d'outillage spécifique directement associés.

L'ensemble des éléments mis au jour évoque un habitat groupé de plan très aéré, intégrant des champs, des jardins et divers espaces spécialisés. Le caractère relativement fluide de ce plan est conforme à l'image que donnent les sites de comparaison les plus proches, et en premier lieu celui de Lyon-Vaise (Rhône).

Fig. 6. Structure empierrée de fonction indéterminée.

L'étude des ossements animaux, des graines carbonisées et des charbons de bois associés aux vestiges archéologiques permet une évaluation précise de la faune domestique, des espèces cultivées et de l'environnement naturel du site.

Un mobilier archéologique abondant et riche d'enseignements

Vingt-quatre mille tessons de céramique ont été recueillis sur le site. Ils permettent de définir clairement le faciès des productions locales non tournées, tout en évaluant la place prise par la céramique importée dans le vaisselier du site.

La céramique non tournée est très largement majoritaire (95,5 % du total cumulé céramique-amphore). Elle montre des affinités extrêmement marquées avec les régions situées plus au nord (basse vallée de la Saône, région lyonnaise), et se démarque en revanche nettement des ensembles contemporains du Sud de la France (fig. 7). Quelques fusaïoles, ainsi qu'une rondelle perforée aménagée sur un tesson récupéré, complètent la liste des objets de terre cuite.

La céramique tournée représente 2,7 % du total cumulé céramique-amphore. La céramique à pâte claire est très majoritaire (85,8 %), devançant largement la céramique monochrome grise (12,5 %) et la céramique attique à vernis noir (1,7 %, soit quelques fragments appartenant à deux coupes).

Les tessons d'amphore massaliète représentent quant à eux 1,8 % de l'ensemble, valeur faible, qui doit encore être pondérée par la prise en considération de leur extrême fragmentation.

Un gros récipient en torchis, de tradition purement méridionale, est associé au bâtiment 1.

Près de deux cents objets ou fragments d'objets en métal ont été découverts. Il s'agit d'un ensemble exceptionnel, parce qu'il permet d'évaluer la représentation de certains types d'objets, et notamment de certaines parures, dans un contexte non funéraire et bien daté.

Le gros outillage lithique se limite à un fragment de meule en grès, à trois petits fragments de meule en basalte, à deux galets-outils et à deux petites pierres fixes (polissoir et enclumette).

Près de 200 pièces de silex ont également été récoltées, mais l'essentiel de ce mobilier apparaît comme une dispersion d'objets en position secondaire, liés aux occupations antérieures du site.

Un seul objet en os a été découvert : il s'agit d'une aiguille à chas, dont les deux extrémités sont cassées.

Fig. 7. Céramiques non tournées du Ve siècle avant J.-C.

Un site de référence dans le contexte médio-rhodanien

Par ses qualités intrinsèques (occupation de courte durée et bien datée, bonne conservation de certains secteurs, conservation exceptionnelle d'une structure d'habitat représentative, abondance et diversité du mobilier céramique et métallique), mais également par sa position géographique à la jonction des mondes méditerranéen et hallstattien continental, le site de Bourbousson 1 constitue un jalon important, non seulement pour la connaissance du premier âge du Fer dans la moyenne vallée du Rhône, mais également pour la compréhension des relations entre ces deux mondes et pour la définition de leurs aires d'influence respectives le long de l'axe rhodanien. En l'occurrence, le faciès septentrional étonnamment marqué des productions céramiques et métalliques du site montre sa pleine appartenance à la sphère culturelle hallstattienne, en dépit d'une latitude déjà basse et à moins de 40 km du Pègue (Drôme), site rattachable à part entière aux cultures du Sud de la France. Une limite culturelle majeure se définit donc, à la fin du premier âge du Fer, entre la vallée de la Drôme et le Tricastin.

On notera qu'il s'agit du premier site hallstattien fouillé extensivement entre Lyon et Le Pègue, les travaux antérieurs se limitant à des décapages de faible superficie ou à de simples sondages. De même, la recherche avait jusqu'alors presque essentiellement porté sur les sites de hauteur ou les sites en cavités. Pour la première fois, l'occasion nous est donc offerte d'appréhender sur une vaste surface l'organisation générale d'un site ouvert de la fin du premier âge du Fer, l'intérêt de certaines structures fouillées dépassant par ailleurs largement le cadre de la moyenne vallée du Rhône. Ainsi, l'état de conservation remarquable du bâtiment 1 permet de pousser assez loin l'analyse architecturale, faisant de cette construction d'affinités septentrionales un modèle de réflexion pour l'interprétation de vestiges d'architecture souvent limités aux seules structures excavées.

Les corpus d'objets céramiques et métalliques, remarquablement homogènes et constitués sur une courte période, définissent un nouveau référentiel qui caractérise à la fois une étape chronologique et un espace géographique.

Le site se trouve au débouché occidental d'une importante voie transalpine. Il est également situé sur le tracé d'une piste protohistorique majeure de la vallée du Rhône, itinéraire de rive gauche évitant les abords du fleuve pour des raisons de praticabilité, piste de Marseille à Lyon et localement axe sud-nord du territoire de la confédération des Cavares durant le second âge du Fer. Sa fouille permet donc d'évaluer – et de relativiser – l'impact réel du commerce d'origine méditerranéenne sur la culture matérielle d'une communauté intégrée dans les réseaux d'échange et dont les habitants ont visiblement un bon niveau de vie, même si notre méconnaissance totale des sites contemporains de la région environnante ne permet pas d'appréhender avec précision son statut socio-économique.

Dans le Sud de la France, les résultats obtenus au terme de plusieurs décennies de recherches programmées ciblées sur l'habitat permettent de restituer une image assez précise des sociétés de l'âge du Fer. Dans le Nord de la région Rhône-Alpes, le Sud de la Franche-Comté ou le Sud de la Bourgogne, les données sont essentiellement issues des fouilles préventives récentes ou de quelques fouilles programmées, et demeurent clairsemées. Entre ces deux régions, la moyenne vallée du Rhône fait figure de parent pauvre, malgré un énorme potentiel et une position géographique qui la désigne comme un terrain privilégié pour l'étude des relations commerciales sud-nord, considérées jusqu'à présent comme l'une des causes majeures de l'émergence des « éphémères principautés celtiques » des VIe et Ve siècles avant J.-C. Plus que des grands modèles théoriques, qui atteindront très vite leurs limites sans un renouvellement significatif de la documentation de base, c'est de la multiplication des travaux de terrain et de la fouille de sites comme Bourbousson 1 que l'on doit attendre une réelle évolution de notre réflexion sur ce sujet dans les décennies à venir.

Jean-Michel Treffort

Bibliographie

Arcelin-Pradelle 1984 ; Ayala, Monin 1996 ; Bats 1993 ; Bellon, Burnouf, Martin et Verot-Bourrely 1988 ; Bellon, Perrin 1992 ; Chapotat 1976 ; Lagrand, Thalmann 1973 ; Py 1978 ; Sparkes, Talcott 1970.

LE BÂTIMENT 1 DE BOURBOUSSON 1, CREST (DRÔME)

La restitution 3D du bâtiment 1 de Bourbousson 1 sous la forme d'une maquette constitue l'étape ultime de la réflexion engagée sur les restes mis au jour par la fouille (fig. 1). Elle s'efforce de concilier les données archéologiques avec les ressources en matériaux de l'environnement du site, les principes de construction et les techniques d'assemblage en usage à la fin du premier âge du Fer dans des contextes culturels proches et les techniques architecturales propres aux constructions de terre et de bois, appréhendées grâce à un important référentiel ethnographique (fig. 2). L'élévation en pans de bois est induite par l'enfoncement limité des poteaux porteurs, par la présence d'une sablière basse et par l'absence de poteaux plantés dans le tiers sud du bâtiment. Dès lors, l'existence d'une sablière haute, de poteaux intermédiaires et d'entraits est presque obligatoire (par souci de sobriété, aucune pièce de contreventement oblique n'a été intégrée au colombage sur la maquette). La conception du petit côté sud, caractérisé par la présence d'une sablière basse continue et par l'absence de poteaux porteurs, implique presque nécessairement l'existence d'une croupe. Différentes observations évoquent la présence possible de trois portes, ce qui semble faire beaucoup pour un tel bâtiment. Sur la maquette, la transformation de l'une d'elles en fenêtre indique qu'elles n'ont pas forcément été utilisées simultanément, et rappelle qu'une maison proto-historique peut subir des remaniements. L'adjonction tardive d'un appentis

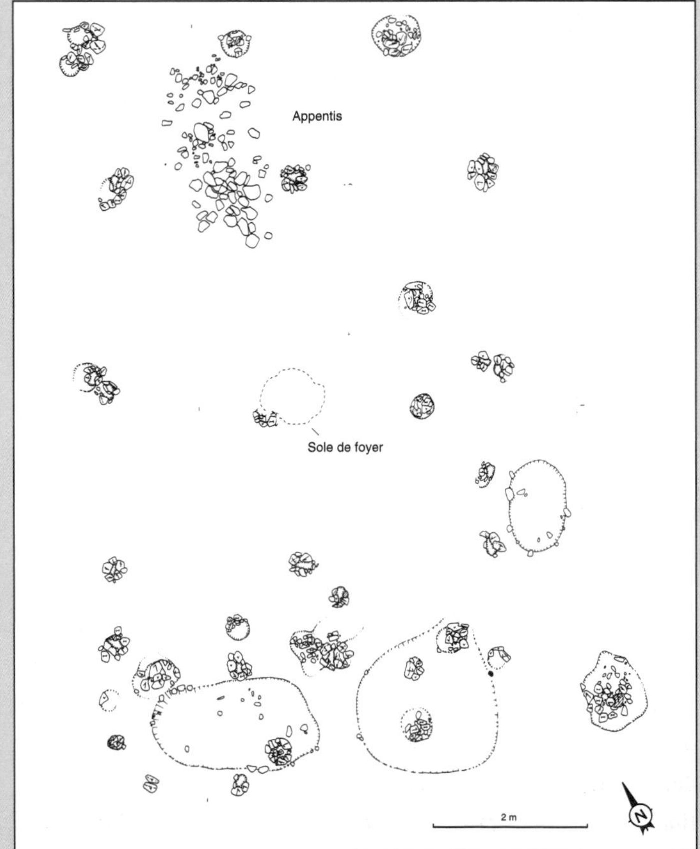

Fig. 1. Relevé archéologique du bâtiment 1.

Fig. 2. Maquette du bâtiment 1.

ouvert contre le mur-pignon nord, attestée grâce à la synthèse de différentes observations, en est la preuve.

La petite cour, sa barrière clayonnée et l'existence du dépotoir sont déduits des faits archéologiques, comme le radier de galets denses qui borde le mur ouest (dont on suggère ici une utilisation possible comme resserre à bois, à l'abri du débord du toit), la sole de foyer centrale ou le gros vase en torchis. Pour la lisibilité de l'ensemble, compte tenu de l'échelle réduite de la maquette, on a limité les aménagements intérieurs à une mezzanine, demi-étage dont l'existence constitue une hypothèse forte pour justifier la présence d'un certain nombre de calages de poteaux dans la partie sud du bâtiment. Plusieurs poteaux visibles sur le plan n'ont donc pas été pris en compte ici.

Les portes, le petit portail extérieur, les murs hourdés de torchis sur clayonnage ou la couverture de chaume ne sont pas attestés archéologiquement, mais leur présence apparaît comme vraisemblable à l'issue de l'analyse. Les personnages introduisent une dimension humaine en offrant une échelle immédiatement perceptible. Au final, la maquette propose une vision du bâtiment 1 qui, si elle ne peut prétendre constituer le reflet exact d'une réalité disparue, est vraisemblablement assez proche du modèle original.

Jean-Michel Treffort

UN ENSEMBLE D'OBJETS MÉTALLIQUES DE RÉFÉRENCE À BOURBOUSSON 1, CREST (DRÔME)

Cent quatre-vingt-huit objets ou fragments d'objets métalliques ont été découverts à Bourbousson 1. Il s'agit d'un ensemble exceptionnel, non par sa richesse particulière ou par la présence d'objets hors du commun, mais parce qu'il intègre une proportion importante d'objets personnels, notamment des éléments de parure, excellents marqueurs d'identité culturelle. Régionalement, la plupart des objets de ce type sont issus de contextes funéraires dont la datation demeure souvent assez floue. L'intérêt de la série est donc renforcé par son association avec les restes d'un site d'habitat bien daté et occupé sur une courte durée.

Le nombre d'objets mis au jour peut sembler important, surtout si l'on considère que tous n'ont pas été prélevés, moins d'un quart de la partie décapée du site ayant été fouillé manuellement. En réalité, des comparaisons effectuées avec d'autres habitats contemporains de statut comparable montrent qu'en proportion de la surface fouillée, Bourbousson 1 est à peu près dans la norme. On perdait beaucoup d'objets à la fin du premier âge du Fer ! Il s'agit d'ailleurs de petits objets, dont la masse totale cumulée permet de relativiser l'importance puisqu'elle est de 474,7 g, dont 307,8 g pour le mobilier en fer (une vingtaine d'objets) et seulement 166,9 g pour les alliages cuivreux.

On peut aussi s'étonner de l'abondance de certains objets de parure, et notamment des fibules, souvent perçues *a priori* comme des objets de valeur. La masse moyenne des fibules à large ressort et pied relevé en timbale (les plus courantes sur le site) ne dépasse jamais 2 g : seuls le travail et le temps nécessaires à leur fabrication leur confèrent en fait une valeur. Ces parures étant confectionnées à partir d'une seule tige métallique, un artisan qui maîtrisait bien la chaîne opératoire était vraisemblablement capable d'en produire un nombre élevé dans un temps assez court.

Les objets personnels (parure, toilette) sont donc les mieux représentés. De nombreuses fibules (soixante-quatre exemplaires complets ou fragmentaires), bracelets et objets de parure divers – boucle d'oreille en croissant, applique hémisphérique, agrafe et fragments de plaques de ceinture, pendeloques, anneaux – constituent un ensemble représentatif du faciès régional des productions métalliques vers le milieu du Ve siècle avant J.-C. D'autres objets, habituels en contexte d'habitat, se rattachent aux activités domestiques : aiguilles à chas, alênes et pointes diverses, fragments de couteaux. Un ou deux hameçons évoquent la pratique de la pêche. L'armement n'est représenté que par un élément isolé en fer, fragment de bouterolle ou de manche de poignard à antennes. Cinq clous forgés en fer confirment le développement de la clouterie à la fin du premier âge du Fer.

Différents objets ou fragments d'objets échappent à toute classification. Parmi eux, une série de tiges en bronze de sections variées

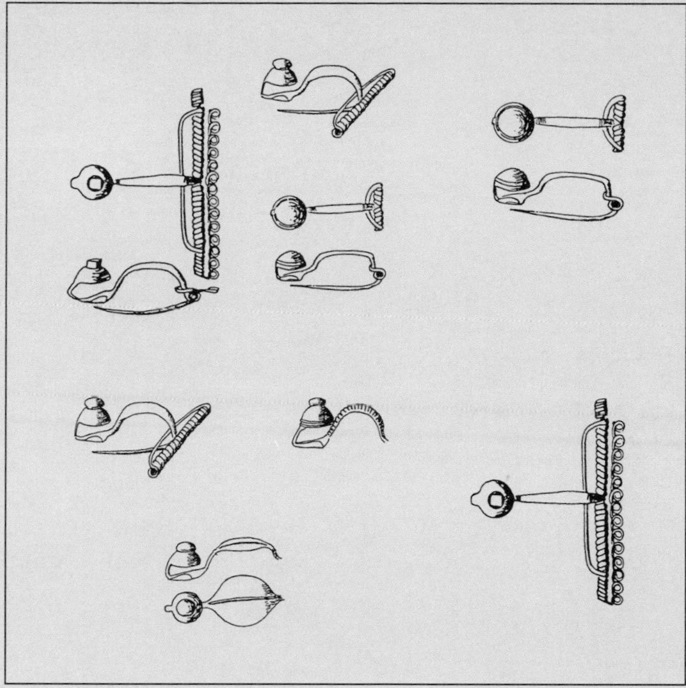

Fig. 1. Fibules à large ressort bilatéral et pied relevé en timbale, modèle simple et variantes à fausse corde à bouclettes et à timbale ornée d'un bouton de corail. Oppidum du Mont Lassois, Vix (Côte-d'Or). (D'après Joffroy 1960)

évoquent un petit artisanat domestique du métal, qui s'apparente davantage à un bricolage occasionnel qu'à une production spécialisée. Plusieurs objets ou fragments d'objets, détournés de leur fonction première après transformation, se rattachent également à ce bricolage domestique. Quatre fibules ont ainsi été réutilisées pour former respectivement une louche miniature (jouet ou objet utilitaire ?), un crochet double (agrafe de ceinture ?) et deux crochets à anneau. Des bracelets fins ont été transformés en anneaux, en crochets ou en alênes. Enfin, un fragment d'épingle a été tordu et employé comme hameçon.

Les éléments signifiants du mobilier métallique de Bourbousson 1 présentent des affinités étonnantes et presque exclusives avec le domaine hallstattien continental. Toutes les fibules, à l'exception d'un seul exemplaire de tradition méridionale, trouvent ainsi les meilleurs termes de comparaison dans les ensembles jurassiens et bourguignons (fig. 1, 2, 3). Il en va de même pour les autres objets de parure et d'habillement, comme les plaques et agrafes de ceinture, un certain nombre de bracelets, une boucle d'oreille en croissant ou une pendeloque-aiguillette (fig. 4, 5, 6). On décèle également quelques parentés avec le monde alpin, mais elles reposent essentiellement sur des objets assez ubiquistes, comme les bracelets fins. Malgré une position géographique très excentrée

Fig. 2. Fibules en bronze à décor en fer riveté sur l'axe, Bourbousson 1, Crest (Drôme).

Fig. 3. (ci-contre). Fibule en bronze à large ressort bilatéral et pied en timbale, Bourbousson 1, Crest (Drôme).

Fig. 4. **Fragment de plaque de ceinture en tôle de bronze décorée au repoussé, pointe en bronze décorée d'incisions.**

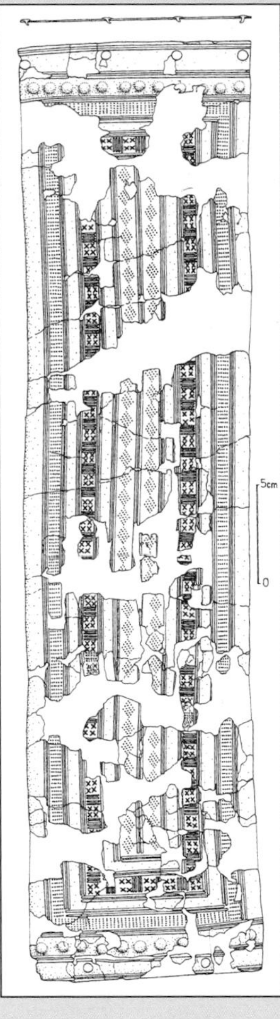

Fig. 5. Plaque de ceinture en tôle de bronze estampée. Tumulus de Courtesoult (Haute-Saône). (D'après Piningre [dir.] 1996)

et déjà très méridionale, l'identité de ce corpus permet donc de postuler l'appartenance pleine et entière du site de Bourbousson 1 à la sphère culturelle hallstattienne.

Outre la caractérisation culturelle de ce secteur de la moyenne vallée du Rhône à la charnière des premier et second âges du Fer, l'ensemble métallique de Bourbousson permet de dater précisément certains types d'objets qui se retrouvent dans tout le monde hallstattien : en cela, son intérêt dépasse largement les limites de la vallée du Rhône.

Jean-Michel Treffort

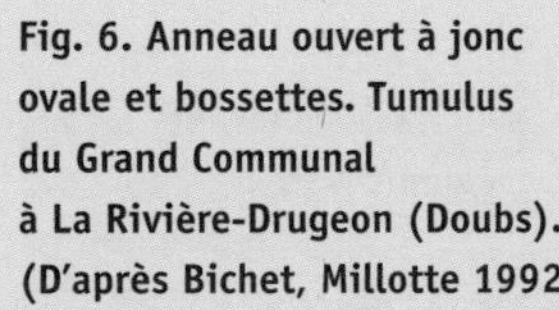

Fig. 6. Anneau ouvert à jonc ovale et bossettes. Tumulus du Grand Communal à La Rivière-Drugeon (Doubs). (D'après Bichet, Millotte 1992)

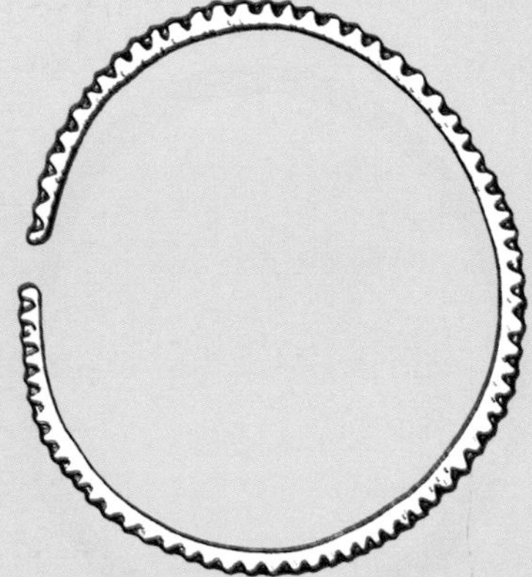

Bibliographie

Bichet, Millotte 1992 ; Joffroy 1960 ; Piningre 1996.

DÉPÔT ANIMALIER ET RITUEL DE FONDATION DE BÂTIMENT À BLAGNAT, MONTMEYRAN (DRÔME)

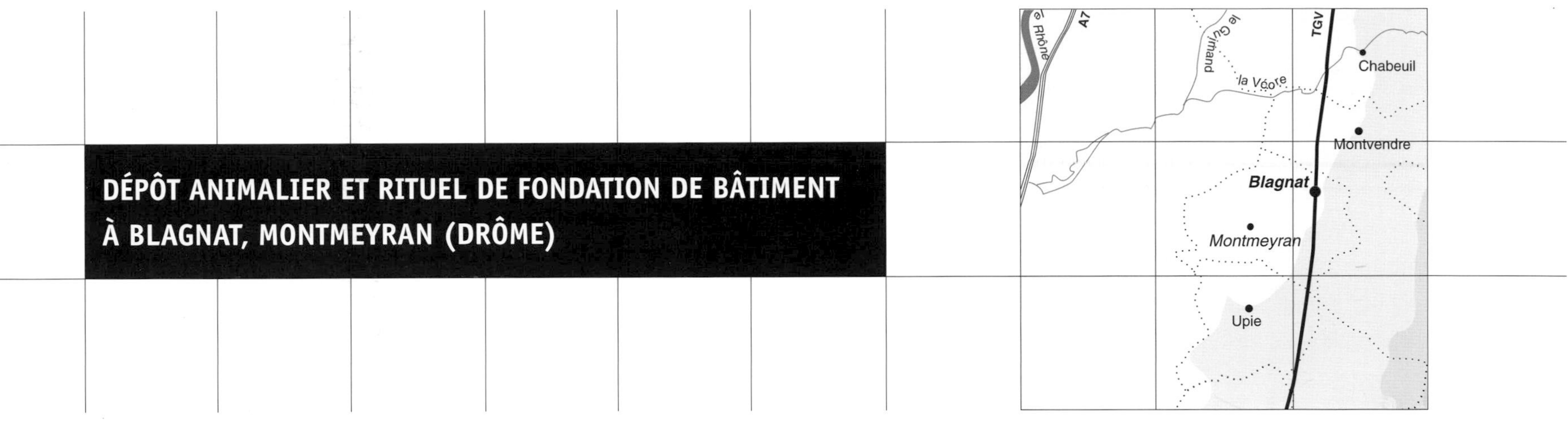

L'occupation augustéenne

Ce gisement est localisé au sud-est de Valence dans le bas Dauphiné, en rive gauche du Rhône, et il est installé en plaine sur un cône très large et plat correspondant à un dépôt torrentiel issu du Vercors.

Un bâtiment et deux enclos antiques ont été découverts. Suivant une proposition d'interprétation, le plan rectangulaire du bâtiment compte au total quatorze trous de poteaux. D'un point de vue stratigraphique et sédimentaire, les structures en creux sont fortement tronquées par l'érosion.

Un bâtiment gallo-romain et l'amorce d'un enclos

Le bâtiment est orienté nord-sud, et ses dimensions pourraient correspondre à 13 x 15 m (fig. 1). Si l'on tient compte de la superficie totale, quarante-deux structures ont été dénombrées. Parmi ces excavations exemptes de leur niveau d'ouverture, on distingue cinq calages, six trous de piquets, vingt-neuf trous de poteaux et deux fossés perpendiculaires correspondant vraisemblablement à l'amorce d'un enclos. Une fosse et quatre trous de piquets implantés suivant un axe nord-sud presque linéaire sont délimités par un fossé à l'ouest du décapage.

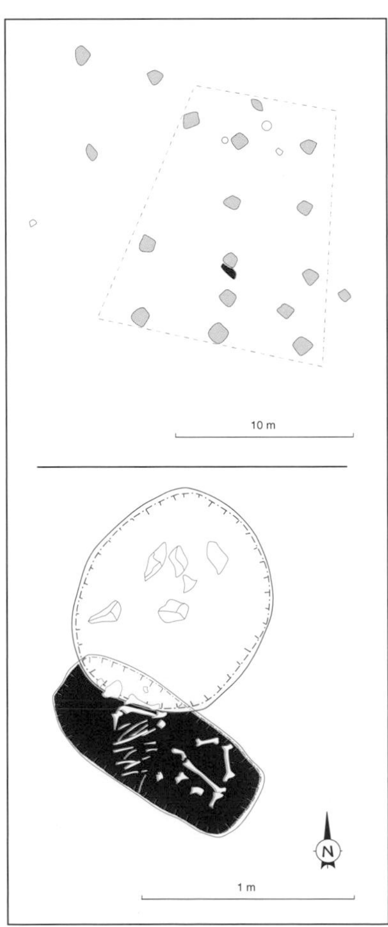

Fig. 1. Le dépôt animalier dans le bâtiment. (Dessin J.-M. Petit, D. Ruf, P. Sarazin)

La fonction de ces aménagements reste difficile à déterminer. Néanmoins, la présence de mobilier de type domestique retrouvé dans les remplissages des fosses évoque une unité d'occupation à vocation domestique et/ou agricole. On évoquera, en particulier, une exploitation rurale et ses dépendances, parc à bestiaux, jardins agricoles. Cette occupation, située à proximité d'une voie orientée sur le cadastre B de Valence d'époque antique, appartient probablement à un complexe d'aménagements plus vaste, à en juger par la présence de tuiles et de briques récoltées à la périphérie du site localisé dans la plaine fertile valentinoise.

Dépôt en fosse d'un porcelet

Suivant l'interprétation des données de fouilles, il pourrait s'agir d'une construction à deux nefs de largeur égale. L'axe faîtier comprend six poteaux. L'inhumation d'un porcelet établie au centre du bâtiment, recoupée par un trou de poteau, pourrait évoquer un rituel de fondation (fig. 1). Ce type de pratique a déjà été identifié sur d'autres sites contemporains de Blagnat. Le squelette du jeune porc retrouvé en connexion indique qu'il n'a pas été consommé, et qu'il a été inhumé suite à son abattage, à moins qu'il ne soit mort d'une maladie. L'excellente conservation de ce squelette disposé au fond d'un trou de poteau correspond à l'évidence à une intention. Replacé en contexte agricole, ce type de dépôt peut être destiné aux divinités de la fertilité, mais il peut également s'agir d'une offrande sacrificielle vouée à détourner le mauvais sort, tel que maladies épidémiques du bétail, mauvaises récoltes céréalières...

Sylvie Saintot

Bibliographie

Billaud 1997 ; Martin, Henry et Savino 1997 ; Rethoré 1996 ; Saintot, Bernoux, Delannoy et Diet 1997.

UN ÉTABLISSEMENT TARDO-ANTIQUE DE BORD DE VOIES : BOURBOUSSON 3 À CREST (DRÔME)

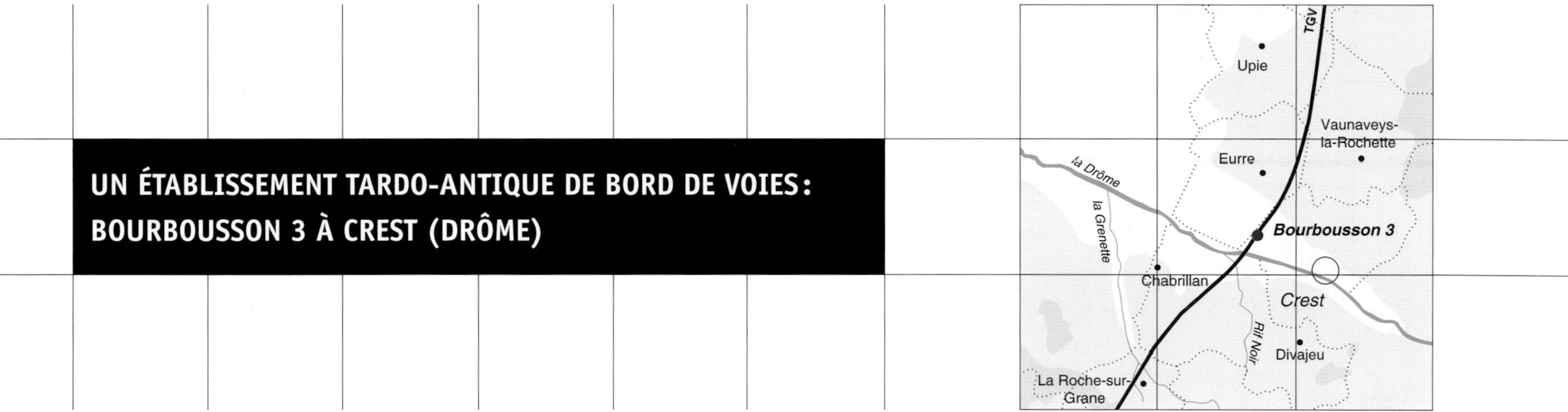

Un emplacement privilégié

Occupé entre l'extrême fin du IIe siècle et le Ve siècle après J.-C., le site de Bourbousson 3 est implanté sur le territoire de la cité de Valence (tribu des Ségauvélaunes), inclus dans la partie septentrionale de la Narbonnaise, puis de la province de Viennoise à partir de la fin du IIIe siècle. Pour la période qui nous concerne, l'organisation du territoire et la mise en place des infrastructures indispensables à une vitalité économique et politique sont d'ores et déjà bien établies dans cette partie de la Gaule. Les terrains situés au nord de la rivière Drôme sont organisés en fonction du cadastre B de Valence, orienté à NG 23° Est, dont la mise en place remonte à la période impériale. Le site est édifié directement au sud de la route départementale 93 qui est placée sur un *decumanus* de ce cadastre (fig. 1).

Au nord de cette voie, le paysage est marqué par la présence de deux collines molassiques – les Maux et les Montchauds – entre lesquelles se situe la limite des communes d'Eure et de Crest. Les études paléoenvironnementales pratiquées dans le cadre de l'opération TGV Méditerranée ont montré que cette limite communale, à une centaine de mètres à l'ouest du site, pérennise l'emplacement d'un ancien cours d'eau aujourd'hui enterré. Deux autres ruisseaux coulent encore à proximité : la Saleine, à l'est, et le Merdarie à l'ouest.

Il est probable que la richesse du réseau hydrographique ainsi que la présence des deux collines, protégeant le site des vents violents de ce secteur de la vallée du Rhône et

Fig. 1. Vue générale du site au début de la fouille depuis le sud-ouest.

fournissant par ailleurs des matériaux de construction en abondance (bois et blocs de molasse), aient joué un grand rôle dans le choix de cette implantation. Toutefois, l'élément déterminant semble avoir été la proximité immédiate de voies de communication.

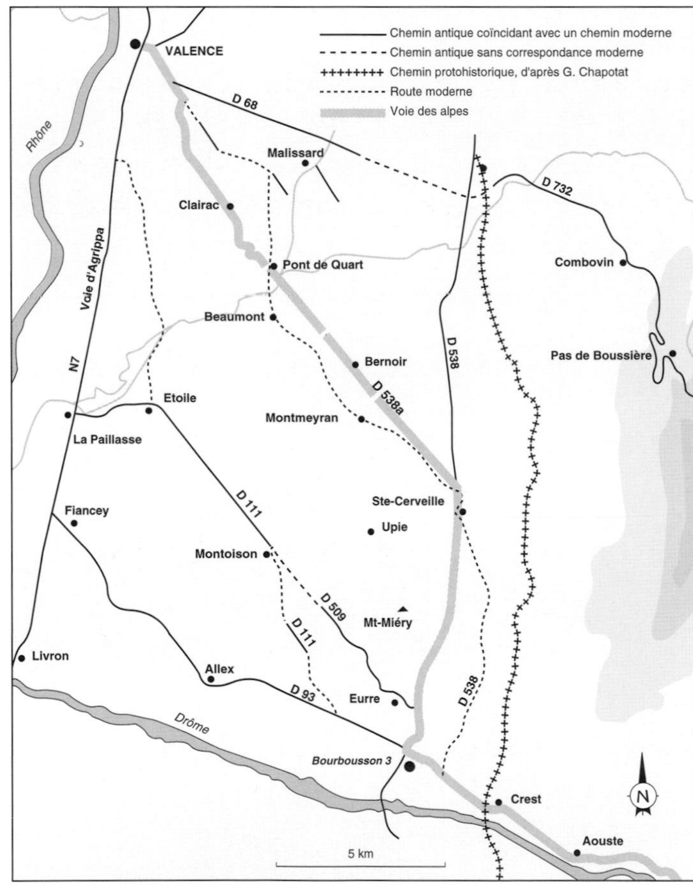

Fig. 2. Carte des voies romaines du Valentinois. (D'après Desaye 1989)

Un site de carrefour de voies

On sait que le réseau routier en Gaule Narbonnaise était très largement développé au moment de l'implantation du site. L'un des axes qui nous concerne directement est constitué par la grande voie dite « des Alpes » qui reliait la vallée du Pô à celle du Rhône et dont une branche menait à Valence (fig. 2). Cet itinéraire, considéré comme fonctionnant déjà au cours de la Protohistoire, est celui qu'emprunte César au moment de la conquête de la Gaule. Il est perçu par Strabon comme le plus court et le plus emprunté entre l'Italie et la Gaule, présentant l'avantage supplémentaire d'être praticable en hiver. Son importance aurait de plus grandi ou aurait été rétablie vers la fin du IIIe siècle après J.-C.

Selon l'état actuel de la recherche, cette voie pourrait longer la vallée de la Drôme et bifurquer vers le nord à hauteur de Bourbousson. Par ailleurs, la route départementale 93, qui borde directement le site au nord, pérenniserait elle-même le tracé d'une voie antique permettant de relier la vallée de la Drôme à celle du Rhône et par là même, à la voie d'Agrippa, axe majeur de la Gaule Narbonnaise. Enfin, Henri Desaye signale que cette dernière était doublée, à l'est, par un vieux chemin qui reliait la Durance à Vienne, tout en se maintenant à distance de la plaine marécageuse du Rhône. Selon cet auteur, cette route serait commune avec la voie des Alpes, à partir de Bourbousson, et se poursuivrait vers le sud jusqu'à la Drôme qu'elle franchirait à gué. Le site se situerait ainsi à un carrefour de voies.

Historique d'une occupation tardo-antique

Une petite ferme de la première moitié du IIIe siècle après J.-C.

C'est vers l'extrême fin du IIe siècle ou le début du IIIe siècle après J.-C. qu'est édifié un premier bâtiment de 236 m^2, prolongé au sud par une vaste cour et associé à l'ouest à un dépôt d'offrandes monétaires, en relation probable avec le carrefour de voies mentionné ci-dessus. Ces éléments qui sont implantés en contexte rural – le bourg de Crest n'étant fondé qu'au Moyen Âge – offrent l'aspect d'une ferme de modestes dimensions mais semblant jouir d'une certaine aisance, caractérisée par une construction de qualité et par un mobilier céramique relativement luxueux. Le bâtiment, qui comprenait deux salles d'habitat, une réserve, une grange et une étable, était doté au sud d'un petit pavillon dont la fonction reste incertaine, et d'une galerie de façade. L'espace de la cour était en grande partie occupé par un enclos à bétail et un aqueduc, situé à l'ouest des constructions, permettait d'y mener l'eau du ruisseau le plus proche. À l'est enfin, un chemin permettait d'accéder au corps de bâtiment depuis la route.

Une auberge de la seconde moitié du IIIe siècle

Dans le courant du IIIe siècle, le site connaît plusieurs réaménagements qui changent sensiblement son organisation et impliquent une modification probable de son statut. Le bâtiment est agrandi à l'est par l'ajout de deux pièces et d'un second pavillon. L'élément déterminant de cette phase de l'occupation semble être une modification des salles anciennement réservées à l'activité agricole, qui sont dorénavant intégrées au corps d'habitation. Parallèlement, la cour est elle-même réorganisée et perd sa fonction d'enclos à bétail: elle paraît réservée à la circulation des occupants du bâtiment. Le site offre désormais l'aspect d'un petit établissement d'accueil en bord de voie, de type auberge (fig. 3).

Cet établissement subit vers la fin du IIIe siècle un violent incendie qui provoque sa destruction totale et entraîne une conservation exceptionnelle de cet état de l'occupation, les habitants n'ayant vraisemblablement pas eu le temps d'évacuer l'ensemble du mobilier de l'habitat. Cet accident a par ailleurs permis la mise au jour d'éléments périssables carbonisés (graines, éléments d'architecture en terre et bois) qu'il est fort rare de retrouver lors de fouilles archéologiques. Une restitution de l'établissement avant sa destruction a ainsi pu être proposée.

Un lieu de passage et d'échanges au IVe siècle

La construction d'un deuxième corps de bâtiment, directement à l'ouest de la cour du premier édifice incendié, marque une véritable rupture dans l'occupation de Bourbousson. Cette construction intervient dans la première moitié du IVe siècle, après une courte période d'abandon du site qui ne paraît pas toutefois affecter le dépôt d'offrandes monétaires, puisqu'il continue à fonctionner. On assiste, avec cet état, à une apparition massive du numéraire dans les couches d'occupation des bâtiments et à la disparition de tout élément pouvant évoquer une activité agricole ou un habitat. Dans le même temps, ou peu avant, le dépôt d'offrandes connaît un fort développement qui ne cessera d'augmenter au cours du IVe siècle.

Ce deuxième édifice n'ayant été que partiellement fouillé, son interprétation nécessite une certaine prudence, mais l'hypothèse d'un lieu de passage, peut-être à vocation artisanale et commerciale, semble la plus probable compte tenu de l'exceptionnelle quantité de monnaies, vraisemblablement perdues à cet endroit par les occupants du site: la fouille de la partie accessible du bâtiment a livré plus de 230 monnaies réparties sur l'ensemble des niveaux d'occupation.

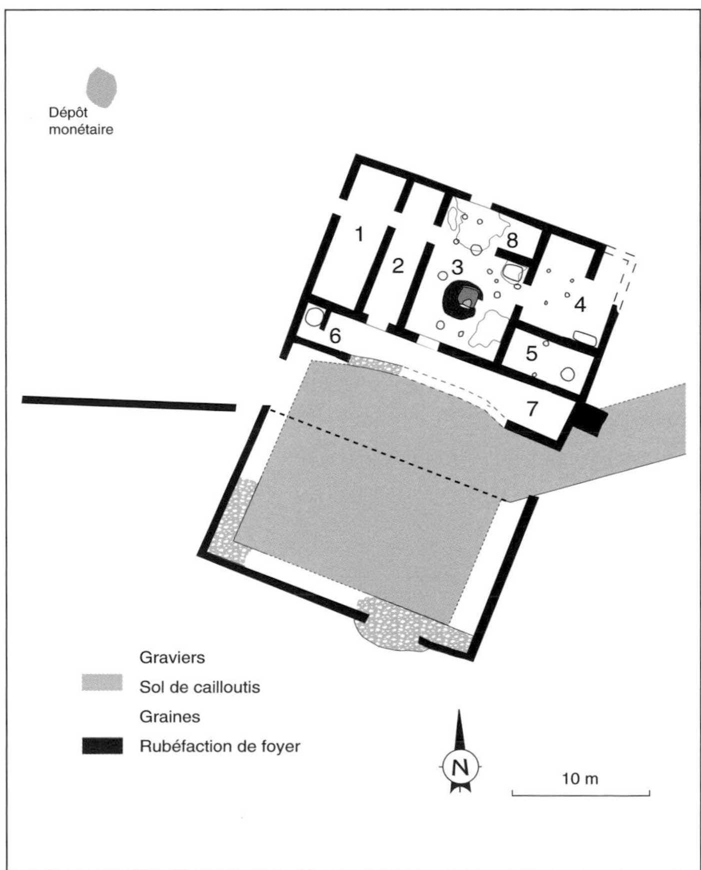

Fig. 3. Plan du premier état du site, IIIe siècle après J.-C. (Dessin P. Stephenson, P. Sarazin)

Un habitat rural agricole du Ve siècle après J.-C.

Au tout début du Ve siècle, une nouvelle mutation semble s'amorcer avec la disparition progressive des monnaies dans les couches d'occupation : un net déclin du dépôt d'offrandes accompagne une réorganisation totale de l'édifice. Le site offre à nouveau l'aspect d'un petit habitat rural à vocation agricole dont l'abandon, au Ve siècle, semble s'inscrire dans le cadre général de l'abandon des habitats dispersés vers la fin de l'Antiquité.

Fig. 4. Bracelet d'enfant en alliage cuivreux, bague à têtes de serpent et boucle d'oreille en argent, IIIe siècle après J.-C.

Un site exceptionnel

Le Bas-Empire : une période charnière mal connue

Le site de Bourbousson 3 offre, à bien des égards, des traits originaux qui en font une découverte exceptionnelle dans le cadre de l'opération TGV. Sa situation géographique à un probable carrefour de voies, et plus particulièrement à proximité immédiate de l'axe majeur que constitue la voie des Alpes, le place au cœur des évolutions politiques et économiques de la région. Sa chronologie permet par ailleurs de percevoir les transformations d'un site pour une période particulièrement complexe et encore mal connue, qui traverse tout le Bas-Empire et l'époque transitoire de la fin de l'empire romain occidental. La fin du IIe siècle et la première moitié du IIIe siècle, qui marquent l'apparition des premières constructions sur le site, correspondent à une période très perturbée politiquement qui voit une succession souvent rapide d'empereurs en butte à l'augmentation croissante du pouvoir de l'armée, qui prétend remettre en cause l'autorité de l'office impérial. Ceci se déroule dans un contexte général d'insécurité croissante auprès des frontières de l'Empire, avec les premières vagues de mouvements migratoires des peuples germaniques, qui s'amplifient dans la seconde moitié du IIIe siècle et ne cesseront de représenter une menace réelle jusqu'aux grandes invasions du début du Ve siècle. L'impact de ces perturbations sur la région qui nous concerne reste difficile à évaluer en raison d'une méconnaissance totale de ce secteur de la région Rhône-Alpes. En effet, aucun établissement antique n'a fait l'objet de fouilles récentes à proximité de Bourbousson 3, hormis la *villa* de Saint-Martin 1 à Chabrillan (Drôme), elle-même fouillée à l'occasion de l'opération TGV. Toutefois, la fouille du site de Bourbousson 3, qui dès sa fondation paraît bénéficier d'une certaine prospérité, permet de relativiser la notion de crise et de déclin du monde romain à partir du IIIe siècle.

On signalera d'ailleurs ici que tous les sites antiques mis au jour dans le département de la Drôme dans le cadre de l'opération TGV ont été occupés pendant l'Antiquité tardive, période pour laquelle on observe habituellement une chute sensible de l'occupation des sols.

Un mobilier riche et abondant

Le site de Bourbousson 3 bénéficie d'un excellent état de conservation favorisé d'une part par l'incendie d'une partie des constructions, d'autre part par une importante sédimentation. Les constructions se trouvent en effet scellées par plus

de deux mètres de sédiments issus majoritairement de débordements de la Drôme dans les périodes post-antiques. Cette particularité a permis de mettre au jour un abondant mobilier qui témoigne de nombreux traits de la vie quotidienne des populations rurales du Bas-Empire. La fouille a fourni notamment un ensemble céramique important qui se caractérise par une très forte proportion de productions fines, rappelant la relative richesse des habitants du site, mais également par une grande diversité des productions locales évoquant une évidente vitalité des ateliers locaux pour cette période. Outre la quantité exceptionnelle de monnaies découvertes à Bourbousson 3 (plus de 600), le mobilier métallique – artisanal, agricole ou domestique – est lui-même particulièrement bien représenté, avec notamment la mise au jour de nombreux éléments de parure : bagues, boucles d'oreilles, fibules, boucles de ceinture... – d'un outillage varié : serpette de vigneron, reilles d'araire, scie, couteaux, enclume... – et d'objets utilitaires : lampe à huile, écumoire, entonnoir, clefs, poids de balance, pierre à aiguiser, miroir... (fig. 4, 5).

La question du statut de Bourbousson 3

Entre établissement agricole, centre de production, sanctuaire et station routière, la fonction du site semble complexe et originale mais son lien direct ou indirect avec la revalorisation de la grande voie des Alpes au IIIe siècle de notre ère est à envisager. Durant l'Antiquité, les voies étaient bordées de stations impériales (*mansiones, mutationes* et *stationes*) qui, à distance d'une journée de marche, servaient au ravitaillement, à l'entretien des véhicules, et à l'accueil des troupes. Il existait par ailleurs toute une variété de locaux privés à fonction d'hôtel, d'auberge, de taverne ou encore des aménagements plus rudimentaires où l'on vendait des boissons chaudes. Ce type d'établissement, mentionné dans les textes antiques, reste archéologiquement fort mal documenté, voire rarissime, ce qui fait de Bourbousson 3 un site exceptionnel et particulièrement important pour les recherches sur l'Antiquité tardive.

Véronique Bastard

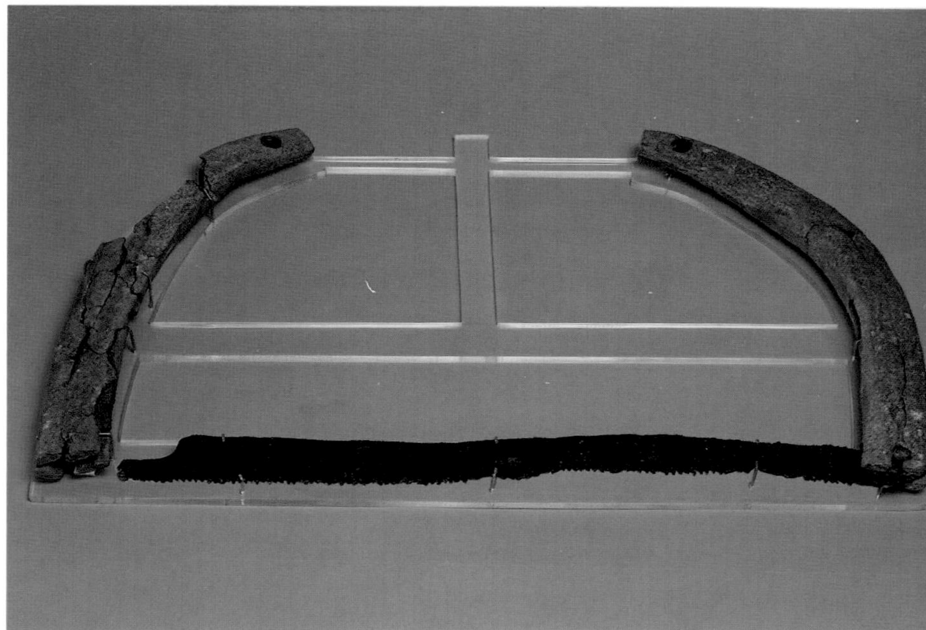

Fig. 5. Scie à cadre en fer et extrémités d'andouillers de cerf retrouvée dans un coffre, fin du IVe siècle après J.-C. Elle était accompagnée d'une bêche, d'une petite enclume, d'une masse, d'une barre coudée et d'un lingot en fer.

Bibliographie

Chevalier 1972 ; Desaye 1989.

UNE AUBERGE DU IIIe SIÈCLE APRÈS J.-C. À BOURBOUSSON 3, CREST (DRÔME)

Organisation de l'édifice

Aménagée dans le courant du IIIe siècle après J.-C., l'auberge de Bourbousson 3 se présente comme un bâtiment quadrangulaire très régulier de 264 m² muni, sur sa façade sud, de deux pavillons d'angle (qui ont pu servir à stocker du bois ou de l'outillage par exemple), et d'une galerie de façade (fig. 1 et fig. 3, p.101). Cette dernière ouvrait sur une vaste cour à laquelle on pouvait accéder par deux larges portes charretières situées au sud et à l'est. De la porte est, qui constituait semble-t-il l'accès principal à la propriété, un chemin menait à la voie la plus proche. À l'ouest, une troisième ouverture, plus étroite, permettait par ailleurs aux habitants de se rendre à pied à une aire sacrée matérialisée par un dépôt d'offrandes monétaires et située à une vingtaine de mètres du corps d'habitation.

L'espace intérieur de l'auberge était subdivisé en sept salles au rez-de-chaussée, auxquelles s'ajoutait une mezzanine occupant toute la partie centrale de l'édifice. La pièce centrale (pièce 3), la plus vaste, constituait vraisemblablement l'élément principal du bâtiment, autour de quoi s'organisaient toutes les autres salles. Elle se distinguait nettement par son plan, pratiquement carré, sa superficie (54 m²), sa position dans l'édifice et par ses aménagements. Un vaste foyer central (peut-être une cheminée), constitué d'une sole carrée en dalles de molasse, délimité sur trois côtés par des blocs de calcaire, permettait d'une part d'effectuer la cuisson des aliments, d'autre part de chauffer l'édifice. La présence de ce foyer, principale structure de combustion du bâtiment, pousse à interpréter cette salle comme cuisine et pièce principale de l'habitat. La mise au jour de vaisseliers effondrés qui devaient, à l'origine, être fixés sous forme d'étagères dans son angle nord-est renforce cette hypothèse.

L'accès à la cuisine pouvait s'effectuer par la galerie de façade, au sud, ou par le nord par la petite salle 8 qui servait vraisemblablement de hall d'entrée, étant la seule munie d'une ouverture sur la façade nord du bâtiment, le long de laquelle passait une voie. Un grand coffre de bois, situé dans l'angle sud-ouest du hall, permettait de disposer au rez-de-chaussée d'une réserve variée de céréales, de légumineuses et de fruits ; mais l'essentiel des stocks était conservé à l'étage, sur une mezzanine. Ces stocks, constitués en grande majorité de blé, mais également d'orge, de fèves, de lentilles, de betteraves et de fruits (raisin, pommes, prunes, noix, noisettes) sont l'indice d'une alimentation variée des occupants du site.

Une fois dans la cuisine, une ouverture soignée, munie d'un seuil en *tegulae* et d'un emmarchement, permettait d'accéder aux salles est (4 et 5) qui offraient malheureusement un très mauvais état de conservation. La pièce 5 semble avoir eu une fonction de réserve. Par ailleurs, plusieurs indices suggèrent que, bien que compartimenté, l'espace 4 constituait une même salle, équipée d'un petit foyer, et dont le mur était percé d'une ou plusieurs baies vitrées. Ces aménagements particuliers indiquent qu'il s'agissait, avec la cuisine, d'une des deux pièces particulièrement soignées de l'édifice, peut-être d'une aire de repos.

Dans la cuisine, une quatrième porte permettait d'accéder, à l'ouest, à la longue et étroite pièce 2 qui correspondait vraisemblablement à une salle à manger, si l'on en croit la quantité de petits fragments de céramiques et de déchets alimentaires qui jonchaient son sol. On pouvait également entrer dans cette salle par la galerie de façade, au sud, ou par la pièce 1 dont le piètre état de conservation n'a pas permis de déterminer la fonction.

Une construction de qualité

L'auberge de Bourbousson 3 est située en contrebas d'une colline sur laquelle donne sa façade nord, sa façade principale ouvrant au sud, ce qui lui confère un bon ensoleillement. Cette façade principale donne également sur l'espace de la cour qui, entourée d'un mur, assure avec la colline au nord une protection contre les deux principaux vents de la région, connus l'un comme l'autre pour leur violence (mistral et vent du Sud).

Les terrains de ce secteur sont constitués pour l'Antiquité d'un sol très argileux et compact mais l'emplacement de l'édifice a, semble-t-il, été soigneusement sélectionné. En effet, celui-ci est installé sur un ancien chenal de la Drôme au creux duquel sont piégés des

Fig. 1. Maquette de l'auberge dans la seconde moitié du IIIe siècle.

limons loessiques très perméables, qui assurent un parfait drainage et constituent de plus un excellent matériau de construction pour les murs.

La petite ferme, qui constitue le bâtiment primitif au début du IIIe siècle, a été conçue avec une volonté d'organisation soignée mais simple, destinée avant tout à satisfaire des besoins pratiques. L'élargissement du bâtiment et l'adjonction du pavillon sont liés au changement de statut du site. Ils fournissent, vus de l'extérieur, les éléments d'une symétrie originellement imparfaite et trahissent une recherche d'embellissement de l'édifice qui se manifeste également par le percement de baies vitrées.

Fig. 2. Détail d'une brique provenant de la destruction de l'élévation en adobe.

Les murs du bâtiment étaient constitués de briques crues (adobe) liées à l'argile et enduites de chaux, ce qui permettait de les protéger des intempéries, mais également, d'un point de vue esthétique, de les rendre semblables à des murs de briques cuites ou de moellons (fig. 2). Ils reposaient sur des solins maçonnés de 70 à 80 cm de hauteur, dont une moitié constituait les fondations, l'autre un petit mur bahut qui permettait de protéger les élévations de terre de l'humidité. La toiture du bâtiment était constituée d'une alternance de tuiles à rebord (*tegulae*) et de tuiles canal (*imbrices*), caractéristiques des couvertures de l'Antiquité. Ce sont les matériaux locaux qui ont été utilisés pour ces constructions : galets de la Drôme et blocs de molasse des collines avoisinantes pour les maçonneries, limons loessiques locaux pour les élévations.

Le bâtiment devait offrir une grande solidité si l'on en croit les auteurs latins, Vitruve notamment, qui préconisent l'emploi des briques d'adobe plutôt que du moellon pour faire des constructions durables.

Tous les sols étaient de terre battue, hormis celui de la cour qui était constitué de petits galets. Une bande de gravillons aménagée contre les murs de la cour permettait toutefois une circulation plus aisée.

Véronique Bastard

CONTRIBUTION DE LA CARPOLOGIE À LA CONNAISSANCE DE DEUX SITES DRÔMOIS DES FOUILLES DU TGV

La carpologie est une discipline qui vise à l'étude des restes végétaux archéologiques, en particulier des graines et des fruits. Ces modestes vestiges organiques sont conservés dans les sites archéologiques sous certaines conditions : la plus fréquente est la carbonisation. Le passage par le feu, en général accidentel, réduit certaines semences à l'état de charbon, les rendant ainsi imputrescibles, tout en conservant assez fidèlement leur morphologie. Cette propriété permet au spécialiste de les identifier avec précision, en procédant au besoin par comparaison avec une collection de référence de semences actuelles parfaitement répertoriées.

Les graines et les fruits identifiés sur un site livrent en général de précieuses informations sur l'alimentation végétale des occupants, sur les méthodes et pratiques agricoles, comme sur la nature des terrains exploités. Elles permettent parfois d'aborder d'autres aspects de la vie quotidienne, en relation avec le rôle artisanal, médicinal ou même rituel des plantes. Leur contribution à la reconstitution de l'environnement local peut également atteindre une grande précision dans certains cas.

Les stockages incendiés de Bourbousson 3, Crest (Drôme)

Sur le site gallo-romain de Bourbousson 3 (IIIe siècle après J.-C.), deux pièces contiguës d'un bâtiment rural incendié ont livré de fortes concentrations de semences carbonisées. Celles-ci constituaient à l'évidence d'importantes réserves végétales stockées à l'intérieur de l'habitat et vraisemblablement destinées à la nourriture de ses occupants.

Le blé nu (*Triticum aestivum/turgidum*), de type froment (fig. 1), constituait de loin la réserve principale. Seule cette céréale était stockée dans la pièce principale d'habitation, sans doute en élévation, sur un plancher. En outre, le blé nu représentait le principal stockage dans la petite pièce attenante, sans doute également localisée à l'étage. Aux côtés de cette denrée principale on rencontre plusieurs réserves de moindre importance. Dans la petite pièce, à l'intérieur d'une structure en bois (apparentée à un coffre) reposant au sol sur des blocs de pierre, était conservée une récolte d'orge à deux rangs vêtue (*Hordeum distichum*). Cette découverte a joué un rôle primordial pour montrer que cette céréale était déjà cultivée en Gaule à l'époque gallo-romaine. Au-dessus, sur la structure en bois ou suspendue au plafond, se trouvait une petite provision de fruits : prunes (*Prunus insititia*), pommes (*Malus sp.*), raisin (*Vitis vinifera*), noisettes (*Corylus avellana*) et noix (*Juglans regia*). À l'étage de cette même pièce, à proximité du blé nu, était également entreposé un petit ensemble de fèves (*Vicia faba*).

Quelques autres espèces domestiques (orge à six rangs vêtue, seigle, millet commun, lentille, ers) étaient mêlées parcimonieu-

Fig. 1. De haut en bas et de gauche à droite : blé nu, orge à deux rangs vêtue, fèves et noix retrouvés dans le coffre en bois du bâtiment B de Bourbousson 3, Crest (Drôme).

sement à ces récoltes, dans lesquelles elles avaient certainement poussé comme mauvaises herbes ; peut-être s'agissait-il des vestiges de cultures antérieures ? Les véritables mauvaises herbes sauvages sont diversifiées. Cependant, leur faible proportion volumique, ainsi que l'absence totale d'éléments d'épis laissent penser que les récoltes de céréales ont été soigneusement nettoyées avant leur stockage. Les espèces identifiées indiquent que la moisson a fait intervenir une coupe des chaumes à faible hauteur (20 à 30 cm sans doute), vraisemblablement à la faucille comme c'était semble-t-il l'usage à l'époque romaine. Sans parler de rotation des cultures, les cortèges de mauvaises herbes montrent également une véritable gestion des périodes de semis : alors que les champs de blé nu étaient ensemencés en automne, la culture de l'orge à deux rangs (paumelle) n'intervenait qu'au printemps.

Les semences carbonisées de Constantin, Montboucher-sur-Jabron (Drôme)

Dans la plupart des sites archéologiques, les semences se trouvent en mélange dans des assemblages de déchets (contextes de type dépotoir) ; il est alors très difficile de comprendre l'origine et les usages de ces végétaux. À Constantin, deux ensembles cohérents du XIe siècle se distinguent du cas commun et livrent des instantanés sur l'utilisation des végétaux à cette époque.

Un vase situé à l'intérieur d'un petit bâtiment (B) contenait un lot de graines dominé à 96 % par la gesse (*Lathyrus cicera/sativus*), une légumineuse (famille du pois et de la lentille) dont la culture est aujourd'hui très largement abandonnée en Europe (fig. 2). Il s'agit d'une petite réserve qui était certainement destinée à l'alimentation humaine ; peut-être les graines allaient-elles être prochainement cuisinées sur le foyer de l'habitat ? On ne peut cependant pas exclure son usage pour la nourriture du petit bétail domestique (volaille). Les quelques espèces mélangées à la gesse représentent des mauvaises herbes ; il s'agit dans certains cas de plantes domestiques (millet, fève, lentille, lin), probablement tolérées, mais également de véritables mauvaises herbes sauvages que les cultivateurs cherchaient vraisemblablement à éliminer.

À proximité du vase de légumineuses se trouvait un stock plus important de blé nu (*Triticum aestivum/turgidum*) – sans doute du froment – contenu à l'intérieur d'un coffre en bois. Cette céréale représentait sans doute une ressource alimentaire plus fondamentale que la gesse pour les habitants. Quelques autres céréales se trouvaient en mélange anecdotique et probablement accidentel avec le blé nu (seigle, orge vêtue). Elles doivent être considérées comme des mauvaises herbes. Le millet (*Panicum miliaceum*), mieux représenté que les précédentes, a pu être cultivé indépendamment et ajouté au blé après la récolte.

Les véritables mauvaises herbes sauvages (avoine, nielle des blés, ivraie enivrante, renouée, liseron, ravenelle) indiquent que le blé nu était semé en automne – comme il est d'usage dans le Midi – sans doute sur terrain calcaire (tout comme la gesse voisine vraisemblablement). Si le millet a bien fait l'objet d'une culture propre, il était en revanche semé au printemps.

Laurent Bouby

Fig. 2. (ci-contre). Gesses de Constantin, Montboucher-sur-Jabron (Drôme).

AU MOYEN ÂGE, UNE MAISON ISOLÉE BRÛLE À CONSTANTIN, MONTBOUCHER-SUR-JABRON (DRÔME)

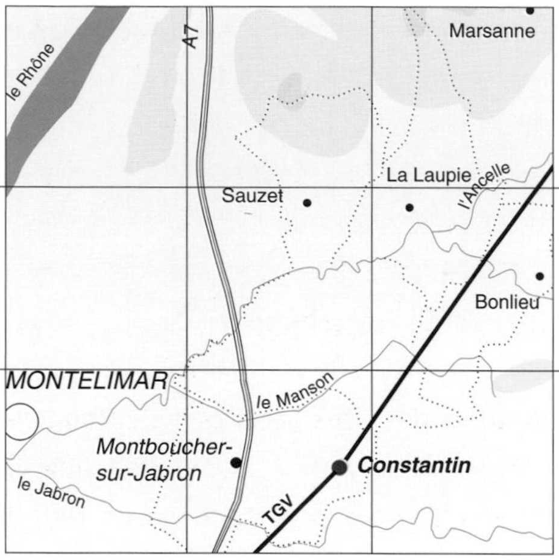

Le site de Constantin, situé sur la commune de Montboucher-sur-Jabron, est implanté sur la rive gauche du Vermenon, un affluent du Jabron. Il a été fouillé en 1996 [1] sur une surface totale de 3 000 m², et a livré les vestiges de deux bâtiments médiévaux et d'un ensemble de vingt-huit fosses. Le bâtiment A, constitué probablement de murs de terre sur solins de pierres (les solins sont les seules structures conservées), a pu être daté des VIe-VIIe siècles, de même que la plupart des fosses. Le bâtiment B, daté du XIe siècle, offrait un intérêt tout particulier en raison de sa destruction par un incendie, qui a permis la préservation de nombreux éléments en bois et en terre carbonisés, mais aussi de graines. La fouille s'est donc essentiellement orientée vers l'étude de ce bâtiment exceptionnel par sa conservation, afin de mieux connaître ce type d'architecture en matériaux périssables.

C'est lors d'une période de calme de la rivière Vermenon que la maison du XIe siècle [2] a été construite, à une trentaine de mètres à l'est de la maison du haut Moyen Âge, sur une terrasse de gravier dominant légèrement le cours d'eau. À cette période, le terroir est organisé autour de seigneuries dont l'autorité s'appuie sur de nombreuses tours fortifiées, perchées sur des mottes. C'est aux confins de deux de ces petites seigneuries, celles de Montboucher-sur-Jabron et de la Bâtie-Rolland, formées semble-t-il par le démembrement des deux vastes seigneuries de Montélimar et de Châteauneuf-de-Mazenc, que la maison a été installée. Les raisons du choix de l'implantation sont inconnues. Toutefois, la présence d'un axe de circulation dit de Gontardin, ou de Costardin, présumé antique et remis en état au cours du Moyen Âge, la proximité de l'eau et surtout les avantages offerts par une terre qui bénéficiait des dépôts fertiles des crues malgré les risques d'inondations chroniques dont le site porte les stigmates, ont peut-être constitué les motivations principales.

1. Responsable d'opération Michel Goy.

2. Cette datation a été obtenue par l'étude de la vaisselle trouvée dans la maison et des tessons trouvés mêlés à la terre des murs, complétée par analyse C14 des poutraisons carbonisées, dont les échantillons formaient un ensemble homogène indiquant une date d'abattage postérieure à 1024 et antérieure à 1060 (avec réserves). Archéolabs, réf. : ARC96/R577D.

Mode de construction de la maison

La maison est installée à l'intérieur d'une excavation de 29 m², creusée dans le gravier de la terrasse et profonde de 0,30 m à 0,60 m (dimensions maximales conservées). Toutefois, une partie de la terrasse n'a pas été creusée au nord-est de l'excavation, de manière à ménager un replat, destiné à offrir une surface solide pour l'installation d'un coffre de bois. Une autre réserve dans le gravier de la terrasse, au sud, de plan trapézoïdal, large de 0,80 à 1,20 m par 1,40 m, permet d'identifier le seuil.

L'ensemble de la structure portante de la maison, constituée de terre maintenue par une armature de bois, est bien conservé. L'ossature de bois se présentait sur le terrain sous la forme de bases de poteaux carbonisés, en place dans leur trou de calage, et de leur effondrement (fig. 1). Cette armature de bois était conjointe à la terre des murs effondrés.

Les poteaux, en chêne, étaient installés à l'intérieur de l'espace excavé et contre les parois de l'excavation. Leur organisation laisse apparaître une association de deux poteaux dans chaque angle de la maison, formant des pans coupés. Les poteaux d'angle sont complétés par une série de poteaux (quatre conservés), disposés à intervalles plus ou moins réguliers sur la périphérie de l'excavation. Ils étaient soutenus de diverses manières. La plupart étaient associés à un trou de calage. Au contraire, un parti différent a été adopté pour le mur occidental : deux calages de poteaux situés aux angles de la paroi occidentale sont reliés par un creusement, identifié comme l'empreinte laissée par une sablière basse enterrée, dont des éléments carbonisés étaient conservés en place.

Ces pièces de bois semblaient assemblées à l'aide de chevilles, comme semble l'indiquer la découverte d'une petite pièce de bois carbonisée de section circulaire. L'absence de clous dans cette couche de démolition semble étayer cette hypothèse.

L'étude de la terre effondrée montre à nouveau une certaine hétérogénéité dans les partis choisis. En effet, dans la partie orientale de la structure, la conservation de fragments de branches de bois carbonisées dans la terre mettait en évidence la présence d'un clayonnage. Au contraire, l'analyse pétrographique a confirmé l'absence d'un clayonnage pour les trois autres parois. Ces dernières sont donc réalisées à l'aide d'un simple béton de terre, du tout-venant mélangé à des végétaux et de nombreux fragments de céramique, compacté entre les poteaux verticaux et maintenu à l'aide de contrefiches. Ces murs sont d'une épaisseur moyenne de 0,10 m. Certaines observations témoignent d'une volonté manifeste d'isoler les murs de l'humidité environnante par l'installation d'un remblai de construction comblant l'espace compris entre les murs et les parois de l'excavation, ainsi que de galets à la base des murs. Enfin, un enduit de chaux, épais d'un centimètre, permettait de protéger les parois internes de la maison.

Le sol de la maison était un plancher, constitué de planches posées sur des solives. Les diverses pièces du plancher étaient, semble-t-il, fixées à l'aide de clous, retrouvés en grande quantité dans le fond de l'excavation. Le plancher du site de Constantin était établi sur un vide sanitaire.

Fig. 1. Le bâtiment B, du XIe siècle, en cours de fouille : poutraisons et coffre en orme carbonisés en bas à droite.

Une pierre volumineuse de 0,80 x 0,35 m sur 0,45 m d'épaisseur, en calcaire, a servi de sole de foyer, ainsi qu'en témoigne son aspect rubéfié. Elle est posée sur le gravier du fond de l'excavation, approximativement au centre de la maison.

Fig. 2. Maquette du bâtiment du XIe siècle.

La restitution des éléments effondrés permet d'émettre une proposition de maquette de la maison (fig. 2). Elle se présentait donc comme une petite construction rectangulaire de 24 m², aménagée dans une fosse, permettant d'établir un plancher sur vide sanitaire. Sa porte était orientée au sud. La construction, de 6 x 4 m, dessinait un plan rectangulaire irrégulier, à pans coupés. L'extrémité orientale à deux pans formait une ébauche d'abside. Ses murs sont constitués de terre compactée entre des poteaux verticaux, à l'exception de l'un d'eux, le mur oriental, qui est construit en torchis sur un clayonnage. Une des pièces de bois, de grandes dimensions et équarrie dans de l'orme, est interprétée comme une pièce de sablière haute sur laquelle reposait la charpente, dont aucun élément n'est conservé. La présence d'un calage et d'une base de poteau carbonisé, situés dans l'axe longitudinal de la maison, pouvait servir à supporter une panne faîtière. Enfin, l'absence de toute trace de tuiles ou autres matériaux permet d'émettre l'hypothèse d'une couverture de végétaux (des roseaux par exemple).

Éléments de la vie quotidienne

Quelques biens modestes, de la vaisselle de terre, des outils, les vestiges d'un coffre de bois carbonisé et deux petites réserves alimentaires ont été mis au jour et permettent de se faire une idée de la vie quotidienne des occupants de cette petite maison.

La vaisselle des occupants se composait d'un petit lot de quatre pots, trouvés sur le plancher (fig. 3 et 4). Les récipients, de taille moyenne, sont en majorité à fond bombé, sans éléments de préhension, sans revêtement ni décor. Deux pots à cuire de type oule et deux pots de stockage, dont l'usage est confirmé par leur contenu de graines carbonisées, ont été identifiés. En effet, une petite quantité de graines de gesse, peut-être à destination animale, a été trouvée dans un pot de forme globulaire, dont l'ablation de la lèvre témoigne de la volonté de le recycler en pot de stockage. Quelques graines ont été mises en évidence dans un autre pot, qui présente la rare particularité de posséder quatre becs pincés. Toutefois, l'essentiel de la réserve alimentaire, composé à 70 % de blé nu, se trouvait dans le coffre, construit en orme, dégagé dans la partie nord-est de la cabane.

Ce coffre est installé sur le replat aménagé dans l'excavation, les pieds posés directement sur le gravier. Il est conservé sur une hauteur moyenne de 0,10 m et mesure 0,70 m de large par 1,10 m de longueur. Il est constitué de planches assemblées à queue d'aronde à un bâti de quatre montants de section carrée formant pieds.

Le reste des biens découverts dans la maison se limite à du mobilier métallique. Une lame de couteau longue de 0,20 m avec soie, des pièces de ferrure de porte, un fragment de clé et des clous de fer à cheval à tête rectangulaire, utilisés pour la mise en place du plancher, ainsi que de quelques outils pour le travail du bois, tels que la gouge, le poinçon, ou la vrille à bois, composaient l'essentiel de ce mobilier. Un seul objet se distingue par son caractère plus esthétique : une croix à trois branches en plomb, avec une pierre de quartz au centre et une soie, supposant la présence d'un manche en bois. Il est le seul objet qui ne soit pas d'usage strictement utilitaire mais plutôt personnel et relativement luxueux.

Fig. 3. Pot en place près du seuil du bâtiment. Ce pot contenait quelques graines.

Une maison probablement isolée

Aucune structure attenante (construction sur poteaux plantés, clôture, etc.), à l'exception de quatre fosses, n'a pu être mise en lumière. La raison en incombe à un dérèglement du lit du Vermenon, postérieur au XIe siècle, qui a fait disparaître les sols contemporains de l'occupation médiévale excavée. Cette découverte demeure toutefois exceptionnelle et se suffit à elle-même, en raison de la qualité de conservation de la maison et de son contenu. Nous pensons donc être en présence d'une petite exploitation agricole, apparemment isolée, qui n'est pas sans nous rappeler les activités de défrichement traditionnelles à cette période. Le mode de construction de la maison et le mobilier évoquent une famille réduite, modeste, vivant essentiellement de l'agriculture.

Fig. 4. Céramiques retrouvées dans le bâtiment du XIe siècle.

Isabelle Rémy

Bibliographie

Bois 1992 ; Chapelot 1980 ; Chapelot, Fossier 1980 ; Ginouvez 1993 ; Goy, Rémy 1996 ; Halbout, Le Maho 1984 ; Lasfargues 1985 ; Rémy, Goy (à paraître).

La mise au jour de séries mobilières archéologiques particulièrement intéressantes, d'objets ou de témoignages d'activités domestiques exceptionnellement bien conservés a permis plusieurs études transversales qui sont autant d'avancées dans la connaissance de la culture matérielle et technique des périodes anciennes.

ARTISANAT, SAVOIR-FAIRE ET ÉCHANGES

STRUCTURES OU SÉRIES MOBILIÈRES REMARQUABLES DES FOUILLES DU TGV MÉDITERRANÉE

Compte tenu de la rigueur du calendrier de l'opération de sauvetage, l'ensemble des vestiges mobiliers archéologiques n'a pu être prélevé et des choix furent nécessaires pour les responsables d'opération. Pourtant le volume total des fouilles du TGV Méditerranée pour le seul département de la Drôme représente 460 mètres linéaires de rayonnage. Tessons de céramiques, pièces lithiques taillées ou polies, objets métalliques, monnaies, matériel de mouture, sépultures et offrandes funéraires constituent l'essentiel des vestiges.

La mise au jour de séries mobilières archéologiques particulièrement intéressantes, d'objets ou de témoignages d'activités domestiques exceptionnellement bien conservés a permis plusieurs études transversales qui sont autant d'avancées dans la connaissance de la culture matérielle et technique des périodes anciennes.

Plusieurs sites de la fin du Néolithique font l'objet d'un développement : le site des Malalônes à Pierrelatte (Drôme), par exemple, où se trouvent conservées soixante-douze structures à pierres chauffées, vestiges probables d'une activité artisanale ou d'une pratique sociale collective dont le sens nous échappe encore.

De même, on s'interroge sur l'exceptionnelle accumulation de céramiques dans une fosse-silo alternant stockage et rejet au Patis 2, Montboucher-sur-Jabron (Drôme), site qui a fourni par ailleurs une série de silex taillés qui fait désormais référence pour le Néolithique final de la région et parmi laquelle se distingue une extrémité de lame de poignard en silex du Grand-Pressigny, importée d'Indre-et-Loire.

Parmi les objets rares découverts dans les fouilles : la dalle anthropomorphe et le polissoir à lames de hache de

La Prairie, Chabrillan (Drôme), datent respectivement du Néolithique moyen et final. Pour l'Antiquité, des reilles d'araire retrouvées parfaitement conservées dans un des bâtiments du site antique de Bourbousson 3, Crest (Drôme), permettent de mieux appréhender les outils et les pratiques agraires en Gaule du Sud. Enfin le dépôt monétaire votif fouillé dans le même site et matérialisé simplement par un modeste bloc de molasse cubique est une découverte rare en contexte rural.

Deux collections d'objets réunissant plusieurs sites ont par ailleurs fait l'objet d'une étude synthétique.

La première concerne sept établissements ruraux gallo-romains et une nécropole. Elle repose sur une quantité significative de céramiques régionales, datées du IIe au Ve siècle après J.-C., parmi lesquelles figurent trois cents vases à pâte grise réfractaire dite « kaolinitique », dont les qualités fonctionnelles ont été particulièrement appréciées par les Gallo-Romains.

La seconde rassemble près d'une centaine d'objets de la période médiévale recueillis sur cinq sites drômois (Upie, Crest, Châteauneuf-sur-Isère, Chabrillan et Montboucher-sur-Jabron). Cette collection composée essentiellement de pièces en fer est suffisamment importante et variée (parure, mobilier, huisserie, travail du bois, de la terre) pour servir à l'avenir de référence locale à d'autres découvertes éventuelles, ou pour compléter les références proches.

LES STRUCTURES À PIERRES CHAUFFÉES DU SITE DES MALALÔNES, PIERRELATTE (DRÔME)

Le site archéologique des Malalônes (les mauvaises lônes), situé sur la commune de Pierrelatte a livré des vestiges datant de la fin du Néolithique ancien (environ 4 900-4 600 avant J.-C.). Parmi ceux-ci se distinguent soixante-douze structures empierrées, sous la forme de légères cuvettes, remplies de galets et ayant subi l'action du feu (fig. 1).

Les empierrements

Ce type d'aménagement se retrouve communément au cours de la Préhistoire, dès le VIIIe millénaire au Proche-Orient, et plus proche de nous, depuis le Néolithique ancien jusqu'à l'âge du Fer, ce qu'attestent les autres découvertes du tracé TGV Méditerranée. Ces structures à pierres chauffées se présentent sous des formes variées : circulaires, ovales, rectangulaires avec des profondeurs variables, mais toujours associées à une fonction de combustion.

La recherche de la conservation de la chaleur a conduit l'homme préhistorique à utiliser un élément facilement accessible et suffisamment abondant dans son environnement ; la pierre possède en effet des qualités de conservation et de restitution thermique expliquant la permanence de son utilisation dans le cours du temps.

Les fonctions associées aux structures à pierres chauffées répondent soit à des activités domestiques telles que la cuisson des aliments (gril, cuisson à l'étouffée...) soit à des productions de type artisanal (séchage de la viande, torréfaction des céréales...), mais aussi à des activités sociales (repas communautaire, rituels, saunas...).

Fig. 1. Série d'empierrements du site des Malalônes, Pierrelatte (Drôme).

Les difficultés d'interprétation de ce type de vestiges sont multiples, la vision offerte à l'archéologue étant celle d'une structure abandonnée par l'homme préhistorique, livrée aux altérations du temps et aux modifications dues à l'enfouissement. Ces conditions de conservation rendent aléatoire la reconstitution fidèle de l'histoire thermique des structures, étape majeure pour une approche des modalités de leur utilisation. Plus que tout autre, ces aménagements ne peuvent être appréhendés de façon isolée ; leurs relations à l'ensemble des vestiges archéologiques, que ceux-ci leur soient directement liés ou non, paraissent essentielles pour tenter de déterminer leur nature.

Fig. 2. Un des soixante-douze empierrements.

Le site des Malalônes

Les soixante-douze empierrements du site des Malalônes n'ont pas pu faire l'objet d'une fouille systématique, compte tenu de la rigueur du calendrier de l'opération de sauvetage. L'orientation méthodologique a donc privilégié une approche spatiale. Mais l'appréhension de ce type de structure passe nécessairement par une étape analytique, indispensable pour une compréhension globale.

L'approche analytique

La forme commune à la quasi-totalité des empierrements recouvre un type sub-circulaire, leur diamètre variant de 0,5 à 2 m. Aucune structure à pierres chauffées n'excède 2 m de diamètre, car au-delà de cette limite la totalité de la surface de chauffe n'est plus accessible à partir des bords (fig. 2).

La plupart des structures sont installées dans des cuvettes peu marquées, certaines sont disposées directement sur le sol.

Dans le comblement, les aménagements présentent globalement entre un et deux niveaux de pierres provenant de la terrasse rhodanienne du Würm récent. Le remplissage est constitué par un sédiment limono-argileux semblable à celui de la couche archéologique.

Les traces de combustion, hormis les stigmates du feu sur les pierres, sont diffuses ; quelques petits fragments de charbons situés sous et entre les pierres ont été prélevés. Aucun dépôt charbonneux, cendres ou brandons, n'a été observé dans le fond des structures ou dans le remplissage, ni aucune rubéfaction sur les parois. Cette quasi-absence de témoins de combustion peut être due soit à des phénomènes taphonomiques (migration ou destruction des charbons et des cendres, lessivage des sols), soit à une chauffe des pierres réalisée hors de la structure. En effet, si les pierres présentent des fragmentations en place, celles-ci ne permettent pas d'affirmer que la chauffe a eu lieu *in situ*. Si d'ordinaire l'observation d'altérations sur les faces inférieures des pierres peut constituer un bon indice de chauffe en place, ici, en raison d'un recouvrement calcaire dû aux battements de la nappe phréatique, ce phénomène n'a pu être relevé.

Le comportement thermique de ces structures est déterminé en grande partie par la température des pierres, celle-ci étant fonction de leur nature pétrographique et de leur calibre. La comparaison avec un échantillon de galets prélevés dans la terrasse rhodanienne montre que les hommes du Néolithique ont privilégié les quartzites, probablement en raison des qualités calorifères de ce type de pierre. Si la dimension des pierres n'a pas constitué un élément discriminatoire

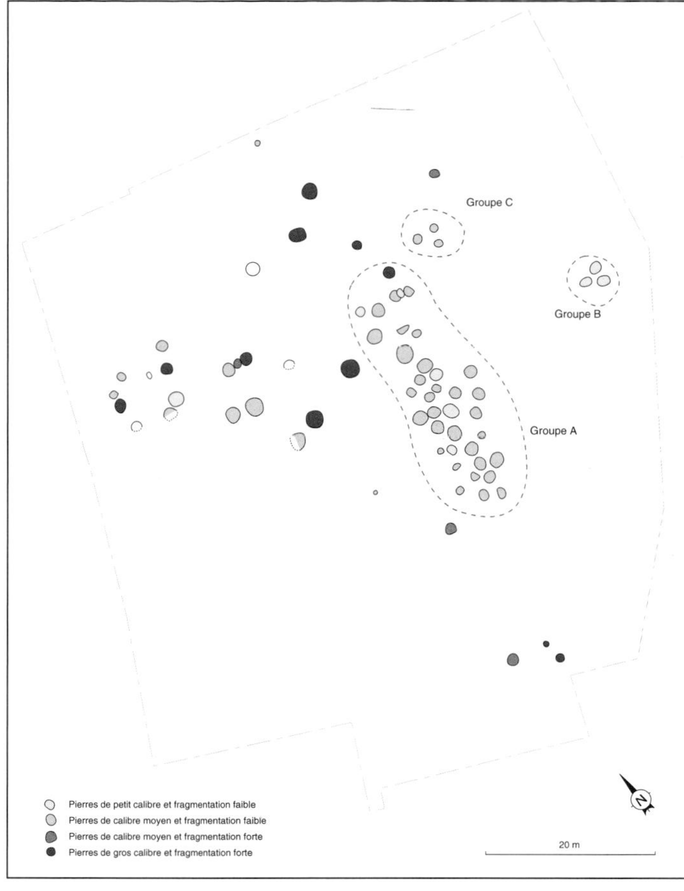

Fig. 3. Plan de répartition des empierrements. (Dessin M. Linossier)

lors de la collecte, un phénomène de répartition des pierres dans les différentes structures a pu être mis en évidence.

Dès lors, on peut avancer que le calibrage des pierres constituait un élément déterminant dans le mode de fonctionnement de ces structures. Toutefois, il semble exister un rapport entre la dimension des pierres et la pétrographie. Les quartzites de dimensions importantes pourraient avoir été privilégiés pour des chauffes longues, alors que les pierres de petit calibre, à l'accumulation thermique limitée, auraient été retenues pour des chauffes courtes.

Cette subdivision à caractère fonctionnel se retrouve dans l'organisation spatiale des empierrements.

L'approche spatiale

Le plan de répartition (fig. 3) montre en effet un regroupement important de structures orienté nord-sud, totalisant trente-six aménagements. Les empierrements de cet ensemble A sont très proches les uns des autres, disposition que l'on retrouve sur des sites néolithiques plus tardifs, comme par exemple Villeneuve-Tolosane.

Leur rapprochement permet de penser qu'ils étaient mis en place de façon successive, car pour des raisons pratiques liées à la circulation et à l'accès à la surface de chauffe, il semble difficile d'envisager un fonctionnement simultané. La concentration sur une aire restreinte de ces structures laisse supposer une gestion rigoureuse de l'espace, peut-être liée à des aménagements extérieurs dont aucune trace n'a pu être mise en évidence.

Par ailleurs, tous ces empierrements présentent un petit calibre de pierres et un taux de fragmentation faible. On peut donc supposer que l'usage de ces structures a requis un même type de chauffe et donc des conditions de fonctionnement identiques. Le caractère répétitif de ces structures et l'utilisation préférentielle d'un certain mode de combustion renvoient à l'idée d'une aire d'activités spécialisées sans qu'il soit possible de préciser leur nature.

À l'inverse, toutes les structures à calibre de pierres plus important et à forte fragmentation sont éloignées les unes des autres. Il est donc possible d'envisager un mode de fonctionnement différent pour un usage probablement plus ponctuel.

Les structures à pierres chauffées des Malalônes témoignent de phénomènes d'ordre collectif, pouvant être liés à une activité artisanale tout autant qu'à une pratique sociale.

Trop souvent considérés comme des vestiges à l'apparence grossière, de tels aménagements n'ont longtemps éveillé que peu d'intérêt. Pourtant, parce qu'elles expriment des modes de vie, des comportements, ces structures pourraient nous permettre d'approcher l'organisation sociale de communautés encore mal connues.

Fabienne Moreau

Bibliographie

Beeching, Cordier et Brochier 1994 ; Orliac, Wattez 1987 ; Taborin 1987 ; Vaquer 1990.

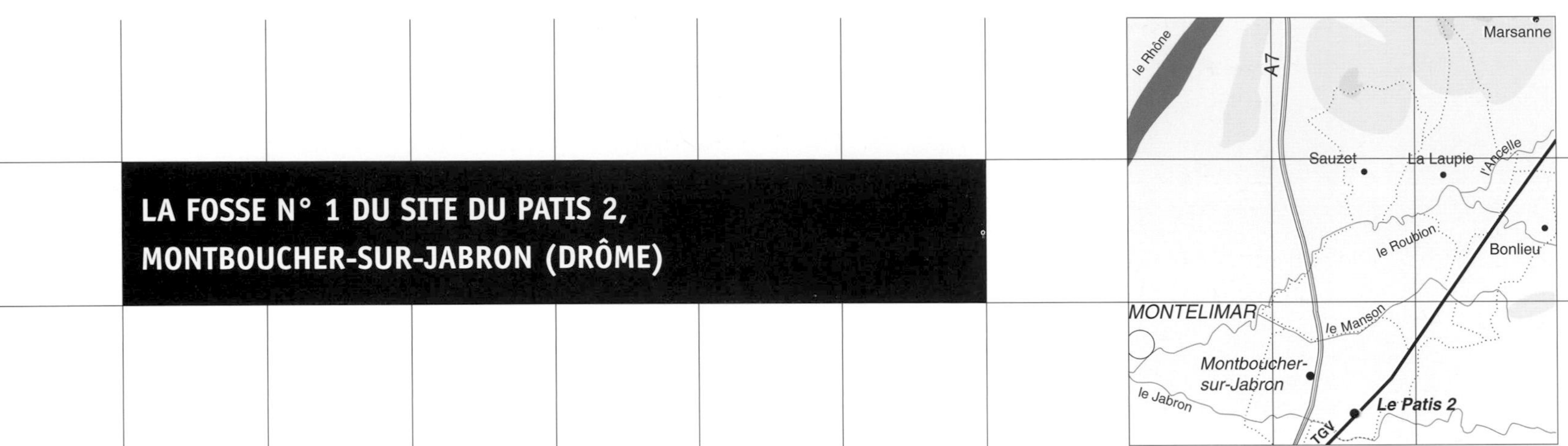

LA FOSSE N° 1 DU SITE DU PATIS 2, MONTBOUCHER-SUR-JABRON (DRÔME)

Un exemple de structure domestique de la fin du Néolithique

Le site du Patis 2 à Montboucher-sur-Jabron est un habitat de la Préhistoire récente, implanté dans la plaine de Montélimar, sur la haute terrasse d'un affluent du Rhône, le Roubion. Son occupation principale remonte au milieu du IIIe millénaire avant J.-C., à la fin du Néolithique, période caractérisée par le développement de communautés sédentaires pratiquant l'agriculture et l'élevage.

L'opération archéologique réalisée sur ce site a donné lieu à un décapage superficiel sur une surface de 2 100 m², qui a permis de mettre au jour cinquante et une structures en creux correspondant pour l'essentiel à des fosses. Bien que certaines d'entre elles n'aient pu être datées ou qu'elles soient, de façon très ponctuelle, rattachées aux époques historique et protohistorique, la majorité remonte à la période néolithique. Le niveau d'ouverture originel de ces fosses, ainsi que les sols de l'habitat néolithique proprement dit, et *a fortiori* les éventuels vestiges d'élévation correspondant aux habitations, ont été détruits par l'érosion qui a affecté le site au cours du temps. Seules subsistent, creusées dans le substrat géologique de cailloutis de galets et de marne, ces fosses dont le comblement recèle des éléments diversifiés. La fosse n° 1 constitue à cet égard une structure originale, tant par la quantité des vestiges qu'elle a livrés, essentiellement céramiques, que par leur situation particulière. Il ne s'agit certes que d'une structure parmi d'autres, participant à un ensemble plus vaste. Néanmoins, sa présentation nous permet, à titre d'illustration, d'appréhender différents aspects culturels d'une population du Néolithique, mais aussi de nous interroger sur l'interprétation d'une telle structure dans le cadre d'un habitat de cette période en moyenne vallée du Rhône.

Une structure originale dans le contexte du site

Les vingt-six fosses néolithiques qui ont été mises en évidence présentent des morphologies relativement diversifiées. Plutôt circulaires et sub-cylindriques, parfois presque rectangulaires, elles peuvent dépasser 1,50 m de diamètre et de profondeur, ou ne présenter qu'une taille restreinte, en simples cuvettes, à fond arrondi ou aplani.

La fosse n° 1 (fig. 1 et 2) est de dimensions moyennes, son diamètre à l'ouverture est de 1,12 m et sa profondeur de 94 cm. Ses parois, à peu près rectilignes, convergent très légèrement vers le fond. Cette fosse ne se distingue pas des autres par sa morphologie, mais plutôt par son comblement. En effet, dans le remplissage sédimentaire qui est apparu relativement homogène, ont été recueillis près de 1600 éléments et fragments divers, ce qui représente près de la moitié de l'ensemble découvert sur le site. Il s'agit pour l'essentiel de tessons de poterie, et cette abondance, exprimée en nombre de restes, doit être relativisée par l'importante fragmentation de ces récipients en céramique. Des éclats et outils en silex, présentés par ailleurs, ainsi que des ossements d'animaux non encore étudiés ont été mis en évidence mais en quantité moindre, épars dans la fosse. Certaines des poteries ont été découvertes partiellement écrasées, d'autres presque intactes. Quant à la fragmentation de certains récipients, elle résulte en partie de la pression des sédiments, postérieure à leur enfouissement.

La situation des céramiques dans la fosse témoigne également d'une disposition particulière ainsi que d'une répartition en quatre niveaux distincts. Le premier, celui du fond, concerne trois poteries dont une complète et deux autres partiellement conservées, découvertes écrasées. Le second niveau, immédiatement supérieur, est relatif à un important recouvrement constitué exclusivement de très nombreux fragments de jarres. Le troisième correspond à une grande jarre disposée verticalement, probablement en situation fonctionnelle et partiellement effondrée, ainsi qu'au dépôt d'un petit récipient sub-sphérique disposé à l'envers. Enfin, le quatrième niveau concerne un autre récipient de type jarre, mais de moindres dimensions, découvert couché dans la partie supérieure de la fosse.

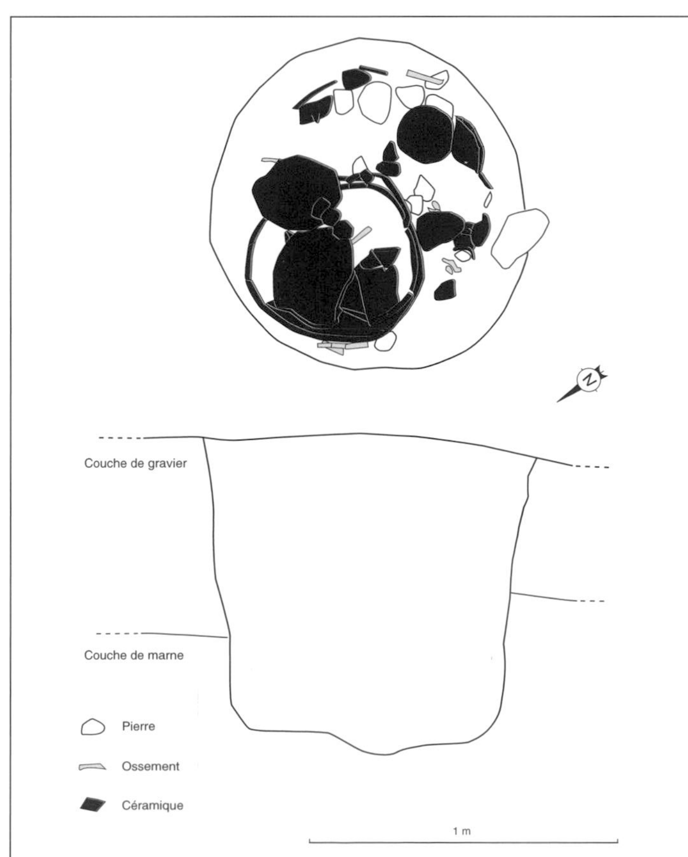

Fig. 1. Plan et profil de la fosse néolithique. (Dessin N. Ruiz, P. Sarazin)

Fig. 2. La fosse en cours de fouille.

Fig. 3 De gauche à droite : vase à col et cordons, petite jarre à languettes, marmite à mamelons.

Une série céramique diversifiée

La poterie, qui constitue l'essentiel des vestiges découverts dans la fosse, est une innovation caractéristique de la période néolithique. Elle correspond, d'un point de vue technique, au façonnage de récipients en argile, puis à la transformation de ce matériau en céramique par cuisson. Son utilisation est liée, à cette époque, à une modification des comportements relatifs à la préparation ou à la conservation des aliments.

La fosse n° 1 a livré de nombreuses poteries (fig. 3) correspondant à une trentaine de récipients différents, entiers ou représentés par de simples fragments. Dans cet ensemble, environ vingt formes ont été plus ou moins partiellement re constituées, qui témoignent de la production artisanale de récipients en céramique ainsi que des activités domestiques liées à leur utilisation. Bien que ces poteries n'aient pas été montées au tour, mais par superposition de colombins d'argile ou par estampage, elles présentent parfois une finesse et une régularité qui témoignent d'une grande maîtrise technique. L'ensemble est cependant caractérisé par l'association de récipients de forme simple, dont l'aspect est parfois irrégulier, et de récipients fins et soignés aux formes plus élaborées.

Les poteries de forme simple sont généralement sphériques ou cylindriques, leurs parois et le profil des bords présentent le plus souvent une très légère irrégularité, et souvent leur teinte, beige à brun clair, varie légèrement sur un même récipient. Les récipients carénés, qui présentent une segmentation horizontale de la panse, signalant une inflexion du profil de la céramique, sont également ceux dont le traitement général est le plus soigné : leurs teintes sont homogènes, les inclusions de la pâte sont peu visibles en surface, leurs parois, lisses et très régulières, ont été polies ou lustrées, ce qui leur donne un brillant caractéristique. L'un de ces récipients, à col cylindrique et carène médiane, présente même un décor en relief de quatre petits cordons verticaux appliqués sur la partie supérieure de la panse (fig. 3).

Si la fonction précise des poteries est difficile à appréhender, il est probable que dans le cadre d'un habitat leur utilisation était liée aux activités domestiques relatives à la préparation, la présentation ou la consommation des denrées. Certaines ont pu servir à la cuisson comme semblent l'indiquer des stigmates localisés sur le fond. Quant aux jarres, de plus grandes dimensions, donc plus difficilement mobilisables, elles sont généralement interprétées comme des vases de stockage.

D'un point de vue typologique, cette série s'apparente à celles déjà connues régionalement, en particulier sur les sites du Néolithique final de Baussement, Chauzon (Ardèche) et de la grotte de la Chauve-Souris, Donzère (Drôme). D'une façon générale, elle évoque également des influences méridionales. Une poterie en particulier, celle à col cylindrique, carène médiane et décor à cordons, présente des caractères originaux dont l'inspiration, qui pourrait être transalpine, participe à une dynamique extrarégionale qui ressort plus largement de l'étude générale du site.

Une fosse de stockage et de rejet

Les observations relatives aux différentes phases de l'utilisation de la fosse n° 1 permettent d'en proposer l'interprétation suivante. Cette structure évoque, de par sa forme et ses dimensions, une fosse-silo de stockage dont le creusement aurait été aménagé dans un premier temps pour y conserver des denrées, comme cela est attesté par d'autres sites de la même période. Sa réutilisation, dans un second temps, est en relation avec la disposition dans le fond de la fosse de plusieurs récipients carénés particulièrement soignés, brisés et abandonnés *in situ*. Quant à l'important recouvrement de très nombreux fragments de céramique, il constitue un aménagement ultérieur, peut-être destiné à faciliter l'installation de la grande jarre découverte verticalement, en situation vraisemblablement fonctionnelle dans la fosse. Cette jarre correspond encore, mais de façon plus explicite, à un aménagement relatif au stockage. Le récipient disposé à l'envers évoque pour sa part un abandon momentané : il est encore d'usage en effet de retourner une poterie non utilisée pour éviter que s'y accumulent des déchets. Enfin, le niveau supérieur qui a livré les restes d'une jarre de plus petites dimensions correspond à une ultime phase d'utilisation, de stockage ou de rejet. Les très nombreux autres éléments découverts dans la fosse (tessons de céramiques divers, ossements, éclats ou outils en silex) correspondent pour l'essentiel à des éléments de rebut et témoignent également, de façon récurrente, d'une utilisation de la fosse comme structure de rejet.

La fosse n° 1 du Patis 2 présente donc différentes phases d'utilisation pouvant résulter d'une alternance d'activités de stockage et de rejet, caractéristique d'un site d'habitat. Elle constitue de ce point de vue un apport à la compréhension du fonctionnement des autres structures du site. Cette fosse a également livré une importante série céramique qui témoigne d'un souci de différenciation, tant technique que morphologique, voire esthétique, entre différents types de récipients. Ces vestiges, représentatifs de ceux recueillis sur l'ensemble du site, constituent, du point de vue typologique, une contribution à notre connaissance des sociétés de la fin du Néolithique en moyenne vallée du Rhône et de leurs relations régionales et extrarégionales.

Xavier Margarit

Bibliographie

Beeching 1986 ; Monjardin 1992 ; Taras 1996 ; Vital 1996.

L'INDUSTRIE EN SILEX TAILLÉ DU PATIS 2, MONTBOUCHER-SUR-JABRON (DRÔME)

Une série lithique de référence pour la moyenne vallée du Rhône

L'industrie lithique provenant des fosses du site du Patis 2 correspond à l'ensemble des silex taillés, outils et déchets de taille compris. Ce matériel archéologique, recueilli dans les structures en creux de même que la faune et les tessons de céramiques, peut être considéré comme du matériel destiné au rebut après utilisation et redistribué dans les comblements des fosses au cours de l'occupation, ou avant la phase d'abandon définitif du site par les néolithiques.

Il s'agit d'une série d'éléments de silex manufacturés qui compte au total deux cent cinquante et un produits retouchés ou non, et qui constitue un corpus régional, tout à fait représentatif pour la période du Néolithique final. Ses principales caractéristiques sont les suivantes :

- un débitage marqué par l'abondance d'éclats aménagés ou bruts, la rareté de lames et de lamelles, la présence de quelques *nucléus** et chutes de ravivage, la faible représentativité des outils et l'abondance de débris et d'esquilles ;

- une grande diversité des matières premières comprenant dix types de roches distinctes ;

- un panel d'outils assez varié, parmi lesquels on distingue des grattoirs, des racloirs, des pièces denticulées* et microdenticulées* ; des armatures de flèches et une extrémité de lame de poignard du Grand-Pressigny (Indre-et-Loire) [1] ont été identifiées ;

- une production de référence pour la moyenne vallée du Rhône, caractérisée par des savoir-faire locaux et extrarégionaux attestés entre autres par la présence de cette lame de poignard importée d'Indre-et-Loire.

Économie et gestion de la matière première

Cent quatre-vingt-cinq éléments taillés et non retouchés ont été décomptés. 39 % des produits sont composés de petits éclats souvent fragmentés, suivant des faces naturelles de fractures de gel, ce qui témoigne d'une certaine médiocrité des matières premières employées. La rareté des lames et des lamelles indique également un débitage de produits courts et irréguliers. À la suite d'une recherche que nous avons menée sur le terrain dans un rayon distant de 25 km du site, il est apparu que toutes les matières

1. Les sources de matière première siliceuse de Touraine (Indre-et-Loire) ont été exploitées en vue de produire de grandes lames standardisées, façonnées par des spécialistes pour fabriquer des poignards. Ces produits sont échangés et diffusés au cours du Néolithique final jusqu'au Bronze ancien, suivant des réseaux de diffusion complexes et bien organisés, à plus de mille kilomètres de leur carrière d'origine. Les lames de poignard sont généralement emmanchées sur une poignée de bois, ligaturée de fibre végétale.

employées sur place se rencontrent à l'intérieur de ce périmètre, à l'exception du silex de Touraine, dont les gîtes d'approvisionnements sont à localiser à plus de 500 km à vol d'oiseau, par rapport à l'occupation située au cœur de la Drôme.

Savoir-faire locaux et production extrarégionale

Les produits de taille bruts ont été acheminés directement sur le site et les outils ont probablement été taillés sur place. La technique de débitage majoritairement employée correspond à la percussion directe au percuteur tendre en bois de cerf, en os ou en bois. Certains produits comportent un cône très marqué, ce qui pourrait également indiquer l'emploi de la percussion directe au percuteur dur. Les stigmates de taille, encore visibles sur certains produits retouchés, indiquent l'emploi d'autres modes de débitage. La lame de poignard en silex exogène a probablement été débitée au levier. Cette technique permet de développer, à partir d'une pression, une force de plusieurs centaines de kilogrammes nécessaire au détachement de grandes lames. Elle apparaît au cours du Néolithique final et perdure jusqu'au Bronze ancien.

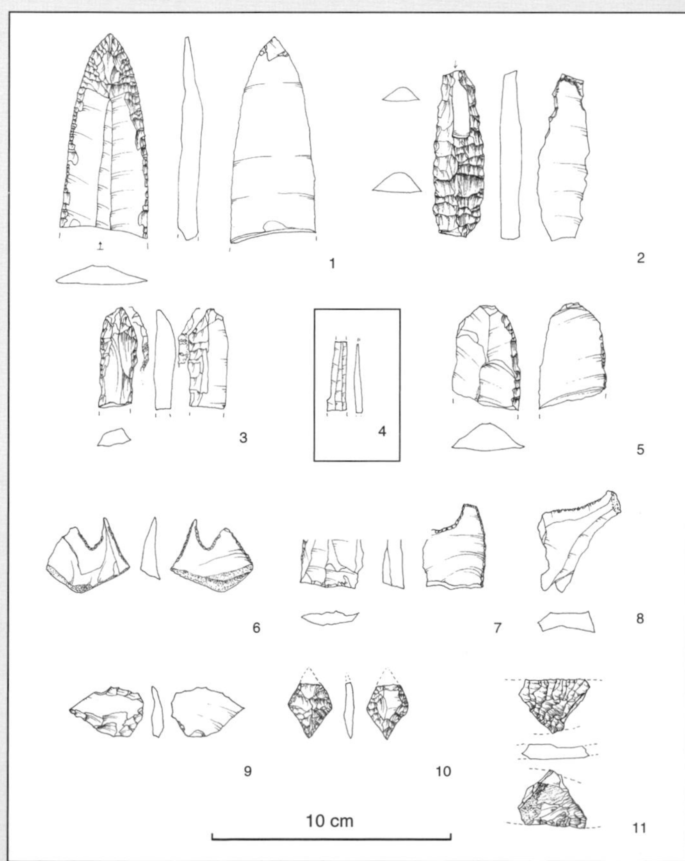

Fig. 1. Planche de silex. (S. Saintot)

Composantes locales des outillages et influences culturelles exogènes

Un seul éclat présente des traces de chauffe (opposition d'un pan mat très net et d'un pan luisant, sans cupules thermiques). Cet indice pourrait témoigner d'une préparation par la chauffe des rognons de silex, afin de faciliter leur aptitude à la taille. Deux outils ont également été retouchés sur support préalablement chauffé. Il s'agit d'un éclat à retouches irrégulières alternées, et d'un élément de pièce foliacée réaménagée en armature de flèche tranchante. Il faut donc évoquer la persistance de ce mode de préparation des *nucléus* et des matières premières, depuis le Néolithique moyen jusqu'au Néolithique final.

L'outillage correspond à un ensemble total de soixante-six produits retouchés et aménagés intentionnellement (fig. 1). Trois groupes principaux ont été distingués dont les latéraux (microdenticulés, denticulés, faucilles…), les distaux (perçoirs, poignard et flèches), et les frontaux (grattoirs, retouchoirs). On notera l'abondance d'outils qui induisent une économie artisanale et/ou agricole, et des gestes propres à la pratique de certaines activités telles que couper (supports à retouches latérales ou non, poignard), racler (racloirs et outils denticulés), gratter et/ou frotter (grattoirs), percer (perçoir, flèches, poignard…). Seules des analyses tracéologiques, relatives à l'étude des microtraces imprimées sur les plages des supports peuvent donner des précisions sur les modalités d'utilisation des outils.

Tous les types décrits appartiennent aux outillages de fonds commun qui composent habituellement les séries datées de cette période. Le fragment distal d'une lame de poignard en silex du Grand-Pressigny constitue l'élément le plus remarquable de la production taillée, du fait de la rareté de ces pièces dans les séries méridionales (fig. 2). Les microdenticulés correspondent ici à des outils dits « opportunistes », improvisés sur des supports d'éclats informes, sur des chutes de taille *a priori* destinées au rebut. Les armatures de flèches constituent des types assez répandus au cours du Néolithique final (fig. 3). La pointe de flèche losangique (fig. 1, n° 10) pourrait être comparée à des modèles dits ébauchés ou peu investis techniquement. C'est à la culture de Ferrières*, qui correspond à un faciès culturel développé à l'origine dans la basse et moyenne vallée du Rhône, que peut être rattachée l'armature de flèche tranchante (fig. 1, n° 11 et fig. 3, en bas à gauche), en fonction notamment du mode de retouches bifaciales. D'un point de vue culturel, la série lithique trouve des affinités stylistiques avec les séries de la culture de Fontbouisse, ainsi que des traits typologiques et technologiques communs avec les séries Ferrières qui proviennent des sites de la moyenne vallée du Rhône.

Le Patis 2 est situé sur une haute terrasse de la Valdaine, offrant une large visibilité : de ce fait, une surveillance est possible sur le bassin méridional du Roubion, ainsi que sur celui du Jabron, situé au nord. D'un point de vue spatial et régional, la répartition des gisements archéologiques datés de cette période est similaire et pourrait correspondre à des occupations défensives et/ou de contrôle. Dans ce contexte, la série lithique taillée de ce site indique un approvisionnement en matière première endogène, et donc une certaine autarcie des occupants par rapport à leurs ressources de production ; elle révèle aussi une économie d'échange, comme en témoigne la lame de poignard peut-être diffusée par de petits groupes, suivant des réseaux d'échanges actifs d'Indre-et-Loire jusque dans la Drôme.

Fig. 2. Extrémité d'une lame de poignard du Grand-Pressigny.

Fig. 3. Armatures de flèches.

Il s'agit d'une série homogène correspondant à une occupation de la fin du Néolithique final, aux alentours du milieu ou de la seconde moitié du IIIe millénaire. D'un point de vue typologique, technique et culturel, le corpus de silex taillé du Patis 2 ne trouve pas de correspondant dans la moyenne vallée du Rhône, et constitue donc une série de références dans cette aire géographique.

Sylvie Saintot

Bibliographie

Beeching, Brochier 1994 ; Binder, Gassin 1988 ; D'Anna 1995 ; Gutherz, Jallot 1995 ; Honegger 2001 ; Pétrequin, Chastel, Giligny [*et al.*] 1988 ; Renault 1998 ; Voruz 1995.

L'EXEMPLE DU DISPOSITIF DE FOSSES DU NÉOLITHIQUE FINAL DU SITE DE LA PRAIRIE, CHABRILLAN (DRÔME)

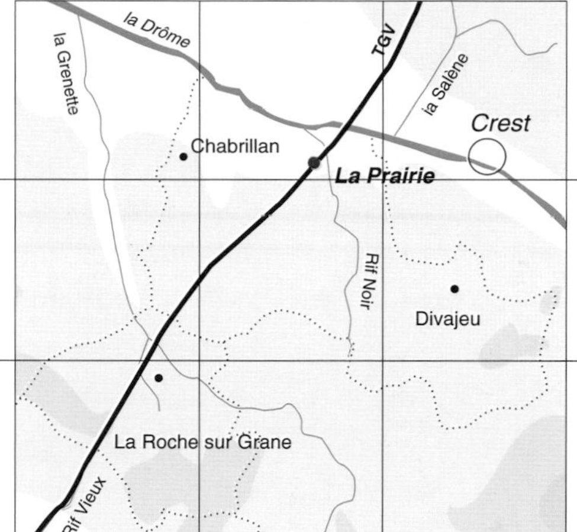

Polissoir et rituel d'extraction ?

Le site de la Prairie a été occupé dès le Néolithique moyen jusqu'à la fin de l'âge du Bronze (Bronze final 2b). D'autre part, quelques indices d'époques gallo-romaine et médiévale y ont été identifiés.

Nous n'évoquerons néanmoins que l'installation du Néolithique final, qui ne correspond pas à un habitat mais à la zone d'extraction d'un bloc de molasse, utilisé comme polissoir de lame de hache. Il s'agit d'une exploitation de matière première, qui se traduit par un aménagement de quatre fosses creusées sur une butte de molasse, c'est-à-dire dans le substrat même des collines du bas Dauphiné.

Le complexe de fosses du Néolithique final

À la périphérie de ces quatre fosses, aucun autre aménagement ou structure n'a été identifié. Parmi ces aménagements en creux, répartis sur une surface de 20 m², trois structures présentent un bord adjacent aux deux autres, alors que la quatrième fosse est excentrée et implantée plus à l'ouest de ce complexe (fig. 1).

La fosse excentrée présente un empierrement aménagé dans la cuvette, composé de petits blocs et disposé en couronne. Au centre, un fragment de crâne de bovidé repose sur un bloc de molasse, proéminent par rapport aux autres.

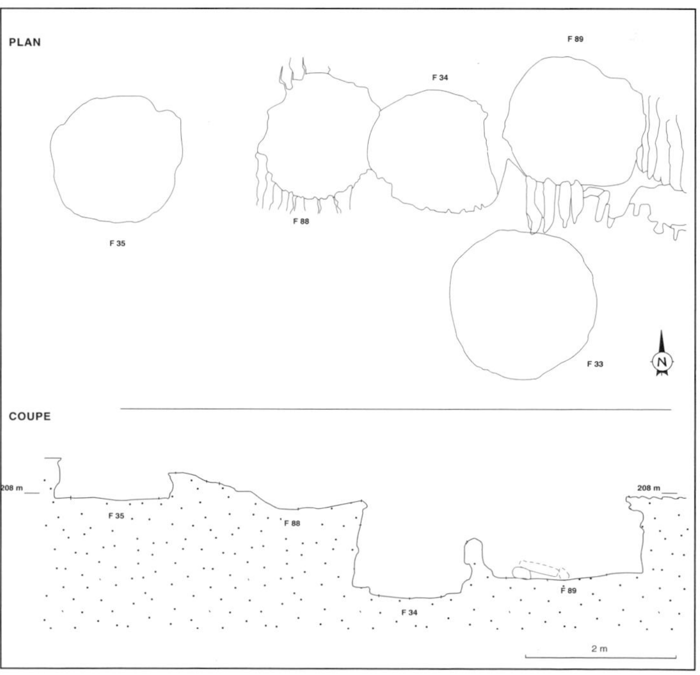

Fig. 1. Plan et coupe des fosses néolithiques. (N. Biard, G. Macabéo)

Fig. 2. Le suidé dégagé à la fouille.

Au sud, la fosse 33 comporte un diverticule ou une lucarne de 25 cm de diamètre, au centre de la paroi adjacente qui débouche sur la fosse 34.

Cette dernière correspond à l'aménagement le plus central et le plus profond ; son profil est en forme d'« encrier ». Le comblement de la fosse a sans doute été assez rapide. À 1,35 m de profondeur, l'inhumation d'un suidé a été dégagée (fig. 2). Celle-ci se présente comme un dôme de pierre qui repose sur le squelette en connexion de l'animal, déposé intentionnellement sur le flanc gauche, orienté est-ouest, le crâne vers l'ouest. Une dizaine de galets de calcaire ont été disposés autour de l'animal afin de le maintenir dans un espace bien circonscrit, de même qu'une sorte de coffre dont les éléments ne sont pas jointifs. À l'ouest, du côté de la tête, deux gros blocs (dont un fragment de meule) sont placés perpendiculairement sur chant de façon à laisser un espace vide du côté du crâne.

Au fond de cette fosse, le dernier creusement a été réalisé dans un banc de molasse induré sur une épaisseur de 15 à 20 cm. Une dalle en roche tendre, de même épaisseur et de même nature pétrographique, a probablement été extraite de ce banc. Après avoir été enlevé de la fosse d'extraction, le bloc de pierre a servi de polissoir à hache avant d'être abandonné dans la fosse contiguë, c'est-à-dire la fosse 89 (fig. 3).

Les bancs de molasse qui affleurent sur le site sont très fins et plus friables que celui qu'on exploitait en profondeur ; ce qui expliquerait le surcreusement de la fosse 34. De plus, la fragilité des parois en molasse et le comblement très rapide de l'excavation induiraient une succession d'actes assez rapides. Enfin, aucun élément organique pouvant témoigner par exemple d'une utilisation de cette structure comme fosse-silo n'a été recueilli, alors que la composition du sédiment le permet, comme l'atteste la présence de graines de céréales dans certaines fosses attribuées au Néolithique moyen.

La fosse 89 présente des bords presque verticaux et sa cuvette est plate. Le remplissage, très peu anthropisé, composé de sables limoneux blanc beige aurait comblé assez rapidement l'excavation. De même que pour la fosse 33, un diverticule circulaire, en forme de lucarne, devait relier cette structure à la fosse 34. Aux deux tiers du remplissage de la cuvette, le polissoir à hache a été déposé intentionnellement, la face active contre le sol suivant un plan légèrement incliné.

Des traces situées à la périphérie des fosses sont imprimées en négatif dans la molasse. Elles sont parallèles ou entrecroisées (fig. 4). Il pourrait s'agir de marques résultant d'un creusement, opéré peut-être à l'aide d'outils en os ou en bois, coudés comme des bâtons à fouir par exemple. Les gestes utilisés pour faire de telles rainures devaient être réguliers et induisent une action répétitive.

Quelques éléments caractéristiques de la culture matérielle : la série céramique, les silex taillés et le polissoir à hache

Le matériel lithique taillé et la céramique constituent un petit ensemble d'artefacts homogène et peu diversifié. En effet, vingt-six formes de vases et soixante-treize silex au total ont été recensés. D'un point de vue chronologique, ce mobilier appartient à la première moitié du Néolithique final[1]. Les composantes culturelles appartiennent à celles qui caractérisent les ensembles de mobilier des groupes néolithiques originaires de la basse et moyenne vallée du Rhône, dont le Jas des Chèvres, Allan (Drôme), l'Abri de la Vessigné, Saint-Marcel-d'Ardèche (Ardèche), et le Patis 2, Montboucher-sur-Jabron (Drôme).

Les dimensions du polissoir en molasse sont de 75 x 68 cm, sur une épaisseur de 14 cm. Il s'agit d'une molasse calcairo-

1. Une datation sur charbon de bois correspond à 2875-2493 avant J.-C. (Tucson, Arizona. AMS. AA25471 CLP F 34).

gréseuse gris beige pouvant correspondre à la partie sommitale du Burdigalien*, qui se présente sous forme de bancs indurés. Sur la face active, trois gorges correspondent aux négatifs de polissage de hache, et les rainures résultent peut-être du polissage d'un matériau autre qu'une roche verte, c'est-à-dire du bois ou de l'os. Il s'agit d'un polissoir fixe ou transportable sur de petites distances par trois ou quatre personnes. Ce type de dalle est surtout connu dans le domaine alpin suisse, ainsi qu'à la périphérie du Bassin parisien.

Mode d'exploitation complexe de matière première ou rituel d'extraction d'un polissoir ?

La présence de traces de creusement, la disposition particulière des fosses les unes par rapport aux autres, le fait que la fosse centrale, la plus profonde, soit vraisemblablement exploitée dans le but d'extraire un bloc d'un banc induré, la présence d'une lucarne entre les bords adjacents des fosses 33 et 34, et probablement, une ouverture similaire entre les fosses 34 et 89, l'inhumation du suidé situé à l'emplacement de l'extraction du polissoir, l'utilisation du bloc de molasse comme polissoir déposé ensuite dans une autre fosse, la face active contre le sol, et enfin le dépôt en promontoire d'un crâne de bovidé dans la structure la plus excentrée : toutes ces observations suggèrent une succession d'actes intentionnels.

Fig. 4. Les traces de rainurage sur la molasse.

Ce complexe de fosses pourrait correspondre à un des modes d'extraction et d'exploitation de bancs de molasse, utilisé pour polir des haches. Il pourrait également représenter un rituel particulier, lié au polissage de hache(s) en roche dure ou à l'utilisation de dalle(s) en roche tendre.

Fig. 3. Polissoir à lame de haches.

Bien entendu, les haches en roche verte polie devaient être façonnées, échangées ou utilisées le long de la vallée du Rhône et sur ses marges depuis le Néolithique ancien. Néanmoins, pour la période de la fin du Néolithique, le polissoir de Chabrillan représente le seul indice en contexte de polissage de lames de haches de ce type.

Sylvie Saintot

Bibliographie

Beeching 1980 ; Beeching, Brochier 1994 ; D'Anna 1995 ; Gutherz, Jallot 1995 ; Thirault, Santallier et Véra 1999 ; Voruz, Nicod et De Ceunick 1995.

LES REILLES D'ARAIRE DE BOURBOUSSON 3, CREST (DRÔME)

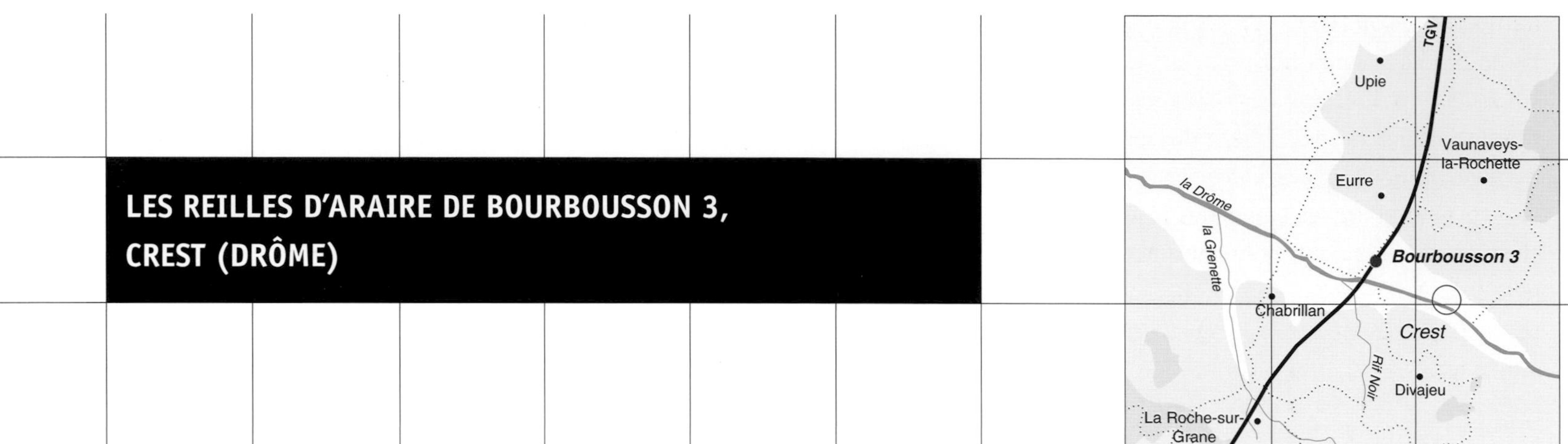

Trois objets en fer, dont une sonnaille, ont été recueillis dans un lambeau de couche correspondant à l'état 3 du bâtiment A. La nature de deux d'entre eux, des reilles en fer (fig. 1), nécessite un commentaire détaillé, tant sur les objets eux-mêmes que sur la signification de leur dépôt. On peut considérer que l'enfouissement de cet ensemble a eu lieu dans le courant du Ve siècle après J.-C.

Les deux reilles de Bourbousson 3 comptent parmi les plus gros objets en fer qui nous soient parvenus de l'Antiquité. Leurs dimensions en font non seulement des objets rares dans les fouilles (la plupart des pièces de cette taille ayant fait l'objet d'une récupération ultérieure), mais également des témoins privilégiés d'au moins deux aspects de la culture rurale : la technique de forge et l'évolution des pratiques culturales, notamment le labour, entre l'Antiquité et le Moyen Âge.

Typologie et parallèles

Remarquablement bien conservées, les deux reilles d'araire de Bourbousson 3 ont pu être étudiées avant tout nettoyage en laboratoire.

La taille des reilles de Bourbousson 3, de même que leur masse (avant restauration : 46 cm, 3 kg ; 62 cm, 3,25 kg) est comparable à celle des objets de même nature, dont la longueur peut atteindre 92 cm. Chaque reille a été apparemment forgée d'un seul tenant.

La reille, qui consiste en un soc triangulaire ou losangique, prolongé par une tige plus ou moins longue, forme une classe à part au sein des socs d'araires. Sa particularité consiste dans le mode de fixation du soc au bras de l'araire : non plus enveloppant, comme dans les socs à douille connus depuis l'âge du Fer et durant tout le début de l'Antiquité – mais se prolongeant désormais sur ce bras et le renforçant grâce à plusieurs points de fixation liant étroitement la reille au sep.

La forme du soc, lancéolée, prolongée par une languette plus ou moins développée, n'a donc rien d'original : elle existe déjà sur plusieurs exemples très anciens et quelques autres datés du Haut-Empire, comme à Bregenz, Wilzhofen, Saalburg ou Aquincum. La plupart de ces socs sont cependant mal datés et ne peuvent être utilisés comme jalons chronologiques sûrs. Le modèle réduit de Cologne, qui illustre le montage de la reille antique sur son araire, est néanmoins datable de l'époque romaine (fig. 2).

Alors que des reilles très anciennes, en bois et en fer, sont signalées en Scandinavie et sur plusieurs sites d'Europe du Nord, les objets retrouvés dans quelques dépôts continentaux sont plus tardifs, entre le IVe et le VIe siècle, voire au-delà. En Allemagne, des reilles comparables à celles de Bourbousson 3 se rencontrent notamment dans les dépôts de Waldfischbach et Zweibrücken.

Les reilles antiques parvenues jusqu'à nous peuvent être classées par la largeur ou le contour de leur palette ; si les reilles à palette large sont adaptées à des terrains meubles et légers, il est indéniable que le contour du soc proprement dit est modifié par l'usure. On ne peut donc guère se fier qu'à la largeur de la palette pour connaître le type d'une reille, quel que soit son degré d'usure (fig. 3).

Avec leurs palettes larges de 9,2 et 9,3 cm, les deux reilles de Bourbousson 3 sont donc remarquablement étroites : cette caractéristique est bien adaptée aux sols caillouteux des terrasses alluviales rhodaniennes. Proches de celles de Crest, mais avec des variantes, citons les reilles suivantes, trouvées en Gaule : celle de Banon (Alpes de Haute-Provence), longue de 60 cm, a une tête trapue comme les reilles de Belmonte en Italie ; celle de Maclaunay (Marne), longue de 48 cm, a des épaulements obliques, tout comme celle de Thoraise (Doubs), longue de 92 cm, dont la tige courbe indique peut-être un autre montage (manche-sep ?).

Les reilles dans l'histoire du labour

La caractéristique de la reille, ce qui la distingue clairement des modèles antérieurs, est notamment son mode de fixation :

Fig. 1. Reilles d'araire en fer de Bourbousson 3, Crest (Drôme).

n'étant plus solidement fixée à l'extrémité de l'araire, la reille y est simplement ligaturée par de forts anneaux. Sa position peut donc être réglée avec précision par le laboureur, et éventuellement modifiée en cas de besoin. Loin de constituer un inconvénient, cette relative mobilité permet d'incliner le soc d'un côté ou de l'autre, et donc d'obtenir dans certains cas un rejet latéral de la terre du sillon, comme ce sera le cas, beaucoup plus nettement il est vrai, avec le soc de charrue asymétrique. Certains auteurs ont donc proposé de voir dans la reille un chaînon direct entre l'araire et la charrue, une sorte de préfiguration du soc à versoir.

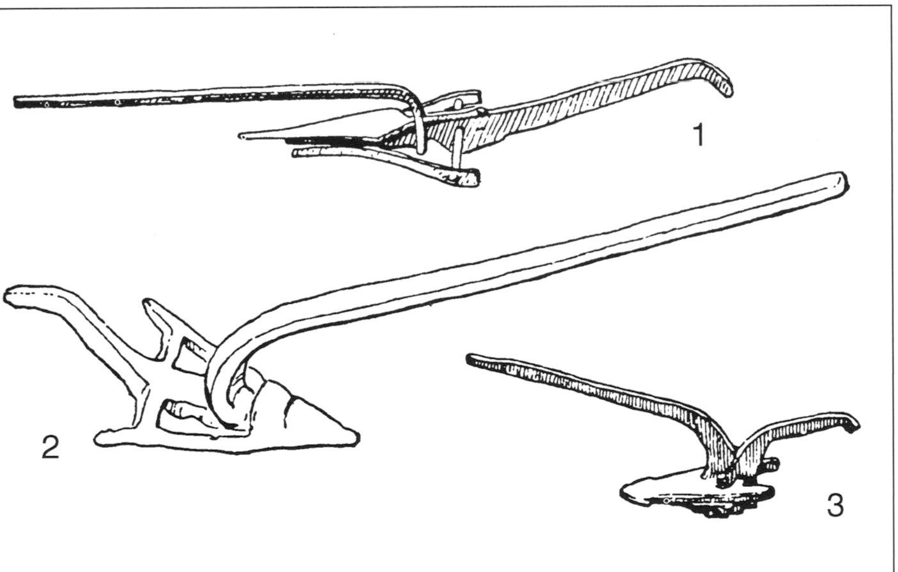

Fig. 2. Modèles réduits antiques de différents types d'araires: 1, à reille (Cologne, L. env. 13,5 cm); 2 (provenance inconnue); 3 (Sussex, L. 9 cm). (Dessin A. Ferdière)

Il est donc intéressant d'observer si nos deux socs ont été utilisés en position strictement horizontale, ou au contraire plus ou moins oblique. Malheureusement, ces deux reilles étaient relativement neuves au moment de leur enfouissement, comme le prouvent les bords parallèles de leurs palettes. De plus, il s'agit de pièces démontables, dont l'avers et le revers sont strictement symétriques. Rien ne permet donc de penser que l'agriculteur, conscient de l'usure déséquilibrée que pouvait entraîner un montage oblique, ne compensait pas cet inconvénient en retournant soigneusement la reille à chaque remontage. Malgré ces aléas, on observe sur les extrémités de nos deux reilles une asymétrie réduite, qui prouve au moins un montage non strictement axial.

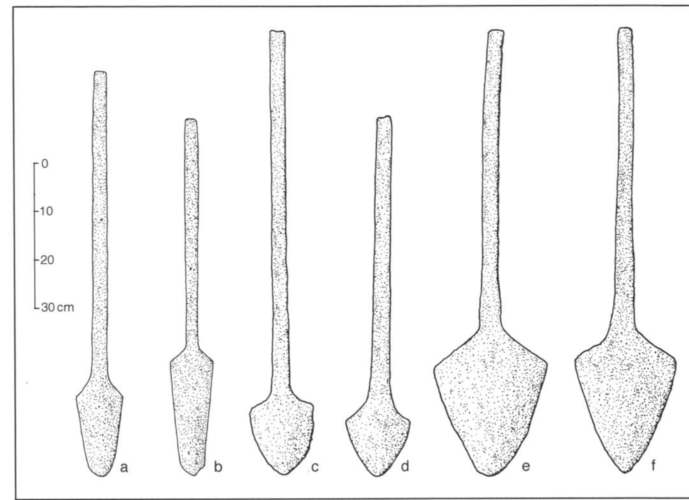

Fig. 3. Comparaison des reilles de Bourbousson 3 (a, b) avec les reilles de Belmonte en Italie (c-f). (Dessin M. Feugère)

Il reste certainement beaucoup à faire, notamment du point de vue de la typologie et de l'évolution précise des formes d'araires et de leur montage. Dans ce contexte, la découverte des deux reilles de Bourbousson 3, parfaitement conservées au moment de leur sortie du sol, joue un rôle important, à la fois pour la connaissance des outils eux-mêmes et pour l'histoire des pratiques agraires en Gaule du Sud.

Michel Feugère

Bibliographie

Behrens 1933; Ferdière 1988; Forni 1983; Haudricourt, Jean-Brunhes-Delamarre 1955; Mauné, Feugère 1999; Menis 1990; Pohanka 1986; Rees 1979; Sprater 1929.

L'ENSEMBLE MONÉTAIRE DU SECTEUR 13 DE BOURBOUSSON 3, CREST (DRÔME) : UN DÉPÔT CULTUEL ?

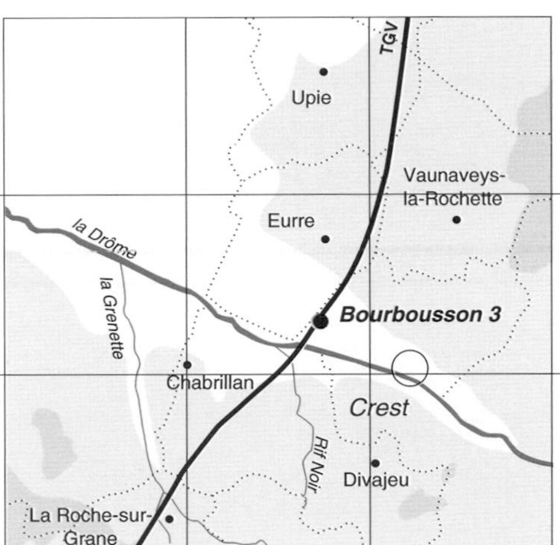

Sur ce site ont été recueillies cinq cent quatre-vingt-seize monnaies romaines. Toutes sont des monnaies de billon* et de bronze, le petit numéraire servant aux échanges quotidiens, exception faite de deux rares monnaies d'argent au nom de l'empereur Magnence, frappées à Lyon en 351-352 après J.-C. (fig. 1).

Fig. 1. Monnaie en argent de Magnence. A/ Buste drapé à droite, tête nue. R/ Victoire à gauche tenant couronne et trophée.

Les monnaies sont généralement en très piètre état de conservation ; la moisson numismatique doit être ramenée à quatre cent quarante-cinq monnaies identifiables, soit 75 % du lot d'origine.

L'ensemble du numéraire fourni par le site se répartit en trois ensembles bien distincts :

- un premier lot de 9 monnaies recueillies au sud du bâtiment B, dans le secteur 18, peut être assimilé à une petite bourse, perdue ou déposée volontairement (fig. 2).

- un deuxième lot, issu des couches d'occupation des bâtiments B (16 monnaies) et A (231 monnaies) permet d'évaluer la chronologie du site.

- enfin, le troisième ensemble composé de 329 monnaies, toutes concentrées dans une zone restreinte à l'ouest du bâtiment B (secteur 13) et déposées autour d'un bloc carré de molasse, peut être appréhendé comme un dépôt votif, lié probablement à la présence à cet endroit d'une divinité topique, ou à la matérialisation d'un lieu sacré (fig. 3).

La fouille stratigraphique fine du secteur 13 a mis en évidence quatre phases chronologiques :

- le niveau le plus ancien, qui précède la mise en place du bloc de pierre, n'est pas antérieur à la seconde moitié du IVe siècle après J.-C.

- les phases suivantes, qui recèlent 88 % des monnaies, révèlent des pics de concentration chronologique allant du milieu à la fin du IVe siècle. En outre, on relève dans ces niveaux stratigraphiques un nombre croissant de petits Aes 4 indéterminés, ce qui en repousse le *terminus ad quem* jusqu'au Ve siècle.

Fig. 2. Bronzes du IIe siècle après J.-C. constituant probablement le contenu d'une bourse.

Ce pauvre monnayage, des rondelles métalliques à peine empreintes d'environ 1 g et d'un module d'environ 12 mm, a été fabriqué localement, à l'imitation des dernières séries de bronze émises par les ateliers monétaires gaulois avant leur fermeture au début du Ve siècle. Son usage perdura pendant le Ve siècle, faute de frappes neuves pour le remplacer dans les petites transactions journalières. Fait significatif, le niveau stratigraphique supérieur, l'US 101, qui en contient la plus grande proportion, a fourni de même la monnaie la plus tardive du secteur 13 (et du site de Bourbousson dans son ensemble), un exemplaire au nom de Léon datable du troisième quart du Ve siècle et provenant du lointain atelier monétaire d'Alexandrie.

Si la monnaie fraîchement frappée ne parvient plus sur notre site, il n'en continue pas moins de vivre, et les échanges économiques de s'effectuer sous les espèces d'un numéraire ancien et d'une petite monnaie d'imitation.

Vocation marchande et/ou cultuelle ?

La nature exacte du dépôt monétaire du secteur 13 de Bourbousson 3 reste énigmatique. La présence d'un nombre aussi important de monnaies, couvrant une large fourchette chronologique et jonchant le sol autour d'un bloc de pierre cubique, avec une concentration maximale dans un rayon inférieur à 1 m, ne peut guère laisser place au doute : nous nous trouvons devant l'éparpillement d'une tirelire. La localisation du site en bordure de voie, et la vocation artisanale, ou peut-être même hôtelière, du bâtiment A peut faire songer à l'encaisse d'un de ces innombrables péages, ou octrois, qui s'égrenaient au long des itinéraires commerciaux antiques.

Fig. 3. Vue du secteur 13 décapé.

L'autre hypothèse, et celle que nous privilégions, est celle d'un dépôt votif, résultat de la collecte d'offrandes, de *stipes**, sur un site de caractère cultuel. En revanche, la nature du culte rendu et ses modalités demeurent mystérieuses, mais n'est-ce pas le cas de la majorité des sanctuaires de tradition indigène en Gaule méridionale ? Bien des espaces cultuels ne comportent pas de structures bâties lorsqu'ils sont implantés dans des sites naturels remarquables ; de nombreux autres sanctuaires ne se signalent que par des bâtiments extrêmement modestes, petits temples (*fana*), voire simples chapelles (*cellae*) entourées d'une enceinte ; certains sanctuaires peuvent parfois n'avoir pas été reconnus ou identifiés, et ne peuvent être repérés qu'indirectement – ce qui semble le cas de Bourbousson 3 – par la présence d'autres bâtiments, qu'on peut mettre en relation avec eux, mais dont la fonction n'est pas à proprement parler cultuelle. Sur ce point, il faut souligner en outre que le secteur 13 se trouve à la limite nord de la fouille, directement en bordure de la route D 93 : on ne peut exclure que l'emprise de la fouille n'ait pas permis de reconnaître l'édifice, petit temple ou simple chapelle, dont dépendait le tronc d'offrandes d'où proviennent les 329 monnaies recueillies. En effet, ce que l'on sait de l'emplacement des *thesauri* antiques, ces troncs destinés à recevoir les offrandes monétaires des fidèles ou les taxes rituelles, montre qu'ils sont installés le plus près possible du temple et de l'espace sacré d'alentour, mais sans y être englobés.

Peut-on parler d'ailleurs de tronc d'offrandes ? Le centre du périmètre où se trouvent concentrées les monnaies est constitué par le bloc de molasse cubique, qui a pu fournir la base de ce tronc. Le bloc, réemployé, a été mis en place et calé afin d'offrir une surface horizontale. Il ne porte pas de trace de réaménagement sur sa face supérieure, ni d'évidement. Il faut donc supposer qu'il servait simplement de base à une cassette qu'on ouvrait régulièrement pour la vider [1].

1. Il n'appartient donc pas aux types de *thesauri* les plus facilement identifiables comme tels d'un point de vue archéologique, ceux qui ont été clairement aménagés pour servir de troncs, les *thesauri* pourvus d'une profonde cavité, sans doute fermée par un couvercle de métal muni d'un cadenas, ou les *thesauri*, beaucoup plus inviolables, composés de deux blocs de pierre jointifs ménageant un creux interne auquel une fente donne accès. Voir Catalli, Scheid 1994, p. 59-61.

Dans la typologie des sanctuaires de tradition indigène établie par G. Barruol, Bourbousson 3 pourrait, si sa fonction cultuelle est confirmée, être classé dans les sanctuaires « établis en bordure de voie attestée » et rejoindre dans cette catégorie, pour la région Rhône-Alpes, les exemples mieux connus que sont les sites savoyards de Viuz-Faverges, Gilly, Séez, le site de Vienne et le site ardéchois du Roux.

Sylviane Estiot

Bibliographie

Barruol 1994 ; Catalli, Scheid 1994.

LES PRODUCTIONS CÉRAMIQUES GRISES KAOLINITIQUES VOCONCES SUR LE TRACÉ DRÔMOIS DU TGV MÉDITERRANÉE

Sept établissements ruraux gallo-romains et une nécropole ont permis de recueillir une quantité significative de céramiques régionales, dont de nombreux vases à pâte grise kaolinitique. Excepté un petit lot augustéen du site de Saint-Martin 1 à Chabrillan (Drôme), l'étude, basée sur trois cents vases, porte sur le mobilier provenant d'établissements ruraux dont l'activité est florissante entre la fin du IIe siècle et le Ve siècle après J.-C. (fig. 1).

Le premier atelier de céramique kaolinitique est découvert en 1968 à Dieulefit (Drôme), mais il faut attendre 1977 pour que Christian Goudineau publie les céramiques kaolinitiques de la Maison du Dauphin à Vaison-La-Romaine (Vaucluse) ; en 1978 a lieu la publication des dépotoirs de Dieulefit.

Les surfaces de ces céramiques varient du gris clair à l'anthracite et peuvent parfois s'enrichir de reflets bleuâtres. Elles sont en fait réalisées en pâte kaolinitique et sont, le plus souvent, cuites puis refroidies en atmosphère réductrice et présentent de ce fait une couleur grise.

Dieulefit reste encore aujourd'hui l'un des rares centres producteurs de céramique kaolinitique connus dans la région, avec l'atelier de La Répara (Drôme) et celui de Bollène (Vaucluse).

Cette céramique de cuisine offre des formes variées bien représentées dans les sites archéologique du TGV Méditerranée : pots à cuire, bouilloires, jattes, marmites, plats à cuire et couvercles en constituent les éléments de base (fig. 2).

La kaolinite, un matériau de choix

La céramique kaolinitique est une production céramique qui se distingue des autres productions par la composition minéralogique de l'argile avec laquelle elle est façonnée. Cette argile siliceuse non calcaire contient en abondance un minéral argileux, la kaolinite, qui lui confère des propriétés particulières.

Outre la réelle abondance de l'argile kaolinitique sur le territoire gaulois, sa qualité réfractaire peut expliquer le succès que connurent à partir du changement d'ère les productions en pâte kaolinitique. Les argiles de nature kaolinitique sont en effet des argiles qui supportent sans déformations des températures de cuisson élevées. Par ailleurs, et en ce qui concerne le produit céramique une fois cuit, il faut souligner que les céramiques façonnées avec des argiles de nature kaolinitique sont particulièrement capables de résister à de grands écarts thermiques.

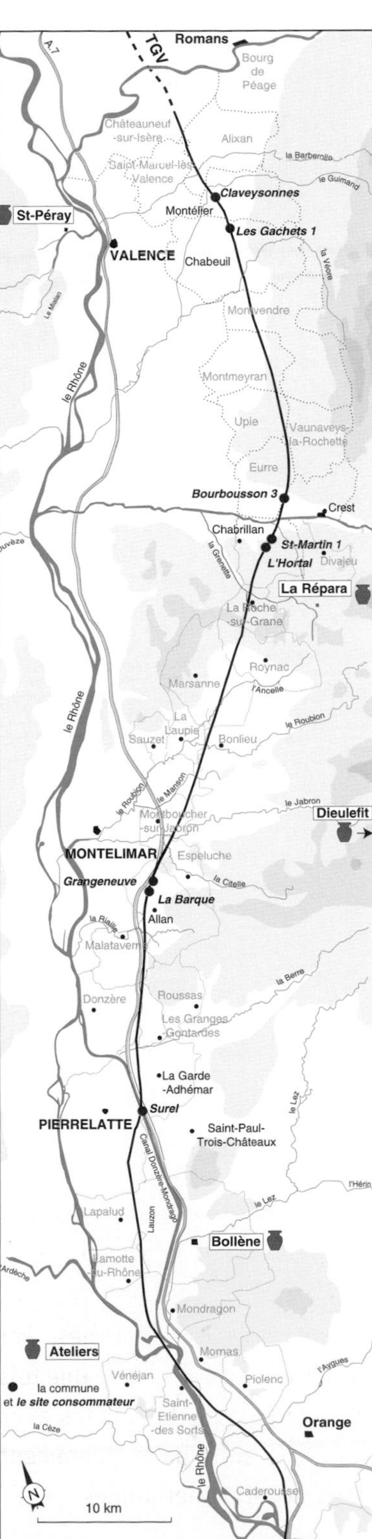

Fig. 1. Localisation des sites consommateurs et des principaux ateliers. (C. Bonnet, G. Macabéo)

Posées sur une source de chaleur importante, les céramiques kaolinitiques se dilatent généralement assez peu. Or, on constate que l'élaboration de ces céramiques connaît une transformation considérable à partir du changement d'ère. En effet, dès le début du Ier siècle après J.-C., les potiers gaulois de Narbonnaise exploitent intentionnellement cette argile particulière.

Fig. 2. Cruche monoansée, petit pot à cuire, couvercle, marmite à collerette, plat à cuire.

Les potiers qui disposaient d'argiles kaolinitiques se sont rendu compte qu'ils pouvaient se dispenser de rajouter du dégraissant dans la pâte, et qu'ils pouvaient augmenter la température de cuisson des céramiques (entre 900° et 1 000° C) sans que leur qualité de résistance aux écarts thermiques en soit affectée, en raison de leur qualité réfractaire et de la présence d'un dégraissant naturel fin. En augmentant cette température de cuisson, ils augmentaient par ailleurs la résistance aux chocs mécaniques, ce qui permettait de réduire l'épaisseur des parois des objets, à deux ou trois millimètres bien souvent. Ils sont donc parvenus à réaliser un produit résistant à la fois aux écarts de température et aux chocs mécaniques, tout en étant léger.

Des tests ont été effectués sur un échantillon de céramique kaolinitique voconce* du site de Bourbousson 3, Crest (Drôme), daté du IIIe siècle après J.-C. Après les écarts thermiques imposés, c'est-à-dire depuis 50° C jusqu'à 220° C, ce matériau n'affiche qu'un endommagement minime, car son module élastique ne varie pas.

Une céramique presque exclusivement régionale

L'étude des céramiques kaolinitiques voconces a permis de mettre en évidence une très forte concentration de produits kaolinitiques dans les habitats de la région de Crest proches de l'atelier de La Répara. En revanche, les habitants du territoire tricastin ne privilégient pas les céramiques kaolinitiques et achètent tout autant de produits à pâte siliceuse rouge. Au nord du département de la Drôme, près de Valence, le marché des céramiques culinaires offre encore une image différente avec une majorité de pâte grise siliceuse non kaolinitique à Chabeuil au IIIe siècle, et une prédominance de pâte rouge siliceuse à Claveysonnes au IVe siècle. Les produits à pâte kaolinitique ne représentent plus qu'un très faible pourcentage de la céramique culinaire, probablement concurrencée fortement par des ateliers de proximité comme ceux de Saint-Péray (Ardèche), utilisant des argiles siliceuses.

La céramique kaolinitique voconce, malgré ses qualités intrinsèques, fait essentiellement l'objet d'un commerce régional, voire de proximité. La limite nord de diffusion de ces produits se situe autour de Valence. À quelques exceptions près, seules les bouilloires ont peut-être été exportées vers le nord jusqu'à Lyon et ont pu vraisemblablement franchir les frontières gauloises vers l'Italie.

La céramique kaolinitique voconce est une production qui nous permettra certainement de faire l'étude de l'évolution technique qui semble survenir au changement d'ère dans la moyenne vallée du Rhône. Il est important aujourd'hui de comprendre l'émergence de la céramique culinaire de qualité, et en particulier la façon dont s'est développée l'utilisation des argiles kaolinitiques : ce pourrait être un des moteurs de l'essor de l'artisanat céramique à l'époque médiévale, rendant possible dans un premier temps le développement des grès, puis celui de la porcelaine à l'époque moderne.

Christine Bonnet, Cécile Batigne-Vallet

Bibliographie

Alcamo 1986 ; Goudineau 1977 ; Goudineau, Gras 1978 ; Millot 1964 ; Picon 1997.

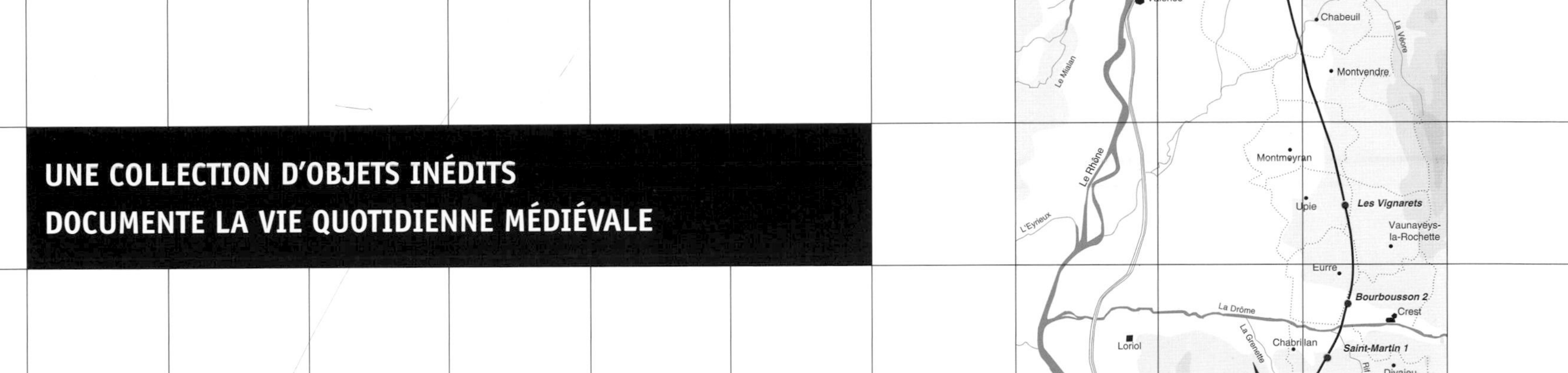

UNE COLLECTION D'OBJETS INÉDITS DOCUMENTE LA VIE QUOTIDIENNE MÉDIÉVALE

Une collection de référence

Cinq sites drômois de la moyenne vallée du Rhône fouillés à l'occasion de la création de la ligne TGV Méditerranée ont livré une collection de quatre-vingt-trois objets médiévaux : Beaume, Châteauneuf-sur-Isère ; Les Vignarets, Upie ; Bourbousson 2, Crest ; Saint-Martin 1, Chabrillan ; et Constantin, Montboucher-sur-Jabron.

Ils viennent s'ajouter aux multiples céramiques, monnaies et autres verres mis au jour sur ces mêmes sites pour offrir un éclairage relativement complet sur les modes de vie des hommes et des femmes de cette région au Moyen Âge.

Ces découvertes sont importantes puisque c'est la première fois qu'est publié un lot aussi diversifié d'artefacts drômois de cette époque. Jusqu'alors les rares objets médiévaux présentés étaient le plus souvent isolés (boucle dans une sépulture) ou coupés de leur contexte archéologique (découverte fortuite dans un champ ou à l'occasion de travaux).

Nous présentons donc aujourd'hui une collection suffisamment importante et variée pour servir dans l'avenir de référence locale à d'autres découvertes éventuelles, ou pour compléter les références proches (fouilles de l'habitat déserté de Rougiers (Var), ou fouilles urbaines lyonnaises par exemple).

Une collection variée

Le tableau ci-contre (fig. 1) permet d'illustrer aisément la diversité des domaines représentés ainsi que la répartition de chacun de ces domaines par site.

Certains domaines sont marginaux :

- Le cultuel n'est représenté que par une petite croix pattée en plomb : rien d'étonnant à cette faiblesse, puisque aucun espace fouillé ne semble avoir été un espace de culte (fig. 2).

- La toilette n'est perceptible qu'au travers d'un cure-oreille en os : les objets de toilette sont souvent en matériau périssable, notamment en tabletterie* qui ne résiste pas toujours très bien au temps.

- Le mobilier domestique : trois éléments en fer, charnières ou bordures de récipients, répartis sur trois sites, illustrent la rareté du mobilier partout observée dans les établissements ruraux médiévaux.

- L'attelage et le harnachement : quatre fers d'équidés plus ou moins complets, et un étrier sont répartis sur trois sites.

Deux autres domaines sont mieux représentés :

- La construction, ou plutôt l'huisserie, avec sept clés, une plaque de serrure et quatre pentures. Ces objets en fer, extrêmement fréquents sur les sites d'habitats médiévaux,

Site	Beaume	Vignarets	Bourbousson 2	Saint-Martin 1	Constantin	Total
Attelage	2	0	0	1	2	5 unités 6 %
Construction	9	0	0	2	1	12 unités 14,5 %
Cultuel	0	0	0	0	1	1 unité 1,2 %
Mobilier domestique	1	1	0	1	0	3 unités 3,6 %
Outillage	4	3	7	17	6	37 unités 44,6 %
Parure	5	2	4	1	0	12 unités 14,5 %
Toilette	0	0	0	1	0	1 unité 1,2 %
Indéterminé	3	0	4	4	1	12 unités 14,5 %
Total	**24 unités**	**6 unités**	**15 unités**	**27 unités**	**11 unités**	

Fig. 1. Répartition, en nombre d'objets, des domaines de la vie quotidienne par site.

sont cependant concentrés, pour neuf d'entre eux, sur le même site de Beaume.

- La parure : peu de bijoux ont été exhumés. Ils sont tous en alliage cuivreux : un bracelet enroulé à Saint-Martin 1, un bracelet rubané* à Bourbousson 2 et un simple anneau à Beaume. Ce dernier site a également livré des éléments liés au vêtement, soit quatre boucles de courroie ou de ceinture en fer et une paillette en alliage cuivreux, destinée à être cousue pour l'ornement d'un vêtement. Bourbousson 2 et Les Vignarets présentent également trois agrafes à double crochet, objets jusqu'alors considérés comme typiques de la première moitié du Moyen Âge et un peu tardifs ici. Elles servaient à fixer le vêtement au niveau des épaules. Très fréquemment retrouvées en contexte funéraire, elles sont beaucoup moins fréquentes dans des sites d'habitat. Les deux mêmes sites ont enfin livré chacun une boucle d'habillement, en fer ou en alliage cuivreux.

Parmi les douze objets classés comme indéterminés, c'est-à-dire dont la forme ou l'état de conservation ne permet pas de reconnaître avec certitude leur fonction, certains appartiennent

Fig. 2. Croix pattée en plomb et cristal de roche, site de Constantin, Montboucher-sur-Jabron (Drôme).

sans doute aux catégories précédentes, mais surtout à la plus représentée, l'outillage, qui comprend près de 45 % des objets exhumés.

Ces outils sont suffisamment nombreux pour permettre une véritable restitution des activités humaines :

- élevage d'animaux (sonnailles), tonte (forces) (fig. 3), préparation de la laine (fusaïoles), tissage (pesons) ;
- travail de la terre (houes, serpettes) (fig. 4) ;
- travail du bois (gouges, poinçons) (fig. 5) ;
- puisage et transport de l'eau, du grain, etc. (esses, crémaillères) ;
- entretien de l'outillage (pierres à aiguiser).

Un tableau (fig. 6) permet de les détailler, mais aussi de constater la très forte, et très logique, prédominance des lames en tout genre, des poinçons et des burins. En revanche, la disparition des matériaux organiques modifie certainement notre perception de l'outillage médiéval, supprimant les manches et rendant ainsi certaines parties métalliques isolées difficiles à interpréter en l'état, ou faisant disparaître complètement certains outils, comme par exemple les maillets.

Autre caractéristique mise en évidence par ce tableau : seul le site de Saint-Martin 1 présente des objets dans chaque type d'outillage, suggérant ainsi des activités économiques diversifiées.

Un matériau privilégié : le fer

Sur les quatre-vingt-trois objets présentés précédemment, cinquante-neuf, soit plus de 70 %, sont en fer.

Cette prépondérance d'un matériau, même si elle est logique pour ces occupations rurales où l'essentiel des artefacts est habituellement lié à l'outillage et à l'huisserie, conduit à s'interroger sur le lien entre la fabrication de ces objets et leurs contextes de découverte.

Si l'unique déchet de tabletterie trouvé à Saint-Martin 1 est bien loin, en effet, de permettre de plaider pour une production locale, il semblerait logique en revanche que la permanence de ces objets de fer sur ces sites médiévaux requièrent, sinon des forges de fabrication systématiques, au moins des activités de maintenance de leur état de fonctionnement.

Or, trois habitats ruraux ayant livré des objets du quotidien, Saint-Martin 1, Les Vignarets et Bourbousson 2, présentent des vestiges d'ateliers de transformation ou de réparation

Fig. 3. Forces et sonnaille, sites de Saint-Martin 1, Chabrillan, et de Constantin, Montboucher-sur-Jabron (Drôme).

Fig. 4. Petite houe, serpette, sites de Bourbousson 2, Crest, et de Beaume, Châteauneuf-sur-Isère (Drôme).

Fig. 5. Gouges, burin, sites de Constantin, Montboucher-sur-Jabron, et des Vignarets, Upie (Drôme).

« métallurgiques ». En effet, aucun élément lié à la production primaire (extraction de minerai, fourneaux de réduction de ce même minerai) n'a été mis en évidence sur ces sites, mais plutôt des témoins du travail de forgeage (battitures*, scories, foyers, etc.).

L'absence de pièces jetées en cours d'élaboration, fréquentes aux alentours des véritables forges de fabrication, plaide davantage pour des ateliers « domestiques » d'entretien ou de petite fabrication (clous par exemple) que de production véritable. Le site de Bourbousson 2 nous offre sans doute une représentation assez complète de ce type d'atelier au Moyen Âge.

Magali Rolland

	Beaume	Vignarets	Bourbousson 2	Saint-Martin 1	Constantin	Total
Aiguiser				2 pierres		2
Assembler		1 clou		2 clous		3
Couper	1 lame courbe	1 lame	3 lames	4 lames	1 lame (coutelas)	10
Graver/sculpter		1 burin	1 poinçon	1 ciseau	1 poinçon	
				1 stylet	2 gouges	
				1 poinçon		8
Produire/fabriquer				1 déchet de tabletterie		1
S'occuper des animaux				1 paire de forces	1 sonnaille	2
Suspendre/puiser	2 esses		2 crémaillères			4
Tisser/coudre				3 fusaïoles	1 peson	4
Travailler la terre	1 serpette		1 houe	1 serpette		3
Total	**4**	**3**	**7**	**17**	**6**	**37**

Fig. 6 Répartition de l'outillage par thème.

UNE FORGE AUTOUR DE L'AN MIL : BOURBOUSSON 2, CREST (DRÔME)

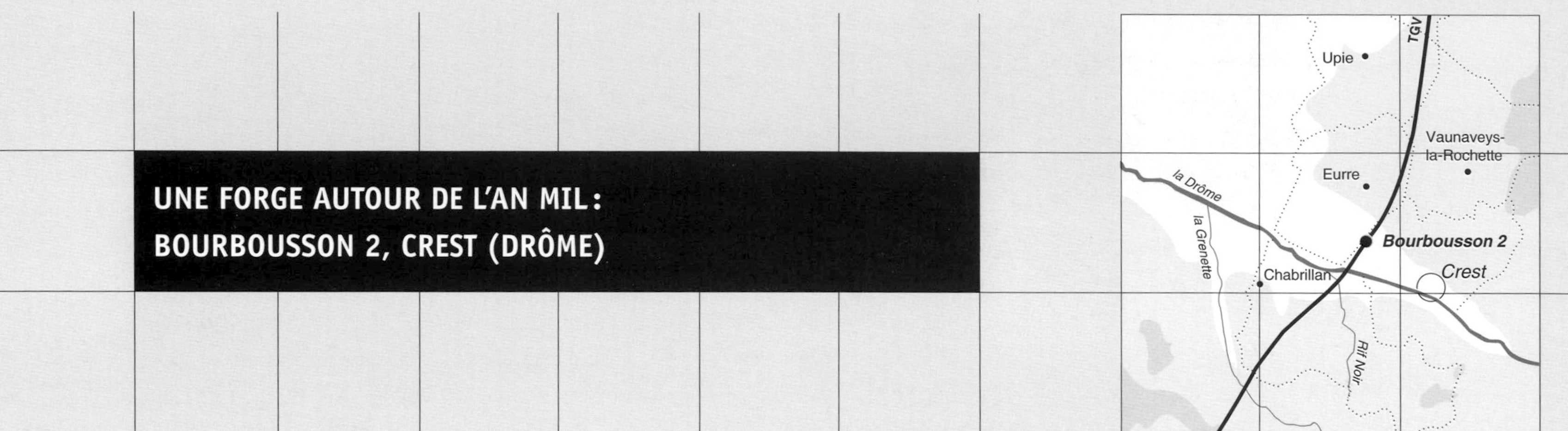

Un site à vocation artisanale

L'établissement médiéval de Bourbousson 2, sur la commune de Crest, est localisé entre les sites Hallstattien de Bourbousson 1 au nord, et antique de Bourbousson 3 au sud. L'un des intérêts du site est d'illustrer la période transitoire entre le haut et le bas Moyen Âge, dans un secteur jusqu'alors totalement méconnu.

Le mobilier céramique issu de la fouille a permis d'associer toutes les structures mises au jour à une même occupation qui eut, semble-t-il, une durée de vie assez courte (X^e^-XIe siècles après J.-C.). Elles comprenaient un premier corps de bâtiments regroupant une petite forge et un édifice dont la vocation reste incertaine, mais pourrait être également liée à une activité artisanale. Ces deux édifices sont situés en bordure de la route départementale 93, qui pérennise le tracé d'une ancienne voie dont l'origine remonterait à l'Antiquité. Une troisième construction, située légèrement en retrait à une dizaine de mètres des deux premières, semble en revanche correspondre à un habitat.

Le site est implanté en contexte rural, sur des terres facilement accessibles et bien irriguées, donc favorables à la pratique d'activités agricoles. Cependant, bien qu'habitat et forge soient des éléments présents dans les exploitations paysannes médiévales, les vestiges mis au jour à Bourbousson 2 ne renvoient pas directement à une activité agraire. Le site étant totalement inclus dans l'emprise de la fouille, l'absence d'éléments évoquant une vocation agricole (enclos à bétail, fosses-silos, etc.) paraît ici correspondre à une réalité. Il n'est pas impossible que nous soyons en présence d'un établissement d'entretien et de réparation de l'outillage qui ne fonctionne pas pour lui-même, mais pour des exploitations environnantes.

L'atelier de forge de Bourbousson

La forge de Bourbousson 2 se présente comme une petite construction rectangulaire de 13 m², non fermée à l'est (fig. 1). La présence de très nombreuses scories de fer dans tous les niveaux d'occupation situés dans cette construction ou à proximité ne laisse aucun doute quant à son interprétation. Ces scories présentent une morphologie et une composition caractéristiques de culots de forges, issus d'un travail du fer, et non de sa fabrication (le travail réalisé à Bourbousson 2 était du forgeage, et non de la réduction ou de l'affinage).

Les aménagements mis en évidence à l'intérieur de la salle permettent de restituer de manière assez précise l'organisation de l'atelier.

Ils se composent d'abord d'un foyer destiné à la chauffe du métal, préalablement au travail de martelage. À Bourbousson 2, ce foyer était de forme ovale et de facture assez modeste, puisque simplement creusé dans le sol. Localisé dans l'angle nord-ouest de la forge, ce foyer présente des dimensions restreintes (1,85 x 1,24 m pour 25 cm de profondeur), mais assez classiques pour ce type de structures. Lors de la fouille, la fosse-foyer était comblée d'un agglomérat de scories qui conservaient l'empreinte d'un récipient de type creuset (fig. 2). Les parois du foyer ne présentaient qu'une faible rubéfaction, ce qui induit des curages répétés de la fosse lors de ses multiples utilisations.

Le sol de la pièce, composé de terre battue, était jonché de scories, charbons de bois et cendres, présentes sur l'ensemble de la forge, mais également devant son entrée.

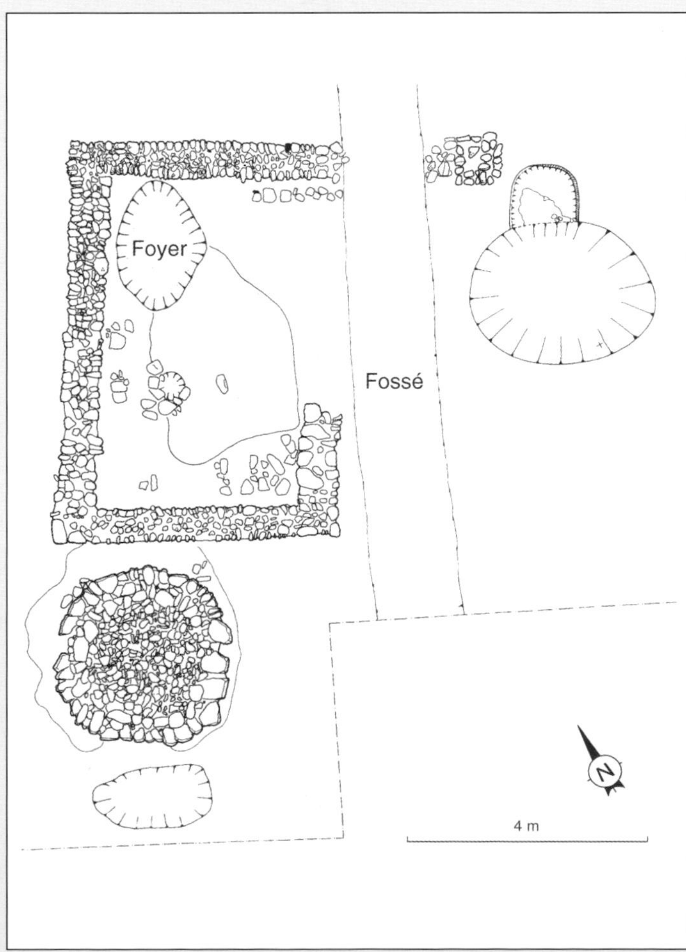

Fig. 1. Plan de la forge. (D. Baheu, V. Bastard)

Il faut souligner que cette particularité a pu être observée maintes fois sur des sites comparables, les forgerons se contentant souvent de rejeter leurs déchets autour d'eux, ou devant la porte de l'atelier.

Fig. 2. Scories en place dans le fond de la fosse-foyer.

À Bourbousson 2, ces rejets étaient particulièrement concentrés dans la partie centrale de la forge, directement au sud-est du foyer, et autour d'un puissant poteau circulaire de 40 cm de diamètre. Il est probable que ce poteau marque l'emplacement de l'enclume de la forge, qui serait donc constituée ici d'un billot massif de bois supportant à l'origine, vraisemblablement, une pièce métallique. Cette hypothèse est renforcée par la proximité du poteau et du foyer (le martelage devant toujours suivre de peu la chauffe du métal), mais également, et surtout, par la mise en évidence d'une très forte concentration de battitures autour de ce poteau.

Hormis la présence du foyer de chauffe et de l'enclume, éléments caractéristiques d'une forge, la fouille a pu mettre en évidence des alignements de blocs disposés à plat contre les différents murs de l'édifice. Ceux-ci correspondent vraisemblablement à des calages d'aménagements nécessaires au fonctionnement de l'atelier : table de travail/établis, baquet de trempe et soufflet.

Véronique Bastard

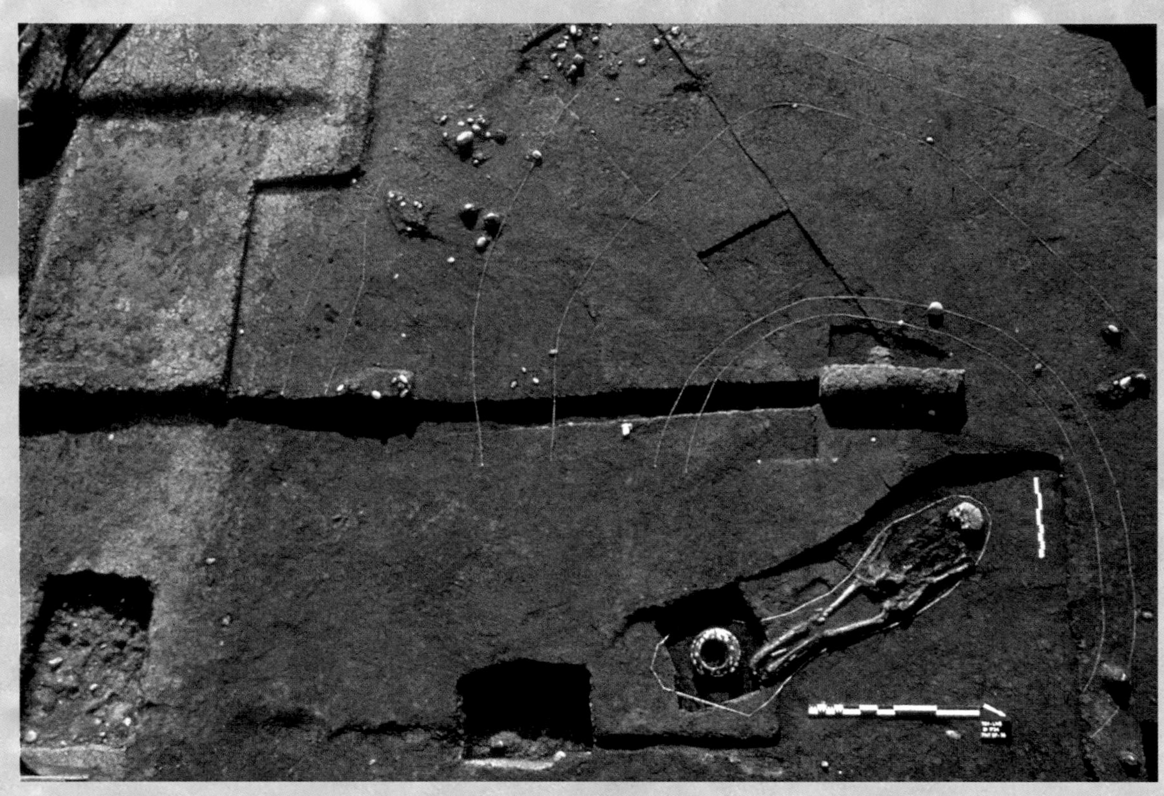

Les résultats des fouilles des gisements funéraires du TGV auront sans nul doute contribué à une meilleure approche des sociétés et de l'histoire via *le monde des morts, et enrichi notre connaissance des réseaux que les hommes ont développés sur le territoire au cours des âges.*

ARCHÉOLOGIE FUNÉRAIRE SOUS LE TGV MÉDITERRANÉE

APPORTS DES FOUILLES À LA CONNAISSANCE DES PRATIQUES FUNÉRAIRES

L'intervention en archéologie funéraire sur le TGV Méditerranée

L'intérêt des grands travaux est de mettre au jour une multitude de sites et de permettre ainsi la récolte de nombreuses données archéologiques. Cependant, un tracé linéaire ne dégage que rarement la totalité d'un gisement, du fait des limites relativement étroites de son emprise – et ces contraintes peuvent provoquer des difficultés pour étudier les ensembles funéraires*, puisque certains, notamment aux époques protohistoriques et historiques, s'avèrent parfois très étendus. Nous risquions donc de nous retrouver avec des lambeaux de nécropoles, c'est-à-dire avec des échantillons non représentatifs de la totalité de la population archéologique. Au terme de cette opération, on peut estimer que nous avons eu beaucoup de chance : cinq ensembles funéraires quasi complets et neuf ont été explorés, contre deux qui n'ont été qu'effleurés par les travaux. Par ailleurs, quelques sépultures isolées se sont révélées exploitables, soit parce qu'elles représentaient des cas rares voire exceptionnels : inhumations en fosses de Saint-Martin 3, Chabrillan (Drôme) ; tumulus* du Bronze final de Pont-de-Pierre 2 Nord, Bollène (Vaucluse), soit parce qu'elles se trouvaient dans des contextes particuliers (sépultures dispersées dans le finage des habitats du haut Moyen Âge).

Cette opération a bénéficié de moyens exceptionnels, tant sur le plan matériel que sur le plan de l'organisation. Sur la section Valence-Avignon, des « coordinateurs » thématiques ont été affectés selon différents domaines de spécialisation, ce dont l'archéologie funéraire a largement bénéficié.

Ce procédé, encore trop rarement mis en place sur les opérations de grands travaux, avait pour objectif de recueillir des données de manière homogène, afin d'en dégager les particularités susceptibles d'alimenter des problématiques spécifiques et générales.

Réunir des sites qui ont en commun le seul fait de se trouver sur un même tracé, lorsque celui-ci se résume à une étroite bande de terrain étendue sur plusieurs kilomètres, est *a priori* un pari. Si la moisson s'est révélée bonne sur le tracé du TGV du point de vue du nombre de sépultures et d'ensembles funéraires, la diversité des cas rencontrés, notamment pour les périodes les plus anciennes, n'a pas toujours donné l'occasion de dégager des thèmes généraux qui auraient permis de regrouper divers exemples. Il a toutefois été possible de dépasser le caractère ponctuel des informations livrées par certaines sépultures, en les réintégrant dans des travaux plus larges drainant d'autres cas similaires exhumés par ailleurs. Enfin, quelques ensembles funéraires se sont révélés suffisamment exceptionnels pour faire l'objet de présentations synthétiques. Pour le haut Moyen Âge, les fouilles archéologiques ont mis au jour de très petits ensembles funéraires complets et des sépultures dispersées dans les habitats, dont la particularité est de ne pas se trouver en relation topographique avec un édifice religieux. Les nombreuses manifestations se rapportant à cette situation ont été le prétexte de les réunir afin de réfléchir à un phénomène relativement fréquent jusqu'à l'an Mil; nous avons tenté de caractériser ces sépultures afin de rediscuter les diverses interprétations proposées jusqu'à présent.

Les sépultures préhistoriques et protohistoriques

Bien que les vestiges funéraires relevant des périodes pré- et protohistoriques se soient révélés peu nombreux, certaines sépultures exhumées sur la section Valence-Avignon s'avèrent d'un grand intérêt. C'est le cas de la sépulture de Pont-de-Pierre 2 Nord à Bollène, qui représente le premier tumulus de terre trouvé dans ce secteur géographique pour la fin du Bronze final 3b (début du VIIIe siècle avant J.-C.). De même, malgré son piètre état de conservation et son isolement, la sépulture de Pont-de-Pierre 2 Sud constitue un exemple supplémentaire pour la connaissance du traitement des morts du Néolithique moyen (groupe chasséen récent : 4 500-4 000 avant J.-C.), période à laquelle les structures et les pratiques funéraires se caractérisent par une grande diversité, dont on maîtrise encore mal les fondements. Sur le site du premier âge du Fer de Bourbousson, Crest (Drôme) (VIIIe - Ve siècles avant J.-C.), ont été exhumés le squelette d'un enfant en bas âge et un dépôt de crémation* en fosse contemporains de l'habitat ; l'enfant est placé aux abords des bâtiments et le dépôt de crémation se situe à proximité d'une voie de circulation. Enfin, le site des Julliéras à Mondragon (Vaucluse) révèle deux monuments mégalithiques du Néolithique récent (autour de 3 500 avant J.-C.) et un ensemble funéraire composé de neuf sépultures en fosses datées du Bronze ancien (vers 2 200-1 600 avant J.-C.). On ne saurait conclure le chapitre de la Préhistoire sans évoquer le site de Château-Blanc, Ventabren, bien que localisé dans les Bouches-du-Rhône ; celui-ci livre cinq tombes sous tumulus de pierres et de terre surmontés de stèles, qui ont été utilisés du Néolithique récent au Néolithique final (autour de 3 000 avant J.-C.). Cet ensemble funéraire est le premier de ce type trouvé en Provence.

Les sépultures historiques

Pour les époques historiques, les données funéraires sont considérables. Nous avons évoqué ci-dessus les petits ensembles ruraux et les sépultures dispersées du haut Moyen Âge qui ont fait l'objet d'un travail de synthèse. Par ailleurs, le site de Beaume, Châteauneuf-sur-Isère (Drôme), a livré un petit ensemble funéraire constitué d'individus âgés et partiellement handicapés, qui représente le premier exemple d'une probable prise en charge d'indigents recensé à ce jour pour le plein Moyen Âge. Plus au sud, le site des Fédons, Lambesc (Bouches-du-Rhône), a été l'occasion de réaliser une remarquable étude pluridisciplinaire d'un ensemble de catastrophe, en l'occurrence un charnier de peste daté d'après les archives entre mai et septembre 1590.

L' Antiquité a également fourni son lot de sépultures, dont un bûcher funéraire du Ier siècle après J.-C. à Pont-de-Pierre 1, Bollène. On ne peut ignorer le site des Communaux, Vernègues (Bouches-du-Rhône), où de nombreux bûchers funéraires ont été mis au jour pour les deux premiers siècles après J.-C. Quelques vases renfermant des os brûlés prélevés sur les bûchers funéraires ont été découverts à Grange Neuve, Allan (Drôme), pour le IIe siècle après J.-C. ; par la suite, l'espace funéraire accueille des inhumations sur une durée relativement courte (IVe - Ve siècles après J.-C.). Au Patis 1, Montboucher-sur-Jabron (Drôme), la fouille d'un lot d'inhumations placées en limite d'emprise montre qu'un ensemble funéraire créé autour du IVe siècle après J.-C. va au contraire persister dans l'usage jusque dans la première partie de l'époque carolingienne. À Bollène encore, au lieu-dit Les Girardes, le décapage d'une très grande surface a mis au jour un site exceptionnel illustré par des bâtiments agricoles et des champs cultivés (dont de la vigne), avec leur réseau de fossés ; au milieu des champs et des vignes, trois ensembles funéraires échelonnés entre les Ier et IVe - Ve siècles après J.-C. nous indiquent de quelle manière s'organisent les espaces des vivants et des morts, et nous offrent l'image d'une petite communauté rurale. Dans le Gard, la villa antique de La Ramière, Roquemaure, abandonnée dans le courant du Ve siècle, accueille quelques sépultures dispersées parmi ses ruines dont un ensemble exceptionnel d'enfants morts autour de la naissance ou avant l'âge de 1 an, datés des Ve - VIIe siècles après J.-C. Parce qu'ils traduisent une considérable diversité des situations, ces différents exemples permettent d'approcher la manière dont les populations ont géré la mort et dont elles l'ont intégrée à leur quotidien à la fin de l'Antiquité et au début du Moyen Âge. Les résultats des fouilles des gisements funéraires du TGV auront sans nul doute contribué à une meilleure approche des sociétés et de l'histoire *via* le monde des morts, et enrichi notre connaissance des réseaux que les hommes ont développés sur le territoire au cours des âges.

Frédérique Blaizot

Bibliographie

Bel (en préparation) ; Bizot, Castex et Raynaud (à paraître) ; Blaizot [*et al.*] (à paraître) ; Blaizot, Rimbault (à paraître) ; Blaizot, Savino (à paraître) ; Boissinot, Roger 2000 ; Chapon [*et al.*] (à paraître) ; Hasler [*et al.*] 1998 ; Lemercier [*et al.*] 1998 ; Ozanne, Blaizot et Berger 1998 ; Ozanne, Blaizot (à paraître) ; Treffort (à paraître).

QU'EST-CE QUE L'ARCHÉOLOGIE FUNÉRAIRE ?

On peut définir l'archéologie funéraire comme l'étude des moyens matériels mis en œuvre pour se débarrasser d'un cadavre. On peut également la caractériser par l'étude des phénomènes culturels instaurés pour régler la désorganisation sociale que représente, pour un groupe humain, la perte de l'un de ses membres. La tombe et l'ensemble funéraire sont donc, ainsi que l'a fort bien défini Jean Leclerc, le lieu du dépôt définitif d'un corps et celui des gestes funéraires. Parce que nous sommes dans le domaine de l'être humain, c'est aussi le lieu où s'expriment l'affectif et les idéologies du groupe (idéologies sociales, eschatologiques), même si celles-ci nous parviennent à travers des filtres : celui de l'image que la société veut donner d'elle-même, et celui des vestiges archéologiques, qui ne représentent plus qu'une petite partie du rituel accompli des siècles auparavant.

L'archéologie funéraire repose sur un ensemble de méthodes d'étude des sépultures qui prennent en compte le contexte général (emplacement des sépultures dans le territoire occupé, localisation des tombes dans le cimetière*, forme, orientation de la tombe, etc.), la culture matérielle (les objets qui accompagnent le défunt) et bien sûr, le squelette. Il ne s'agit pas d'étudier les objets pour eux-mêmes, ni de s'attacher à quelques informations relatives à l'aspect de la tombe ou du cimetière, ni de rechercher, par-delà le squelette, quelque pâle reflet de la population vivante, mais d'analyser les différents paramètres dans leurs relations réciproques. L'objectif premier de cette discipline est de reconstituer le rituel funéraire et l'image de l'ensemble funéraire à partir des données que livrent les fouilles archéologiques. La raison d'être de la sépulture étant le mort, la paléoanthropologie funéraire, qui étudie le squelette humain, constitue un ensemble fondamental de méthodes d'étude des sépultures et des ensembles funéraires.

L'étude du squelette sur le terrain

L'une des méthodes principales de la paléoanthropologie funéraire est l'anthropologie de terrain, qui étudie le squelette dans son contexte archéologique. Elle est fondée sur l'analyse et l'interprétation des mouvements effectués par les os lors de la dislocation des articulations qui se produit pendant la décomposition du cadavre. Les modifications des connexions anatomiques du squelette sont étroitement conditionnées par la position dans laquelle se trouvait le corps, le milieu dans lequel il a été placé, et les contraintes exercées par l'architecture de la tombe ou par tout autre aménagement ou élément qui se trouvait à l'origine au contact du corps. L'anthropologie de terrain consiste donc à analyser les distorsions que l'ensemble de ces facteurs ont engendrées par rapport à ce qu'était initialement la tombe. Elle cherche à restituer de quelle façon le mort a été enterré et à comprendre quelle est la cause, naturelle ou anthropique, fonctionnelle, rituelle ou aléatoire, des remaniements observés. Une sépulture fouillée au Patis 1, Montboucher-sur-Jabron (Drôme), illustre ces propos (fig. 1).

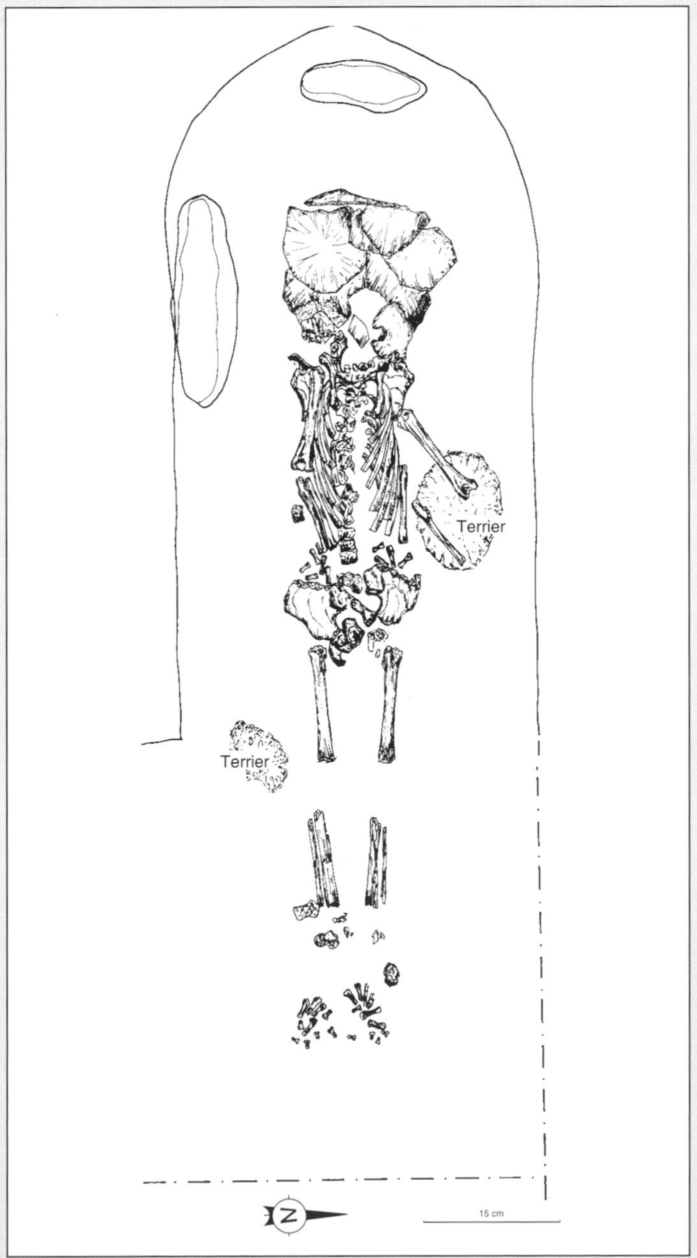

Fig. 1. La sépulture 1 du Patis 1. (Relevé F. Blaizot)

La sépulture 1 du Patis 1, Montboucher-sur-Jabron (Drôme) : exemple d'une analyse en anthropologie de terrain [1]

Le squelette est celui d'un enfant décédé entre 1 et 2 ans, placé sur le dos, la tête à l'ouest et les pieds à l'est. Un terrier est à l'origine de la dislocation du membre supérieur gauche. La mise à plat du thorax, dont les côtes sont très verticalisées, et du bassin (effondrement des os coxaux) est réalisée. Certaines articulations sont disloquées : les mains, les os du sacrum et de l'os coxal gauche, les os des pieds et une vertèbre qui se situe latéralement à l'avant-bras droit. Ces dislocations, dont l'amplitude est supérieure au volume du corps, témoignent d'une décomposition en espace vide : au moment où ces articulations se sont détruites, le corps n'était pas couvert de terre. L'ensemble du squelette paraît comprimé latéralement. Des contraintes latérales sont en effet observées : les clavicules sont parallèles aux vertèbres, et l'humérus droit, dont la partie proximale est passée en avant de la* scapula *(omoplate), est en vue postérieure. L'humérus a donc effectué une rotation et un déplacement en direction médiale. Sur le côté droit, les os présentent un effet de délimitation linéaire puisque la face latérale du bloc crânio-facial, le coude, la vertèbre disloquée, la face antérieure de l'ilium, le* calcaneus *et les phalanges du pied sont alignés. De la même manière, on remarque que les phalanges disloquées des deux pieds s'alignent à l'est, perpendiculairement à l'axe longitudinal du corps. Le squelette étant placé à distance des parois de la fosse, les contraintes et les effets de délimitation linéaire sont forcément dus à la présence, à l'origine, d'une planche qui ne s'est pas conservée. C'est ainsi que la nature de l'espace vide, à l'origine des déplacements décrits ci-dessus, peut être interprétée : l'enfant a été placé dans un contenant étroit à fond plat qui le comprimait des deux côtés ; les phalanges des pieds sont venues buter contre la paroi lors de la décomposition du corps. Ce contenant était muni d'un couvercle, isolant le corps de la terre qui comblait la fosse. Les blocs de pierre, relevés en amont du crâne et latéralement au quart supérieur droit du corps, participaient probablement à l'architecture : on envisagera un coffrage* de planches, ponctuellement calées par ces blocs.*

1. Un schéma d'explication des termes anatomiques est annexé en fin de catalogue.

L'étude du squelette en laboratoire

Les informations fournies par la paléoanthropologie funéraire permettent non seulement de définir les pratiques d'inhumation, mais aussi de connaître l'organisation et le fonctionnement de l'ensemble funéraire (qui est enterré et selon quelles modalités). Les méthodes de l'anthropologie biologique (paléodémographie*, paléopathologie*, etc.) sont les outils indispensables pour répondre à ces questions. Nous avons précisé ci-dessus que la population inhumée n'était pas forcément représentative de la population vivante : des choix culturels peuvent interdire l'accès de la nécropole à une certaine partie de la société, comme on le verra plus loin avec le cas des jeunes enfants. L'anthropologue qui travaille sur les pratiques funéraires n'étudie pas les squelettes dans le dessein d'en déduire de grands schémas sur les caractéristiques biologiques ou morphologiques de la population ; il cherche à détecter les anomalies que présente la population archéologique par rapport à une population théorique dont les conditions de vie sont proches, afin de les interpréter dans des perspectives socio-culturelles et historiques. Par exemple, parce que nous connaissons les structures de mortalité des populations qui n'utilisent ni les vaccins ni la pénicilline ou ignorent tout de la médecine moderne, nous sommes capables de nous représenter l'image que devait avoir un ensemble funéraire protohistorique ou médiéval. Si nous nous trouvons face à une aberration dans la courbe démographique, nous allons tâcher de déterminer si celle-ci est due à un facteur naturel : épidémie comme sur le site des Fédons, Lambesc (Bouches-du-Rhône), ou à un facteur socio-culturel (fig. 2). Ainsi, l'archéo-anthropologue s'intéresse aux pratiques culturelles de la société et s'attache à mettre en évidence de quelle manière celles-ci déforment l'image de la population naturelle. Dans l'exemple de Beaume, Châteauneuf-sur-Isère (Drôme), présenté dans les pages suivantes, ce qui nous intéresse n'est pas de montrer que les individus souffraient de troubles de la locomotion, avaient eu de graves accidents ou étaient très âgés au moment de leur décès, mais qu'entre les XIIe et XIVe siècles a existé une communauté formée de personnes réunies selon ces critères, et que celle-ci possédait son propre cimetière.

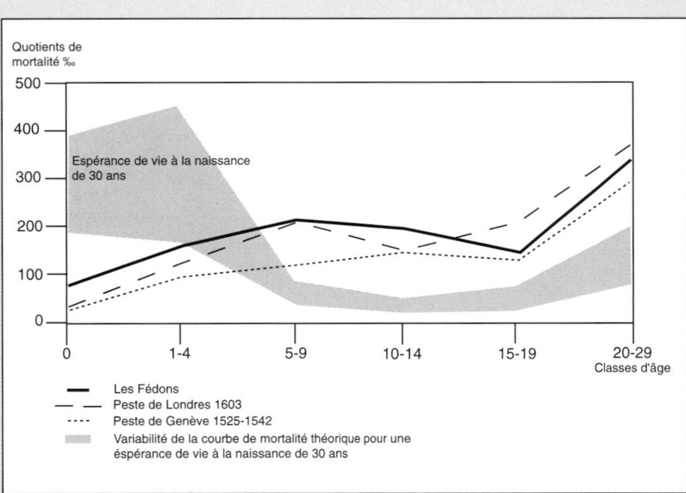

Fig. 2. Courbe démographique de la population de pestiférés des Fédons, Lambesc (Bouches-du-Rhône), comparée à celle d'une population théorique. (D. Castex)
On voit que la courbe de mortalité obtenue sur le site des Fédons est comparable à celles relevées à Londres et à Genève en période de peste. Ces trois courbes s'écartent fondamentalement de celle d'une population dont l'espérance de vie à la naissance est de 30 ans. Les classes 0 et 1-4 ans, qui devraient comporter le maximum de décès, sont sous-représentées, celles entre 5-9 et 10-14 ans qui devraient en comporter le moins sont sur-représentées. Ce sont donc bien les *survivants de la mortalité naturelle* qui ont été touchés : la courbe de mortalité d'une population décédée à cause de la peste ressemble *à la courbe des vivants* d'une population naturelle à faible espérance de vie à la naissance, et pas à une courbe de mortalité.

Frédérique Blaizot

Bibliographie

Blaizot, Dupont-Martin (à paraître) ; Bizot, Castex et Raynaud (à paraître) ; Duday 1990 ; Duday 1995 ; Leclerc 1990 ; Sellier 1997.

L'INHUMATION CHASSÉENNE DE PONT-DE-PIERRE 2 SUD, BOLLÈNE (VAUCLUSE)

Le site de Pont-de-Pierre 2 Sud a été fouillé d'avril à juin 1996 sur une surface d'environ 2 500 m².

Quatre phases de fréquentation humaine ont été constatées : deux états au Néolithique moyen, une occupation du Bronze final 2b en relation avec deux enclos circulaires et des traces résiduelles du deuxième âge du Fer (IIᵉ - Iᵉʳ siècles avant J.-C.).

À l'est, une présence marquée du lieu au Néolithique moyen est attribuable au Chasséen récent, caractérisé par un niveau renfermant une sépulture, des éléments céramiques et lithiques en bon nombre et deux structures à pierres chauffantes, de type « fours polynésiens », sur une surface de 270 m².

Le niveau d'occupation du Chasséen récent : la sépulture 4

Le squelette est inclus dans le limon argilo-sableux brun foncé correspondant au niveau néolithique. Le sédiment au contact des os est de texture un peu différente, sur une longueur de 1,30 m et une largeur moyenne de 0,50 m (fig. 1), ce qui correspond globalement aux limites de l'activité bactériologique. Aucun indice de fosse (niveau d'ouverture, limites, etc.) n'a été reconnu. Néanmoins, une cuvette a pu être observée sous le squelette, d'une profondeur de 10 cm. Si elle correspond à la fosse sépulcrale, celle-ci fut remblayée sur 10 cm avant le dépôt du corps, puisque les cotes de profondeur relevées sous le squelette indiquent qu'il reposait sur un sol plat.

Le squelette, très mal conservé, est celui d'un sujet probablement adulte, placé sur le dos, la tête au nord-ouest et les pieds au sud-est. Contrairement à ce que la face d'apparition du crâne et la flexion des membres inférieurs, orientés vers la droite du sujet, pourraient laisser croire, le sujet se trouve en décubitus. En effet, la position des membres supérieurs (humérus en vue antérieure, avant-bras en vue postéro-latérale) et celle du bassin (iliums en vue médiale) ne sont compatibles qu'avec l'attitude d'un sujet reposant sur le dos.

L'état de conservation des ossements ne permet guère d'aller au-delà de la simple lecture de la position générale du squelette : le bloc crânio-facial et la mandibule apparaissent par leur face latérale gauche, mais l'absence de l'atlas ne permet pas de savoir s'il s'agit de sa position initiale. On notera la présence de dents dispersées en avant de la face, situées sur le sol d'inhumation.

Les membres supérieurs sont en hyper-flexion, les mains réunies à la base du cou, orientées perpendiculairement à l'axe des avant-bras. Les phalanges gauches reposent sur les droites. Les membres inférieurs se trouvent également en hyper-flexion, la cuisse droite en amont de la gauche, mais l'extrémité distale de la jambe passe sous le membre inférieur gauche. On a pu remarquer que les esquilles des métatarsiens droits sont orientées parallèlement à la jambe (fig. 2), ce qui correspond à une exagération – du fait de la décomposition – de la position initiale du pied en flexion sur la jambe. Cela traduit un effet de contrainte, cette position n'étant possible que si le pied s'appuie contre une paroi, que ce soit celle de la fosse ou celle d'un contenant. Les cailloux relevés sur le squelette sont identiques à ceux issus de la couche que la fosse recoupe, et pourraient alors être présents à l'état naturel dans le sédiment de comblement.

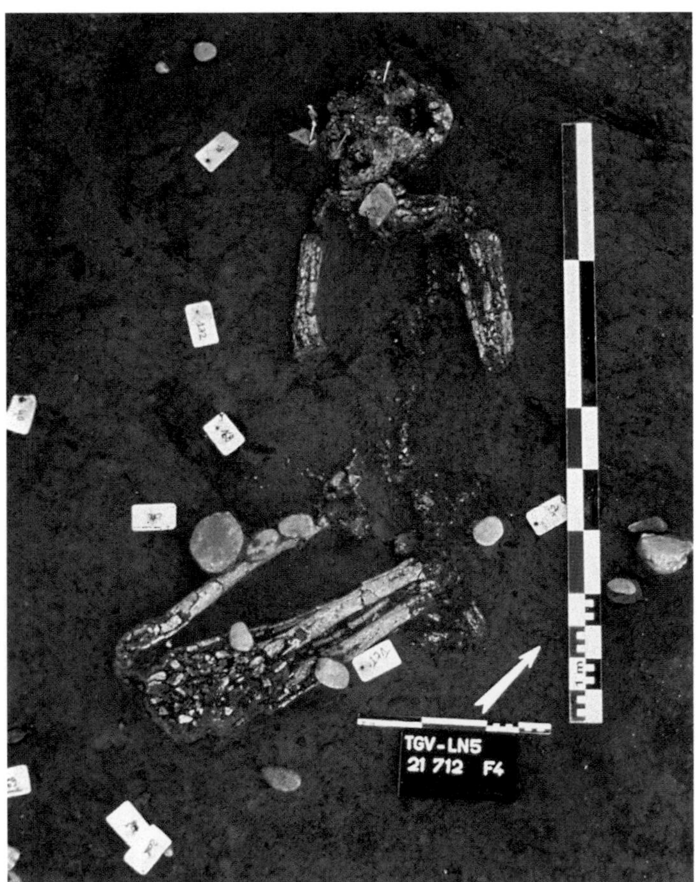

Fig. 1. L'inhumation chasséenne.

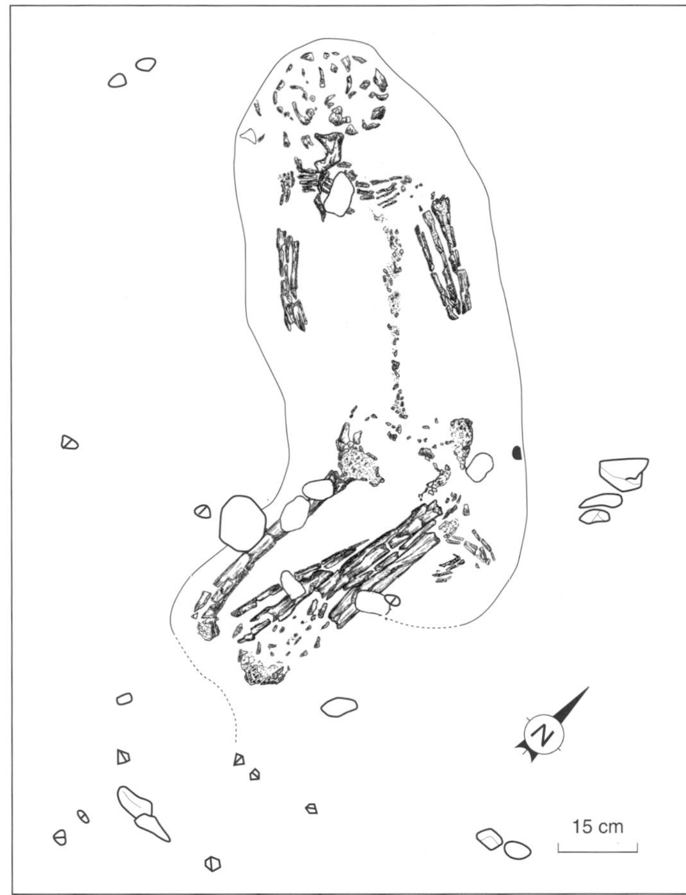

Fig. 2. L'inhumation en fosse en position contractée. (Dessin F. Blaizot)

Le milieu de décomposition ne peut être approché de manière fiable, dans la mesure où les seules pièces conservées qui sortent du volume initial sont les dents. S'il y en avait d'autres, elles ne sont pas conservées. Le fait que ces dents reposent sur le sol d'inhumation, comme le bloc crânio-facial, indiquerait que leur déplacement s'est produit au sein d'un espace vide, même si la présence de certaines d'entre elles directement sur la face latérale gauche du bloc crânio-facial pourrait être due à un fouisseur. Mais cela ne nous donne en aucun cas les limites, et donc la nature de cet espace vide, qui peut tout à fait avoir été réservé autour de la tête. De même, l'effet de contrainte observé sur les métatarsiens droits peut être le fait du bord de la fosse qui remonterait à ce niveau, ou celui d'un contenant souple, la position du sujet excluant *a priori* une inhumation au sein d'un contenant à parois rigides linéaires. Le niveau d'ouverture, la forme de la fosse et ses limites nous restent inconnues, les cotes de profondeur prises sous les os nous informent que le sol d'inhumation était plat, et qu'aucun élément du squelette ne reposait contre un bord (par exemple les genoux ne s'appuyaient pas contre une paroi).

Les mobiliers lithique et céramique trouvés aux abords de la sépulture

Vingt artefacts en silex étaient localisés dans une zone à la base de la sépulture (fig. 3). Seules quatre pièces typologiquement particulières ont été prises en compte. Elles s'apparentent au Chasséen récent et sont respectivement : un fragment proximal à talon lisse de lame trapézoïdale de plein débitage, non chauffée, à enlèvements irréguliers latéraux dont le débitage a été effectué par percussion sur un nucléus plat (1) ; une lamelle non chauffée à section trapézoïdale à enlèvements irréguliers latéraux et encoche transversale (2) ; une lamelle à section trapézoïdale à enlèvements irréguliers latéraux et encoche transversale, non chauffée (3) ; un fragment proximal de lame trapézoïdale de plein débitage à enlèvements irréguliers latéraux, non chauffée et à talon lisse (4).

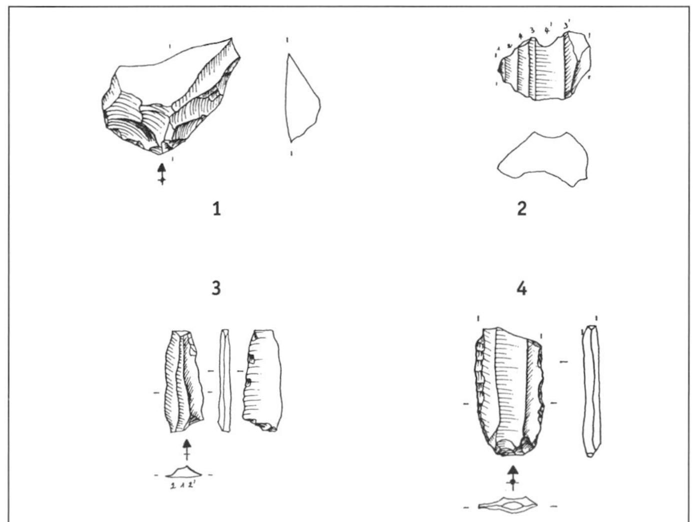

Fig. 3. Planche de silex. (Dessin J.-C. Ozanne)

Quelques fragments de céramiques de technologie chasséenne ont été observés à proximité, mais sans élément caractéristique.

Bilan

Les structures sépulcrales des sites chasséens en terrasses de la vallée du Rhône sont connues depuis les fouilles menées par A. Beeching en 1985 sur les sites des Moulins, Saint-Paul-Trois-Châteaux, et du Gournier, Montélimar (Drôme). D'une manière générale, les grands sites français n'en fournissent que quelques-unes.

À Bollène, l'état du squelette et de la structure qui le contient ne permet guère d'aller au-delà d'un simple constat de la position initiale du corps. Celle-ci est la même que celle qui a été rencontrée sur d'autres sites : un dépôt en fosse, le corps en position fléchie plus ou moins contractée, les mains ramenées près de la tête ou à la base du cou (souvent jointes). Parfois les corps sont placés sur le côté droit ou gauche, mais les deux pratiques coexistent, et la flexion des membres inférieurs est constante. Les fosses utilisées sont fréquemment de type silo, mais on rencontre également des formes oblongues. Ce n'est que très rarement que sont pratiqués des dépôts intentionnels variés. Dans ce cas, ils sont souvent localisés près de la tête : pierres, meules, céramiques, pendeloques perforées sur faune ou sur roche dure, ou encore des parures comme des colliers en test de coquillages marins ou d'eau douce.

Frédérique Blaizot, Jean-Claude Ozanne

Bibliographie

Beeching 1986 ; Crubézy 1991.

LES TOMBES EN FOSSES DU BRONZE ANCIEN DE SAINT-MARTIN 3, CHABRILLAN (DRÔME)

Durant la période qui précède l'âge du Bronze, les morts sont déposés successivement dans des grandes structures collectives. Au Bronze ancien se généralise la sépulture individuelle, apparue avec le phénomène campaniforme (2 600-2 200 avant J.-C. dans le couloir rhodanien). En même temps, les morts sont regroupés dans des cimetières de taille variable : de grands ensembles ont été fouillés en Suisse occidentale, tandis que dans la vallée du Rhône seuls de petits groupes ont été reconnus à ce jour.

Les tombes sont très diversifiées. Les sépultures sont aménagées sous des tertres ou dans un ancien dolmen, mais il existe également des tombes plates dépourvues de superstructures. Elles peuvent se situer dans une grotte ou en plein air. Les fosses dans lesquelles sont déposés les défunts ont une forme oblongue, et une taille adaptée au corps humain. Elles peuvent être ou non aménagées, par exemple à l'aide de dalles, de pierres ou de planches.

À Chabrillan, sur le site d'habitat de Saint-Martin 3, les morts ont été déposés dans des fosses de grande taille et de plan circulaire : leur forme rappelle celle des silos à grains. Parmi les quarante-neuf fosses de ce type retrouvées sur le site, celles contenant les squelettes font partie des plus grandes. L'une (fosse 25) comporte un enfant de 6 à 9 ans, déposé en fond de fosse, placé sur le dos sur des fragments de céramique. La deuxième (fosse 130) contient également un enfant de 2,5 à 4,5 ans, placé accroupi dans une petite cuvette aménagée sur le fond. Dans la troisième (fosse 128) se trouvent trois squelettes (fig. 1).

Ceux-ci reposent sur le fond de la fosse, jonché de tessons de céramique et de quelques pierres. Une femme adulte est encadrée de deux enfants installés en partie sur ses

Fig. 1. Détail de la fosse 128 en fin de fouille.

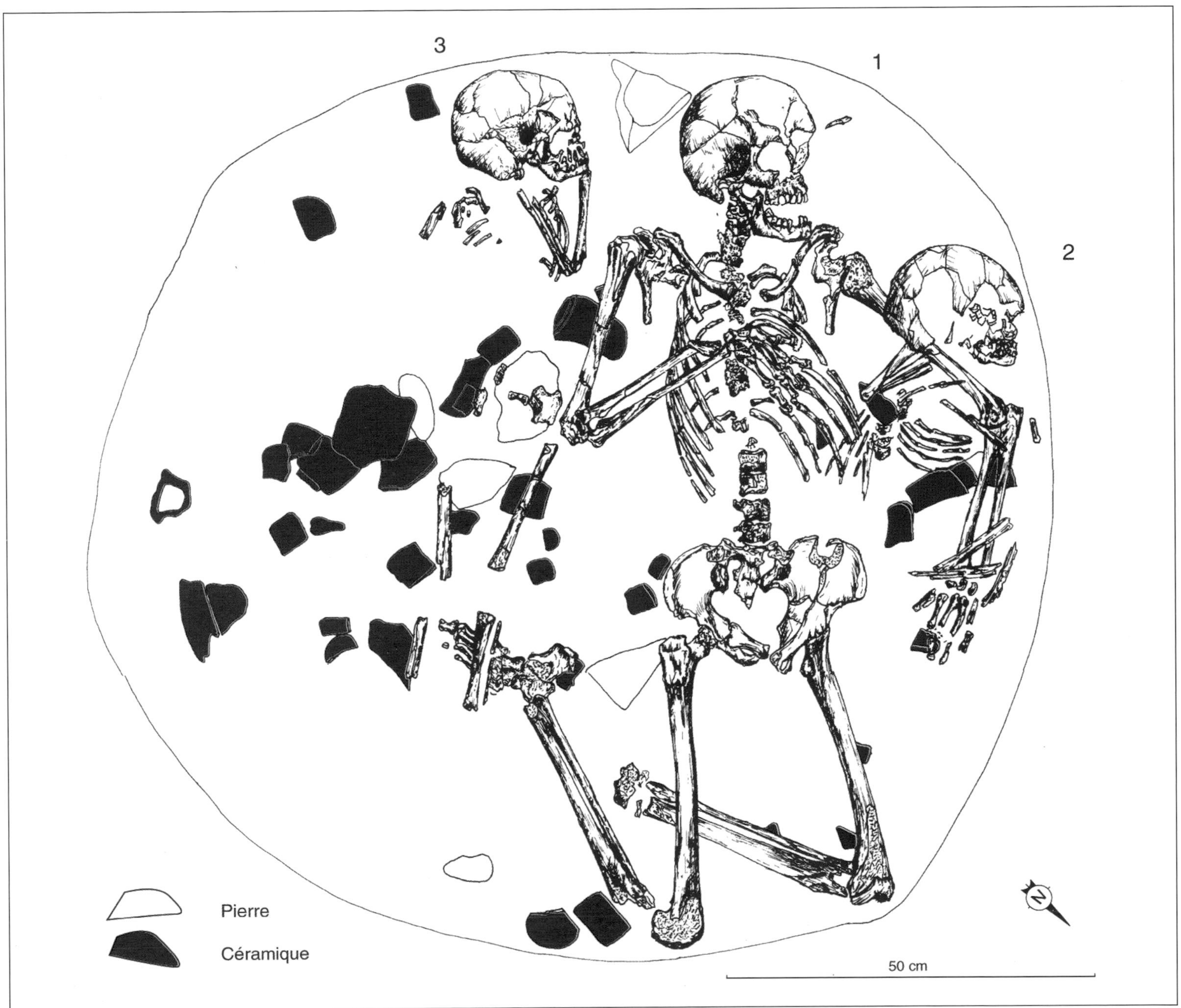

Fig. 2. Fosse 128. (Relevé F. Blaizot)

membres supérieurs. Celui qui se trouve à gauche de l'adulte (n° 2) est décédé entre 2,5 et 3,5 ans, le second (n° 3) entre 6 et 8 ans.

Un certain nombre d'indices nous permettent de démontrer que les trois individus ont été déposés en même temps dans la fosse (fig. 2) :

- les os en contact des trois squelettes ne sont pas séparés de la terre, il n'y a donc pas eu recouvrement de l'adulte avant le dépôt des enfants.

- le pied droit et la main gauche de l'adulte sur lesquels repose respectivement chacun des enfants sont en connexion anatomique alors qu'il s'agit d'articulations labiles qui se disloquent rapidement au cours de la décomposition du cadavre. Si les enfants avaient été placés quelque temps après l'adulte, ces articulations auraient été bouleversées.

- sur les trois squelettes, le maintien des connexions anatomiques sur les pièces labiles ou placées en équilibre instable indique que les corps ont directement été recouverts de terre après leur dépôt (décomposition en espace colmaté*). Par exemple, les membres inférieurs de l'enfant situé à gauche de l'adulte (n° 2), qui reposent en déséquilibre sur son avant-bras, sont en bon rapport anatomique.

Dans les trois fosses retrouvées sur le site de Saint-Martin 3, Chabrillan, les modes de dépôt des corps sont différents. En effet, dans les fosses 25 à 130, l'amplitude des déplacements relevés sur les os des squelettes indique que la décomposition s'est produite en espace vide. Dans ces cas précis, la présence probable d'un aménagement en matériau périssable isolant le corps de la terre qui comble la fosse est envisageable.

L'habitat a livré au total soixante-dix-neuf fosses datées du Bronze ancien, dont quarante-neuf peuvent être interprétées comme des silos utilisés pour la conservation des grains. Cette fonction est abandonnée dans un second temps, et les fosses désormais servent de poubelles où sont rejetés des fragments de céramiques, des restes culinaires (os d'animaux, etc.). La question est de savoir si les corps ont été traités comme des rejets (relégation des corps en dehors de l'espace sépulcral communautaire) ou si des gestes funéraires démontrant qu'il s'agit bien de sépultures peuvent être mis en évidence.

Les sépultures ont été pratiquées dans des silos alors qu'ils étaient vides, puisque les squelettes reposent sur le fond. Dans deux cas, les corps ont été placés sur un épandage de tessons de céramique ; de tels vestiges ayant été relevés dans d'autres fosses dépourvues de squelettes, on ne peut affirmer que ces tessons ont une fonction rituelle. Dans la fosse 130, un thorax de chèvre ou de chevreuil en connexion a été placé à une dizaine de centimètres au-dessus du corps ; l'examen du comblement de la fosse prouve que ce dépôt a été effectué peu de temps après celui de l'enfant. Là encore, la présence sur le site d'animaux complets ou quasi complets dans d'autres fosses ne laisse en rien préjuger de la ritualisation du dépôt de faune dans la fosse 130.

Ainsi, les tessons de céramique et les restes d'animaux ne traduisent pas l'existence d'un rituel. Cependant, l'arrangement des corps dans la fosse 128, dont l'attitude n'est pas laissée au hasard, et le cas de la fosse 130 – l'aménagement d'une cuvette au fond de la fosse – témoignent d'une certaine attention portée au dépôt des cadavres. La notion de relégation doit donc être relativisée. Par ailleurs, de tels dépôts sont connus dans toute l'Europe, et particulièrement en Europe centrale, pour les périodes pré- et protohistoriques plus ou moins fréquemment, depuis le Néolithique ancien jusqu'à la fin de l'âge du Fer.

On peut définir ce phénomène comme représentatif d'un usage régulier pratiqué parallèlement à des dépôts effectués de manière plus classique dans des ensembles strictement dévolus à l'usage funéraire. Ces inhumations ne peuvent être qualifiées de discordantes et s'inscrivent probablement dans la variabilité intrinsèque des pratiques mortuaires. Toutefois, la présence d'un squelette n'implique pas que le rituel soit de nature funéraire. Des rites de fondation ou d'abandon de site, voire des rites agraires, peuvent être évoqués. Les dépôts de corps humains dans des fosses domestiques posent encore de nombreuses questions.

Frédérique Blaizot, Sylvie Rimbault

Bibliographie

Blaizot, Rimbaud (à paraître) ; Hafner, 1995.

UNE INHUMATION SOUS TUMULUS À LA FIN DE L'ÂGE DU BRONZE, SITE DE PONT-DE-PIERRE 2 NORD, BOLLÈNE (VAUCLUSE)

Le tumulus

L'approche géoarchéologique a permis, sur plus de 50 m², de révéler autour du corps plusieurs anneaux de terre concentriques différentiables sur le terrain par leurs couleur, structure, texture et pédologie (fig. 1). Ils correspondent à la base d'un tumulus de terre d'un diamètre maximal de 12 m, formé par apports successifs de terre, depuis le centre vers la périphérie de la structure funéraire. Une première observation du matériau de l'édification conclut à une provenance d'horizons pédologiques locaux, plus anciens et sous-jacents au tumulus, ce que semble confirmer l'inclusion de quelques vestiges néolithiques épars.

Le schéma de construction du tumulus est le suivant : la surface qui a servi d'assise au tumulus a d'abord été légèrement surcreusée, puis aplanie par un apport de sédiment. Le tertre central renfermant la sépulture, préalablement délimité par une structure verticale en matière périssable, a ensuite été recouvert par trois autres tertres concentriques successifs, le dernier étant matérialisé par des galets rhodaniens calibrés, placés en périphérie. Un creusement borde l'ensemble (fossé ?). Au sud-ouest, il se rétrécit et s'interrompt de part et d'autre d'une excroissance matérialisant peut-être un vestibule.

Ce tumulus a été fortement tronqué, sans doute en raison d'un débordement de la rivière du Lauzon, distante de quelque 100 m au nord, puisque sa hauteur conservée n'atteint que 40 cm en moyenne. Il n'existe déjà plus dans le paysage quand s'installent les communautés du milieu de l'âge du Fer (Ve-IVe siècles avant J.-C.).

La sépulture et le mode funéraire

Le premier tertre recouvre l'inhumation primaire d'un sujet adulte de sexe masculin, en décubitus dorsal. Aucune fosse n'a été mise en évidence.

Une coupe sous le squelette a révélé qu'il reposait sur une couche de terre différentiable du sédiment environnant et sur un fin niveau charbonneux. Ils sont perforés au sud-est et au nord-ouest par deux creusements circulaires de 3 cm de diamètre, remplis d'un sédiment foncé, interprétés comme les fantômes d'éléments verticaux en matière périssable. Au sud-est, à l'intérieur du négatif vertical, il en existe un autre, de section circulaire, mais orienté cette fois horizontalement.

Le squelette étant séparé de la couche charbonneuse par 10 cm de terre, ces éléments ne peuvent appartenir à des vestiges d'un dispositif éventuel de dépôt du corps.

Fig. 1. La sépulture sous tumulus.

On s'orientera donc plutôt vers l'hypothèse d'un rituel de préparation du sol avant l'inhumation.

Le squelette a été placé la tête au nord-ouest et les pieds au sud-est. Si la mise à plat des volumes (côtes, bassin) témoigne d'un colmatage différé du volume du corps, la présence de pièces en dehors de l'espace initial du cadavre (clavicule droite, dents), et la rotation latérale de la tête rendent compte d'une décomposition en espace vide. Toutefois, il n'existe pas d'effet de contrainte, mis à part celui qui se rapporte à l'ascension de l'épaule droite : au contraire, l'humérus est en vue antérieure et le coude est légèrement écarté du corps. Enfin, les dents dispersées à ce niveau ne rendent compte d'aucun effet de délimitation linéaire. Ces observations sont incompatibles avec l'hypothèse d'un contenant dont les parois seraient rectilignes (de type coffre de bois), sauf si celui-ci était très large. Mais dans ce cas il n'aurait pas eu la moindre incidence sur le squelette, et on ne saurait lui imputer l'effet de contrainte relevé sur l'épaule droite, ni l'importante verticalisation des clavicules. Il faut alors envisager un contenant d'un autre type, à paroi non linéaire, ayant exercé des contraintes au niveau des épaules, et peut-être du coude gauche qui est orienté en direction médiale.

Une grande jarre pour seul mobilier funéraire

La structure funéraire renfermait une céramique contre laquelle s'appuyait la jambe droite du défunt. Il s'agit d'une jarre en pâte fine à grand col, aux décors cannelé et incisé. Haute de 19 cm, son diamètre est de 31 cm, 26 cm à l'ouverture (fig. 2).

Ce type de vase, daté du Bronze final 3b, a été retrouvé sur les sites drômois de Donzère tels que les grottes de la Baume des Anges, de la Chauve-Souris (couche 9 attribuée au premier quart du VIIIe siècle avant J.-C.) ou l'habitat des Gandus à Saint-Ferréol-Trente-Pas (couche 2 datée entre 830 et 800 avant J.-C.). En Ardèche, la grotte des Cloches à Saint-Martin d'Ardèche en livre un similaire.

Le vase a été fracturé intentionnellement sur place. En effet, son remontage a mis en évidence deux lacunes, l'une dans la panse de 6 par 14 cm et l'autre correspondant au tiers du bord. Les fragments manquants n'ayant pas été retrouvés sur le sol d'inhumation, ces cassures ne résultent pas du poids des terres, mais elles sont antérieures au dépôt.

D'autres fragments de bord du vase ont été retrouvés autour du squelette, certains en contact direct avec les os. Ces tessons ne proviennent pas d'un fragment arraché en une seule fois, mais de la fracturation volontaire du bord en petits morceaux, et de leur disposition en alternance près du corps et sur le vase. Ce récipient a donc été brisé au moment du dépôt, certains fragments prélevés et d'autres soigneusement disposés, illustrant un rituel funéraire bien particulier.

Des pratiques funéraires inédites dans la région

Le rituel funéraire mis en évidence à Pont-de-Pierre 2 Nord est inédit à ce jour pour le Bronze final 3b : fracturation, répartition et prélèvement de certains fragments du vase d'accompagnement.

Les comparaisons possibles avec cette structure funéraire sont actuellement peu nombreuses : en Ardèche, seul le tumulus de l'Abeillou à Grospierres nous est connu ; en Languedoc oriental, trois tertres du Bronze final 3b sont actuellement recensés ; en Provence, au lieu-dit Le Moullard, Lambesc (Bouches-du-Rhône) [1], les récents travaux d'archéologie préventive ont livré en 1995 une inhumation sous tertre de terre du même horizon ; mais globalement, le recouvrement alluvial important des plaines de la vallée du Rhône ne favorise pas les découvertes de ce type.

Jean-François Berger, Frédérique Blaizot,
Jean-Claude Ozanne

1. Responsable d'opération : L. Cordier, archéologue Afan.

Fig. 2. Vase d'accompagnement.

Bibliographie

Daumas, Laudet 1985 ; Dedet 1995 ; Gros 1972 ; Vital 1986 ; Vital 1990.

LA BÂTIE, LAMOTTE-DU-RHÔNE (VAUCLUSE) : DEUX INHUMATIONS DU DÉBUT DE L'ÂGE DU FER

Implanté sur la commune de Lamotte-du-Rhône, dans la partie méridionale de la plaine du Tricastin en vallée du Rhône, le site de La Bâtie a été découvert au printemps 1995 au cours de la phase de diagnostic des travaux d'archéologie préventive du TGV Méditerranée. Fouillé entre décembre 1995 et janvier 1996 dans des conditions météorologiques extrêmes, il a révélé deux, voire trois sépultures à inhumation attribuables à la seconde moitié du VIIIe siècle avant J.-C. (fig. 1).

La première sépulture

Fortement endommagée lors des travaux de terrassement (moitié inférieure du squelette arrachée), cette sépulture contenait un individu adulte déposé en décubitus dorsal, la tête au nord. Le mobilier d'accompagnement est composé d'un vase et d'objets de parure.

Sur les côtes droites se trouvait une petite perle en ambre rouge et, sur les articulations des membres inférieurs six bracelets de bronze. Ouverts et de forme elliptique, leurs extrémités, presque jointives, sont légèrement décalées avec un évasement naissant sur la partie externe du jonc, évoquant une amorce de « tampon ». Le décor, identique sur les six pièces, se compose de quatre plages de fines stries transversales, alternant avec cinq plages de trois espaces vides légèrement bombés, eux-mêmes séparés par de petits panneaux de quatre stries (fig. 2).

Les bracelets formaient deux ensembles de trois : les deux surfaces de contact des bracelets centraux sont complètement aplanies, contre une seule pour les bracelets latéraux. Cette technique de finition a également été observée dans un tumulus de Cazevieille (Hérault) ou dans la tombe 1 de Camper (Gard), sur des groupements de parures.

À l'est de la tête, une grande jarre non tournée en céramique fine et décorée de cannelures a été disposée (fig. 3).

La seconde sépulture

À 2,60 m au sud-ouest de la première tombe, une seconde inhumation, elle aussi très dégradée, a été mise au jour. Les ossements subsistants ont permis leur attribution à un sujet adulte en décubitus dorsal, et de même orientation que le précédent. Deux vases l'accompagnaient.

Située 30 cm au-dessus de la tête, une petite jarre cannelée en céramique fine non tournée rappelle le récipient de la première sépulture. Particulièrement fragmentée, elle n'a pu être restituée. Le second vase, déposé aux pieds, est une petite jatte en céramique fine non tournée, à décor cannelé couvrant une panse au profil très surbaissé.

Une troisième sépulture à l'est ?

30 m à l'est du premier individu, le décapage a permis la découverte d'un vase « isolé ». La présence, à quelques centimètres au nord, d'un fossé gallo-romain qui coupe d'est en ouest le terrain peut être la cause de cette apparente non-association à une structure. Il s'agit d'une jarre en céramique fine non tournée, décorée de cinq cannelures horizontales soulignées par une rangée irrégulière d'impressions.

Un mobilier d'accompagnement bien documenté

Les objets associés aux individus autorisent, par comparaison, une attribution chronologique assez précise.

La sépulture n° 1

La forme de la jarre est bien attestée dans le Languedoc oriental. Dans l'Hérault, elle est remarquée sans cannelure dans des tumuli à incinération ou à inhumation de Cazevieille, avec une cannelure dans un tumulus de Saint-Martin-de-Londres

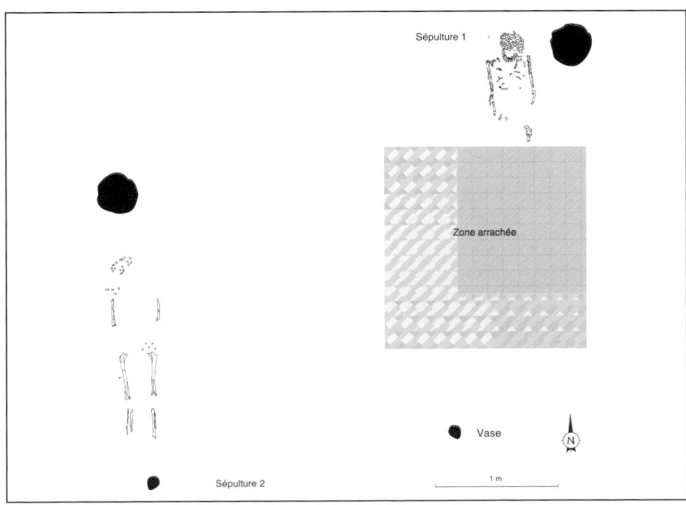

Fig. 1. Plan des sépultures 1 et 2. (Dessin J.-C. Ozanne)

ou celui de Conquette. C'est dans le Gard que les tombes 1 et 2 de Camper, Cornillon, fournissent ce type de vases à cannelures multiples. La présence d'ambre est constatée en Aveyron dans une inhumation sous tumulus de Vayssas, Séverac-le-Château, datée du VIIIe siècle avant J.-C., qui renfermait deux perles ; dans les Hautes-Alpes, les restes d'un tumulus du Pont-de-Chabestan en ont livré un exemplaire.

Les six bracelets de bronze ouverts et décorés sont globalement bien documentés. Dans l'Hérault, les tumuli du Pont de la Bénovie, Buzignargues, ceux de Cazevieille ou l'un de ceux du Lébous, Saint-Mathieu-de-Tréviers, fournissent des rapprochements avec leurs décors alternés de stries et d'espaces vides. L'idée de possibles faciès géographiques est toutefois à pondérer puisqu'un bracelet très approchant est présent à Saint-Rémy-de-Provence, dans la sépulture de Valmouriane. Extra-régionalement, avec un décor particulier aux extrémités (incisions crantées plus profondes), ce dernier type se rencontre en Rouergue dans deux des tumuli des Devèzes de Floyrac, Onet-le-Château, en un et trois exemplaires, datés du VIIe siècle avant J.-C.

La sépulture n° 2

La petite jatte à rebord disposée aux pieds de l'individu est un type de récipient peu répandu. Il a cependant été rencontré dans le Languedoc et en contexte funéraire, à Camper, à Cazevieille dans deux tumuli à inhumation, également aux pieds du défunt, mais aussi à Soyons-la-Brégoule (Ardèche).

La céramique isolée

Un vase de la station suisse de Mörigen, sur la rive du lac de Bienne, en offre une surprenante réplique, cependant sans la présence du décor impressionné.

Un mobilier de transition

Typologiquement, la céramique renverrait à la fin du Bronze final, avec des critères évolutifs précis : décors cannelés et impressionnés sous le col, ressaut à sa jonction avec la panse,

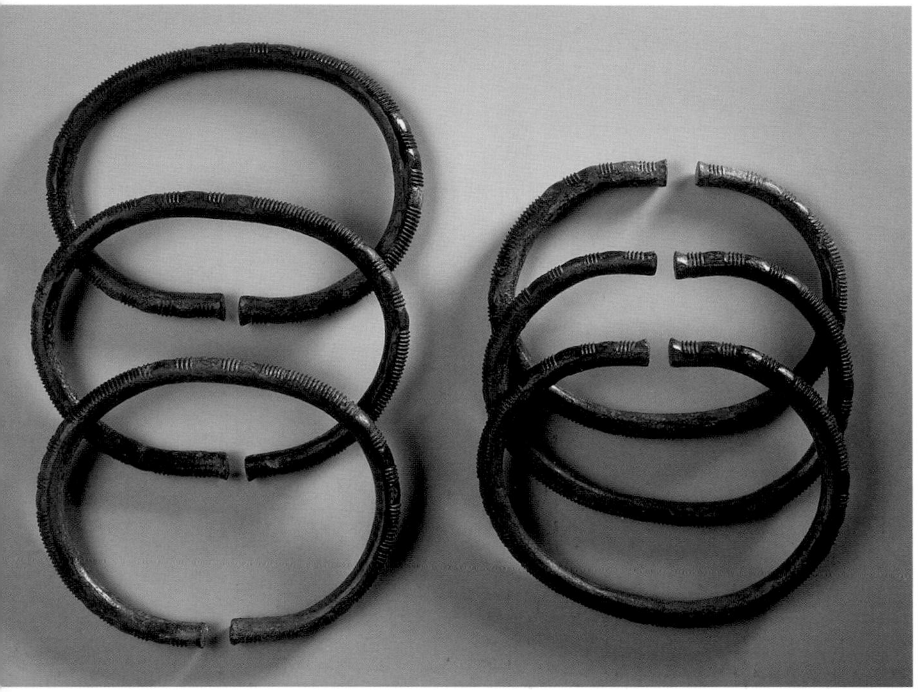

Fig. 2. Six bracelets de bronze, sépulture 1.

aplatissement marqué de la partie inférieure de la grande jarre. Ce dernier détail a été régionalement observé dans la Drôme à Saint-Ferréol-Trente-Pas (couche 2 datée entre 830-800 avant J.-C.), à Donzère dans la couche 9 de la grotte de la Chauve-Souris, attribuée au premier quart du VIIe siècle avant J.-C., et dans le tumulus à inhumation de Pont-de-Pierre 2, Bollène (Vaucluse), proposé par comparaison entre la fin du IXe et le début du VIIIe siècle avant J.-C.

Cependant, dans la sépulture n° 1, le col du vase plus haut, divergent et élancé, annonce les formes nouvelles postérieures au Bronze final dans le Languedoc oriental, qui verront leur expansion avec le faciès suspendien*. La présence associée de bracelets ouverts et décorés, bien qu'en bronze, ou d'une perle d'ambre, renforce par comparaison l'attribution au premier âge du Fer.

La petite jatte surbaissée de la sépulture n° 2, qui trouve notamment des équivalences en contexte funéraire (incinération ou inhumation) au début du premier âge du Fer en Languedoc oriental, permet de signer la contemporanéité relative des deux inhumations dans la seconde moitié du VIIIe siècle avant J.-C.

Les tombes du site de plein air de La Bâtie attestent ainsi pour la seconde fois, après Camper, de ce type de découverte dans la plaine alluviale du couloir rhodanien, avec de fortes similitudes pour le mobilier d'accompagnement. Mais ici, comme pour Camper, le mode d'ensevelissement ne nous est pas connu : tombes (rectangulaires ou ovales) ? Tumulus de terre ? Espace vide ou fermé ?

Par ailleurs, des indices de surface et du matériel recueilli près des tombes permettraient d'envisager l'utilisation du terme de nécropole pour cette zone nord du Vaucluse.

Jean-Claude Ozanne

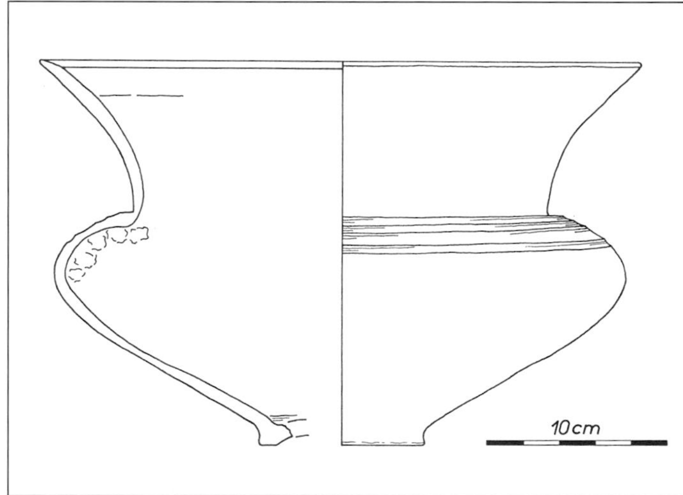

Fig. 3. Grande jarre, sépulture 1. (Dessin J.-C. Ozanne)

Bibliographie

Arcelin 1976 ; Beeching, Vital et Dal Pra 1985 ; Bernatzky-Goetze 1987 ; Blanquet 1984 ; Courtois 1968 ; Gasco 1985 ; Genty, Gutherz 1978 ; Genty, Gutherz 1981 ; Gruat 1988 a et b ; Ozanne, Blaizot et Berger 1998 ; Ozanne (à paraître) ; Parzinger 1992 ; Vital 1988 ; Vital 1992.

UNE RICHE INCINÉRATION ANTIQUE À PONT-DE-PIERRE 1, BOLLÈNE (VAUCLUSE)

Un site à vocation funéraire et à caractère monumental [1]

Le site de Pont-de-Pierre 1 est localisé dans les plaines alluviales du Rhône et de ses affluents, le Lauzon et le Lez, constituées de dépôts limoneux d'âge holocène. Il se trouve à mi-chemin (3 500 m environ) entre l'agglomération actuelle de Bollène et le Rhône, et à quelques centaines de mètres seulement au sud-est du Lauzon. Les crues répétées de cette rivière ont provoqué une importante érosion du site, qui a fait disparaître l'ensemble des élévations et des sols, et donc la possibilité d'établir la chronologie relative entre les différentes structures. Malgré ces lacunes et la faible quantité du mobilier recueilli, il est toutefois possible de retracer dans ses grandes lignes l'évolution du site.

Celui-ci est implanté à 180 mètres au sud du 2e *decumanus* sud du cadastre antique B d'Orange, et à une vingtaine de mètres à l'ouest du 2e *cardo* ouest, dont la matérialisation par une voie ancienne (non datée) est attestée. Les vestiges antiques se répartissent de manière assez lâche sur l'ensemble de la superficie explorée (2 100 m^2) et respectent globalement l'orientation de ce cadastre.

Un petit lot de céramique homogène atteste une occupation du site dès la période augustéenne, mais la vocation funéraire du site n'apparaît qu'au milieu du Ier siècle après J.-C., avec l'implantation de deux sépultures à incinération, distantes d'une vingtaine de mètres.

La sépulture 4 est une incinération secondaire, c'est-à-dire que l'incinération du corps a eu lieu dans un endroit distinct de la tombe elle-même, qui ne contient que des résidus de crémation. Tous les objets de la fosse (éléments probables d'un lit, deux assiettes et deux bols en céramique sigillée, une cruche en céramique commune ainsi qu'un balsamaire en verre) sont brûlés et peuvent donc être considérés comme des offrandes primaires, déposées sur le bûcher avec le défunt.

La sépulture 15, étudiée ci-après, est une incinération primaire ou *bustum*, ce qui signifie que le défunt a été incinéré sur un bûcher aménagé à l'emplacement même de la fosse qui a servi de tombe.

À cette même phase d'occupation, datée des règnes de Claude et Néron (deuxième tiers du Ier siècle après J.-C.), sont attribuées deux maçonneries et une fosse dépotoir.

1. Ce texte s'appuie sur l'étude réalisée dans le cadre du Document Final de Synthèse de l'opération en collaboration avec Nathalie Cossalter (Alfonso G., Cossalter N., « Diagnostic archéologique sur le tracé TGV Méditerranée : le site de Bollène, Pont-de-Pierre 1 », Service Régional d'Archéologie de PACA, 1996). L'étude des ossements humains incinérés et celle du mobilier métallique des sépultures F4 et F15 ont été effectuées respectivement par Valérie Bel et Michel Feugère.

Cette dernière a été recoupée par un édifice rectangulaire de 11,5 x 7,5 m, orienté nord-sud, dont seules les fondations sont conservées. Son plan se caractérise par la présence de douze pilastres régulièrement disposés aux angles et sur les façades nord, ouest et sud. Au centre de cette structure, une grande fosse paraît témoigner de la récupération d'un massif de fondation. Les caractéristiques de cette construction ainsi que sa localisation, en bordure de la voie nord-sud, à proximité des deux sépultures à incinération, permettent de l'identifier comme un édifice funéraire, probablement un enclos renfermant une structure funéraire centrale (urne, autel ?), auquel on accédait par la façade est.

C'est au cours de la seconde moitié du IIe siècle, ou au IIIe siècle qu'est aménagée, à 250 m au sud du 2e *decumanus* sud, une voie secondaire est-ouest formée de terre et de gravier, bordée par deux murs, tandis que deux autres segments de murs attestent la présence d'un bâtiment implanté quelques mètres au sud. La construction, au cours de cette même période, d'un puits maçonné creusé à proximité de l'enclos et des sépultures à incinération 4 et 15, semble indiquer que le site a conservé sa vocation funéraire au moins jusqu'à cette date : les puits sont en effet fréquents en contexte funéraire où ils servent à l'entretien des jardins entourant les tombes. Le comblement secondaire du puits a par ailleurs livré la partie supérieure d'une belle stèle en calcaire. L'abandon du site est intervenu dans la seconde moitié du IVe siècle ou au début du Ve siècle.

Le caractère monumental (enclos orné de pilastres) et la richesse de l'ensemble funéraire de Bollène laissent supposer l'existence, dans un secteur proche situé en dehors de l'emprise du TGV, d'un important établissement résidentiel (*villa*).

La sépulture 15

Cette riche sépulture est une incinération primaire ou *bustum* avec ossuaire, contenue dans une grande fosse rectangulaire de 2,50 x 1,50 m, conservée sur 0,30 m de profondeur, aux parois rougies par le feu. Elle se caractérise par la richesse des offrandes primaires et des dépôts secondaires associés aux restes incinérés : plus de 65 objets complets en verre, en céramique, en métal et en os et de multiples fragments d'autres objets ont en effet été retirés du comblement de la fosse (fig. 1). Le bon état de conservation de cette structure, ainsi que sa fouille fine permettent de restituer partiellement le rituel qui a accompagné la crémation puis l'ensevelissement du défunt.

Le fond de la fosse ne comportait pas de restes importants du bûcher lui-même : seuls les angles étaient entièrement comblés de résidus de bûches carbonisées, le reste du fond de la fosse étant recouvert par une couche de limon charbonneux renfermant des débris d'ossements et d'objets brûlés mêlés à des objets non brûlés. Toutefois, ceci ne paraît pas témoigner d'un curage de la fosse puisque la masse et la répartition des os demeurent cohérentes. Les objets retrouvés dans cette couche sont de différents types :

- de nombreux clous de moyenne et grande taille, répartis dans l'ensemble de la fosse : ils ont pu servir à la construction du bûcher, mais aussi à l'assemblage de meubles (siège, lit, coffre ?) déposés sur le bûcher ou après la crémation, ce que semble confirmer la présence de clous de tapissier, et de deux éléments en fer identifiables à des pieds de meuble ;
- des objets provenant de l'habillement du défunt : une boucle de ceinture en alliage cuivreux et un élément de tabletterie (bouton ?) placés dans la partie médiane de la fosse, et de très nombreux petits clous de chaussures localisés dans la partie occidentale où se trouvaient les pieds du défunt ;
- une monnaie en alliage cuivreux (illisible) : c'est un dépôt symbolique (obole remise à Charon) que l'on rencontre assez fréquemment dans les tombes gallo-romaines ;
- une trentaine de balsamaires en verre : la plupart de ces objets, généralement interprétés comme des petits flacons à parfum, avaient été placés sur le bûcher près de la tête du défunt, les autres ont été déposés au même endroit après la crémation ;

Fig. 1. Offrandes secondaires en verre de la tombe 15.

- un ensemble de quatre assiettes et cinq bols en céramique sigillée, retrouvés brisés contre la paroi ouest de la tombe. Les fragments brûlés de ces récipients recollent avec d'autres fragments non brûlés, issus des couches supérieures de comblement de la fosse : ceci montre qu'ils ont été volontairement brisés avant la crémation, et qu'une partie seulement des fragments a été jetée sur le bûcher alors que le reste a été disposé dans la tombe après la crémation. Ces céramiques contenaient des offrandes alimentaires parmi lesquelles figuraient des dattes et des figues, dont on a retrouvé quelques restes carbonisés ;

- des fragments provenant de trois cruches incomplètes en céramique commune, non brûlés : ces éléments, déposés à proximité des assiettes et des bols à l'issue de la crémation, témoignent également d'un bris intentionnel des céramiques.

C'est sur ce premier niveau de comblement de la fosse, contenant essentiellement des restes d'offrandes brûlées avec le défunt, qu'ont ensuite été disposés un ossuaire et plusieurs groupes d'objets complets et non brûlés, considérés comme des dépôts secondaires (fig. 2).

Fig. 2. Vue d'ensemble de la tombe 15.

Dans le quart sud-ouest de la fosse, un petit creusement régulier a été pratiqué pour installer une urne globulaire en verre ainsi que six récipients en verre et une lampe à huile en terre cuite, groupés autour d'elle. L'urne contenait une couche dense d'ossements brûlés (dont la moitié issue du crâne), sur laquelle reposait un balsamaire en verre. Deux cruches à panse cylindrique identiques, une coupelle et une lampe à huile ont d'abord été rassemblées autour de l'urne ; dans un deuxième temps, deux assiettes identiques et une autre coupelle ont été placées au-dessus de ces objets (fig. 3).

Un deuxième ensemble d'objets était aligné contre la paroi orientale de la fosse : une cruche en céramique commune claire, un pot en céramique commune grise, deux cruches en verre à bec ponté, dont l'une recouvrait un petit balsamaire, une cruche en verre à panse piriforme, et une bouteille en verre à panse globulaire dont le goulot enserrait un petit entonnoir également en verre. Une lampe à huile en terre cuite, décorée d'un scorpion, était disposée en léger retrait par rapport à ces objets.

Enfin, un dernier groupe d'offrandes secondaires*, constitué pour l'essentiel d'instruments de toilette, était rassemblé dans l'angle nord-est de la tombe (fig. 4) : six balsamaires en verre bleu, un rhyton (sorte d'entonnoir en verre en forme de corne), un rasoir en fer pourvu d'un manche en os, une spatule et un « nécessaire de toilette » formé de trois instruments maintenus par un anneau : pince à épiler, coupe-ongles et tige équipée d'une lime. On peut supposer que ces objets étaient initialement contenus dans un étui en matériau organique qui n'a pas laissé de traces.

L'ensemble de ces dépôts secondaires, ainsi que la couche charbonneuse sur laquelle ils reposaient, étaient scellés par un premier niveau de remblai formé de limon argileux jaune recelant de nombreux nodules charbonneux, des clous et des tessons recollant avec les cruches et les céramiques sigillées déposées dans le fond de la tombe. Ce remplissage a ensuite été recouvert par une couche de limon compact, contenant des fragments de paroi brûlée, quelques clous et surtout un poignard en fer à lame triangulaire, de caractère militaire.

L'érosion du site n'a pas permis la conservation de la structure de surface qui matérialisait très certainement cette riche tombe : il pouvait s'agir d'une stèle, à l'image de celle qui a été retrouvée dans le comblement du puits localisé à proximité.

La fouille stratigraphique minutieuse de la tombe 15 de Bollène fournit d'ores et déjà des indications importantes concernant le statut du sujet incinéré, et la complexité des pratiques funéraires qui ont accompagné sa crémation, puis son ensevelissement. Cependant, l'exploitation de ces données devra être encore approfondie et complétée, notamment par l'étude détaillée des ossements humains et des offrandes alimentaires incinérées, puis par celle du mobilier funéraire.

Fig. 3. Tombe 15 : détail du dépôt central d'objets autour de l'urne en verre.

Malgré l'absence de vaisselle métallique, l'abondance et la qualité des offrandes déposées dans cette tombe révèlent le statut aisé du défunt, qui pourrait appartenir à la classe militaire si l'on en juge par la présence d'une boucle de ceinture et d'un poignard.

Cette grande incinération primaire fournit un témoignage, assez rare en milieu rural, d'un rite funéraire qui s'est développé en Gaule à partir du deuxième quart du Ier siècle après J.-C., principalement dans les centres urbains (tels Lyon et Saint-Paul-Trois-Châteaux) et le long des grands axes de communication – ce qui est le cas de l'ensemble funéraire de Bollène, localisé en bordure d'un *cardo* du cadastre B d'Orange. Par ailleurs, l'identification probable de l'incinéré de Bollène comme militaire apporte un argument supplémentaire à la thèse selon laquelle la diffusion de ce rite pourrait être en partie attribuée à l'armée romaine.

Fig. 4. Détail des objets placés dans l'angle nord-est de la tombe 15.

Guy Alfonso

Bibliographie

Bel, Tranoy 1993 ; Struck 1993.

DEUX ENSEMBLES DE L'ANTIQUITÉ TARDIVE : GRANGE NEUVE, ALLAN ET LE PATIS 1, MONTBOUCHER-SUR-JABRON (DRÔME)

Deux sites funéraires drômois, datés en partie de l'Antiquité tardive, ont été effleurés par les travaux préalables à l'aménagement du TGV. Le premier se situe sur la commune d'Allan, et le second sur la commune de Montboucher-sur-Jabron.

Grange Neuve

Pour des raisons de salubrité publique entre autres, les nécropoles antiques sont placées hors des villes. Pour autant, si les Gallo-Romains excluent les morts de leur ville, ils ne les rejettent pas de leur vie : les relations entre les morts et les vivants restent fondamentales et le souvenir du défunt confère à ce dernier une part d'éternité. On connaît d'ailleurs plusieurs inscriptions funéraires interpellant le passant et l'invitant à avoir une pensée pour la personne enterrée. Pour permettre cet échange, les espaces funéraires sont généralement installés le long des voies.

Le site de Grange Neuve, installé dans la plaine d'Allan, à environ 1 km au nord-ouest de ce bourg, répond à ces règles (fig. 1). À l'époque romaine, il se présente sous la forme d'un terrain légèrement vallonné. Une voie de 4 m de large, bordée d'un fossé (il s'agit du *decumanus* DD XXXV du cadastre B d'Orange), est installée au sud et au pied de petits monticules. Par la suite, ces éminences servirent pour l'installation de tombes.

Seule la zone menacée par la mise en place du TGV a été étudiée. Nous ne connaissons donc pas les limites de cet espace funéraire et n'en avons qu'une vision tronquée. Cinq crémations et quarante-sept inhumations ont pu être fouillées. La chronologie de l'occupation est la suivante :

- installation de la voie : entre le Ier et le IIe siècle après J.-C.
- installation et utilisation de l'espace funéraire à crémation : IIe siècle.
- installation et utilisation de l'espace funéraire à inhumation : probablement du IVe siècle jusqu'au début du VIe siècle avec différents types de tombes.
- construction d'un fossé reprenant l'axe de la voie : après l'abandon de l'espace funéraire.

Les crémations ont été retrouvées alignées le long de la voie, sur le sommet d'une butte. L'une des plus riches en mobilier est la sépulture 1003 (fig. 2). Placée en contexte funéraire, la lampe est là pour éclairer le défunt durant son voyage vers l'au-delà, tandis que la fiole en verre (fig. 3) a probablement contenu du parfum, dont l'usage est traditionnellement attesté pour la toilette funèbre et lors des funérailles.

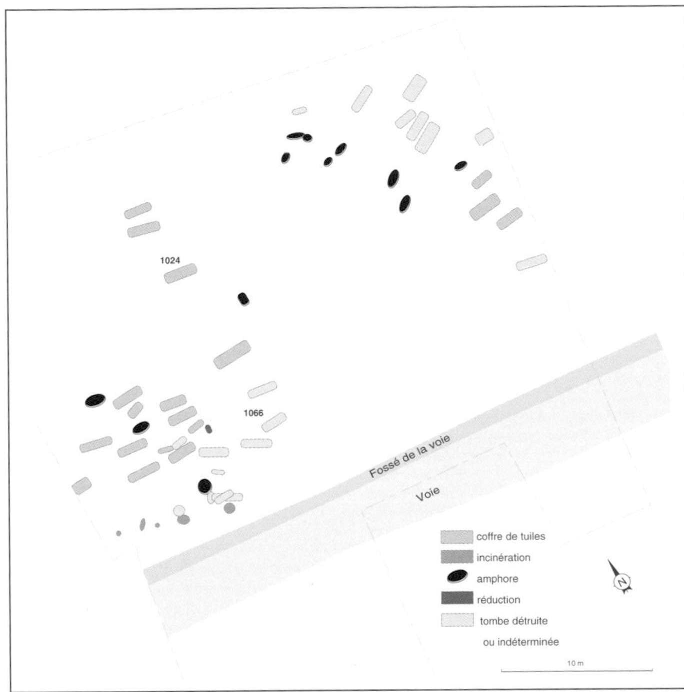

Fig. 1. Plan du site de Grange Neuve, Allan (Drôme). (Dessin J.-M. Petit, D. Ruf, C. Ronco)

Dix-huit inhumations ont été pratiquées dans des coffres de tuiles. Toutes ces tombes sont orientées vers l'est, et se répartissent en deux groupes. Le fond des coffres est fait de cinq ou six *tegulae* posées à plat, rebords vers l'extérieur. Les parois sont aussi composées de ces tuiles juxtaposées, mises de chant, et enfin, le couvercle reprend le modèle des toits antiques : cinq ou six *tegulae* posées à plat, les rebords vers l'extérieur. Pour assurer l'étanchéité, des *imbrices* (« tuiles-canal ») sont placées à la jonction des tuiles plates. Les tombes sous tuiles sont particulièrement répandues aux IVe et Ve siècles dans le contexte méridional.

Certaines tuiles sont marquées de dessins exécutés avec les doigts avant cuisson. Dans quelques tombes, les perturbations enregistrées sous le crâne et les vertèbres cervicales du squelette ont permis de déterminer la présence d'un coussin céphalique en matériau périssable. Dans le cas de la sépulture 1024, la tête repose sur un *imbrex* (fig. 4). Dans certains coffres, les corps reposaient sur une civière surélevée à l'aide de cales.

Les offrandes, composées de pièces de vaisselle probablement garnies de nourriture, vont aussi accompagner le mort pour le long voyage qui l'attend dans l'au-delà. Ici, la céramique est de qualité médiocre : il est possible qu'elle n'ait été conçue que pour l'usage funéraire.

Dix-huit individus ont été inhumés dans des coffres de bois. Là encore nous retrouvons des éléments traditionnels de vaisselle (plat, cruche, gobelet). Les cruches sont souvent volontairement mutilées avant d'être placées dans les tombes.

Douze amphores ont été recueillies dans la nécropole de Grange Neuve. Elles proviennent principalement de Bétique (pour trois d'entre elles) et d'Afrique (sept). Elles sont datables

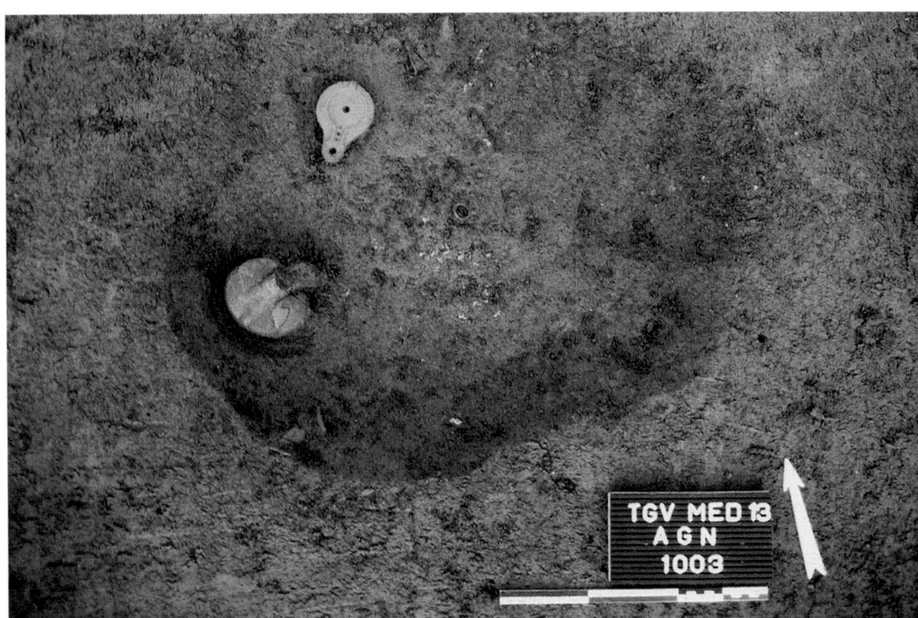

Fig. 2. Fosse 1003, contenant les résidus d'une crémation et des offrandes secondaires ; Grange Neuve, Allan (Drôme), IIe siècle après J.-C.
Il s'agit d'une petite fosse circulaire de 0,70 m de diamètre, située en bordure septentrionale de la voie. Elle contient des fragments d'os humains brûlés mêlés à des charbons de bois. Ces vestiges représentent une partie des résidus du bûcher, prélevés après la crémation. Avec ces restes ont été déposés une lampe en terre cuite, une fiole en verre du IIe siècle après J.-C. et deux anneaux de bronze. Ces objets ne sont pas brûlés : il s'agit d'offrandes faites au défunt après la crémation.

du IVe siècle, donc contemporaines des autres tombes. Ces céramiques ont servi de contenant pour des inhumations d'enfants en bas âge (0 à 6 mois). Ce type d'inhumation est fréquent pour cette période dans le contexte méditerranéen, mais il reprend en fait une tradition plus ancienne : les os prélevés sur les bûchers funéraires sont fréquemment contenus dans des récipients, comme c'est le cas pour une sépulture de Grange Neuve. Seuls des enfants ont été retrouvés dans ces amphores : elles sont sabrées au niveau du col, le corps est placé dans la panse, puis la partie supérieure est remise à sa place initiale. Le choix d'amphores pour les inhumations de bébés répond probablement au critère de taille : seuls les petits enfants sont susceptibles de rentrer dans ce volume étroit.

Fig. 3. Fiole en verre de Grange Neuve, Allan (Drôme).

Fig. 4. (ci-contre et ci-dessous). Sépulture 1024 de Grange Neuve, Allan (Drôme), des IVe-Ve siècles après J.-C.
Sépulture pratiquée en coffrage de tuiles plates (*tegulae*). Le couvercle se compose de 6 *tegulae* posées à plat, couvertes de tuiles rondes (*imbrices*). Les longs côtés sont formés de 3 *tegulae* et demi placées de chant, tandis que deux *tegulae* de chant ferment les côtés transversaux du coffrage. Enfin, le fond est constitué de 4 *tegulae*. Un *imbrex* (tuile ronde), qui apparaît par sa face convexe, est placé sur le fond, en amont des épaules du squelette. On note à cet égard que le bloc crânio-facial est disloqué de la mandibule et qu'il se situe dans le thorax. La mandibule est effondrée à la base de l'*imbrex*. Ces bouleversements indiquent que la tête reposait à l'origine sur l'*imbrex* ; lors de la décomposition, elle s'est retrouvée déséquilibrée, et le bloc crânio-facial et la mandibule se sont dissociés et déplacés. Le squelette est celui d'un individu féminin. Trois vases ont été déposés latéralement à son pied gauche : un bol, un pot ovoïde et une coupe.

Le Patis 1

Le Patis livre vingt-sept sépultures placées en limite nord-ouest de l'emprise des travaux. L'extension de l'ensemble funéraire, au nord-ouest, à l'ouest et au nord-est est inconnue (fig. 5). Les sépultures les plus anciennes se composent de deux grandes fosses rectangulaires d'une longueur de 3 m environ. Elles contiennent chacune les restes d'un individu, placés à l'origine dans un coffre de bois, avec du mobilier daté de la seconde moitié du IVe siècle après J.-C. (fig. 6). Au sommet de leur comblement, qui correspond probablement au niveau du sol de l'époque, se trouve dans les deux cas un petit foyer circulaire pouvant être en relation avec le rituel funéraire. Sur le fond de la fosse de la sépulture 12, un foyer rectangulaire d'une longueur équivalente à celle de

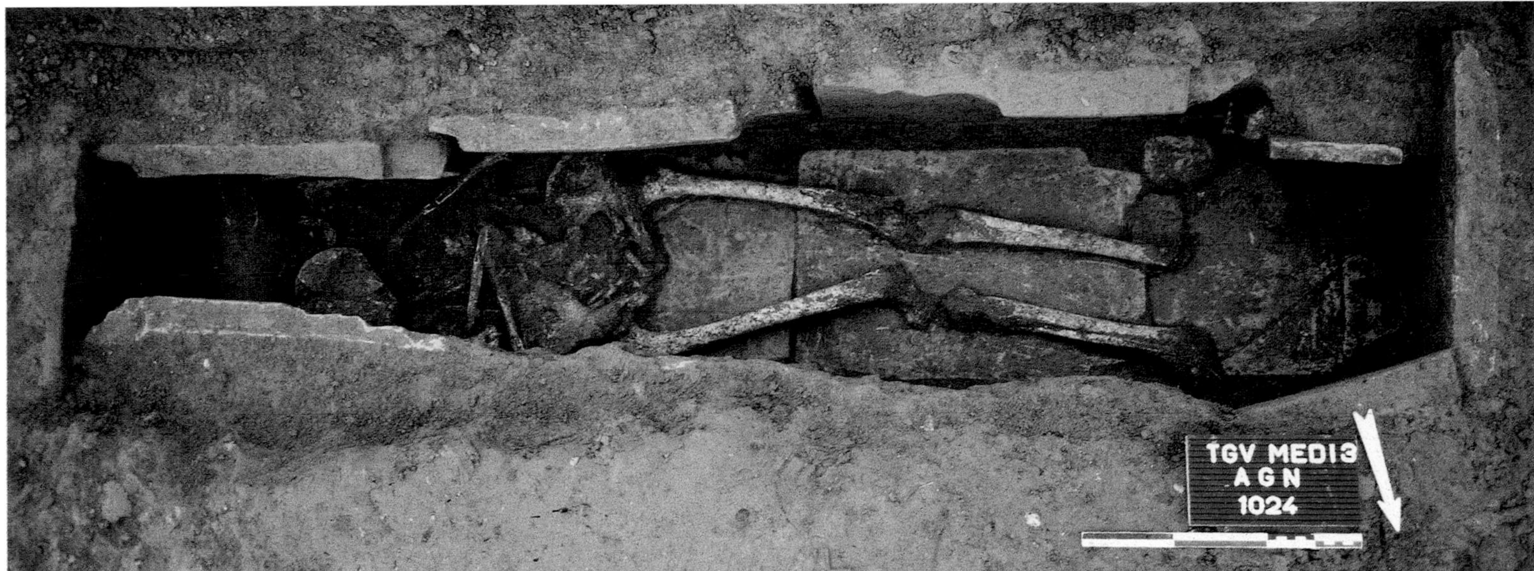

la fosse a été aménagé contre la paroi sud ; après l'avoir utilisé en tant que structure de combustion, on y a déposé le cercueil. Les funérailles de cet individu paraissent donc avoir été accompagnées d'un rituel particulier, sur le lieu même de l'inhumation.

L'ensemble funéraire comprend également des coffrages de tuiles à toit plat ou en bâtière. L'analyse archéoanthropologique des squelettes a montré qu'à l'intérieur les corps reposaient sur une planche de bois, surélevée à l'aide de deux cales. L'absence totale de mobilier funéraire dans ces coffrages, la fréquence du plan en bâtière et le mode de construction relativement sommaire de la plupart de ces tombes (rareté des couvre-joints) nous permettent de les dater de la fin du IVe ou du début du Ve siècle. D'autres types de sépultures ont été identifiés, notamment des coffres et des coffrages de bois plus ou moins étroits. Certains parmi les plus étroits peuvent avoir été fabriqués en évidant des troncs d'arbres. On trouve également des fosses anthropomorphes à couverture de bois et deux coffrages mixtes (dalles de calcaire et planches). Ces trois types de tombes sont difficiles à dater en raison de leur longue période d'utilisation, de la seconde moitié de l'Antiquité à la fin du haut Moyen Âge. La présence dans une fosse anthropomorphe de boucles d'oreilles à tête polyédrique, attribuables aux Ve-VIe siècles, confirme en tout cas que cette forme de sépulture, très courante au haut Moyen Âge, apparaît assez tôt. Cependant, la diversité des types de tombes en regard du faible effectif dégagé nous conduit à émettre quelques doutes sur l'homogénéité chronologique de l'échantillon. Ces réserves ont été corroborées par une datation radiocarbone effectuée sur un squelette issu d'un coffrage mixte ; cet examen témoigne que le décès a eu lieu entre la fin du VIIe et la fin du IXe siècle après J.-C. (BETA-113837, 695-880 après J.-C., pic à 785). L'ensemble funéraire a donc été fréquenté au moins jusque dans la première moitié du haut Moyen Âge, au plus tôt.

Deux ensembles funéraires différents

Les deux ensembles funéraires n'ont pu être dégagés qu'en partie et l'on ignore dans un cas comme dans l'autre leur étendue. Ils ne sont reliés à aucun habitat connu dans le proche environnement. Ils se distinguent par leur date de fondation et par leur durée d'occupation, pour autant que l'on puisse en juger à partir des tombes fouillées. Grange Neuve correspond

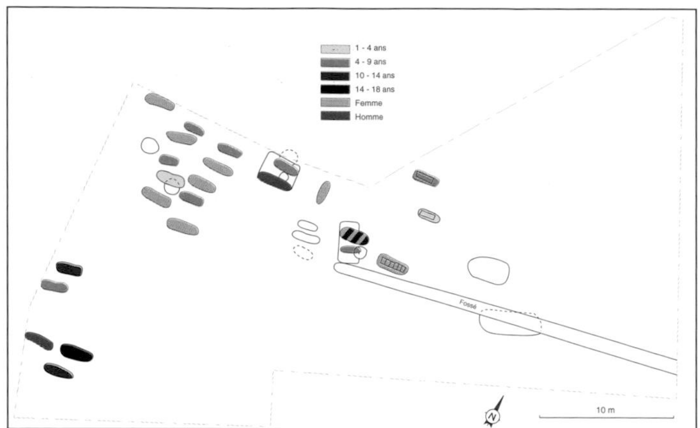

Fig. 5. Plan du site du Patis 1, Montboucher-sur-Jabron (Drôme). (Dessin J.-M. Petit, D. Ruf)

à l'un de ces rares ensembles funéraires où une continuité de l'occupation est attestée entre le Haut et le Bas-Empire. Le Patis 1 se rapporte au schéma plus fréquent des ensembles fondés au cours de l'Antiquité tardive et qui continuent d'être utilisés au haut Moyen Âge. Compte tenu de la limitation de surface de notre investigation, il n'est toutefois pas possible de déterminer s'il s'agit d'un grand ensemble qui fonctionne sur la longue durée ou si cet espace est ponctuellement fréquenté pour inhumer depuis la seconde moitié du IVe siècle jusqu'à l'époque carolingienne.

Pour la phase durant laquelle ces deux ensembles sont contemporains, on retrouve certains modes d'inhumation : les coffrages de tuiles et les coffres de bois. Aucune bâtière ni aucune structure de combustion ne sont cependant présentes à Grange Neuve. Sur ce site, quelques squelettes se caractérisent par des remaniements du même type que ceux qui, au Patis 1, témoignent d'un dépôt sur une planche surélevée placée dans le coffre de tuiles. Les coussins céphaliques, constitués d'une tuile ronde, sont en revanche absents au Patis 1. Les cruches en céramique retrouvées dans la tombe 12 du Patis 1 ont été amputées d'une partie de leur lèvre ; la fréquence de ces mutilations observées sur les vases des nécropoles de l'Antiquité tardive indique que cette pratique relève d'un aspect du rituel funéraire. Celle-ci a également été mise en évidence à Grange Neuve, comme par exemple sur une cruche de la sépulture 1066.

La zone fouillée à Grange Neuve paraît être constituée de deux groupes de tombes séparés par une distance de 8 m. Cette organisation est courante dans les petits ensembles funéraires de l'Antiquité tardive, mais on ne sait pas pour l'instant si elle illustre deux groupes familiaux ou deux catégories sociales.

L'examen de la structure démographique des deux échantillons, limité à Grange Neuve en raison du mauvais état de conservation des squelettes, indique que les deux ensembles présentent un recrutement différent. À Allan, le quotient de mortalité* avant 1 an est de 286 ‰, compatible avec celui d'une population dont l'espérance de vie à la naissance* est faible. Le quotient de mortalité entre 1 et 4 ans, de 120 ‰, n'est pas très élevé, mais il entre dans la variation pour une espérance de vie à la naissance de 30 ans ; il peut d'ailleurs avoir été plus élevé, dans la mesure où l'âge au décès de trois sujets immatures n'a pas pu être estimé (conservation médiocre des os). Au Patis 1, le quotient de mortalité avant 1 an est beaucoup trop bas (37 ‰) et ne saurait correspondre à celui d'une population à schéma de mortalité archaïque. Ce même quotient entre 1 et 4 ans est par contre tout à fait acceptable (192 ‰), quoique proche des valeurs basses. Cela signifie que les très jeunes enfants ont été inclus dans l'ensemble funéraire communautaire à Grange Neuve, tandis qu'au Patis 1, ils en ont été écartés – ou encore ont-ils été regroupés dans un secteur que nous n'avons pas fouillé. À cet égard, on a pu remarquer qu'à Grange Neuve, la majorité des enfants morts en bas âge étaient dans le même secteur. Dans la mesure où nous n'avons pas eu accès à la totalité de l'ensemble funéraire du Patis 1, nous ne pouvons pas choisir entre l'une ou l'autre hypothèse.

Ces deux ensembles, proches par certains aspects et différents par d'autres, illustrent la variabilité des comportements funéraires qui caractérisent l'Antiquité tardive et le haut Moyen Âge.

Frédérique Blaizot, Emmanuel Ferber

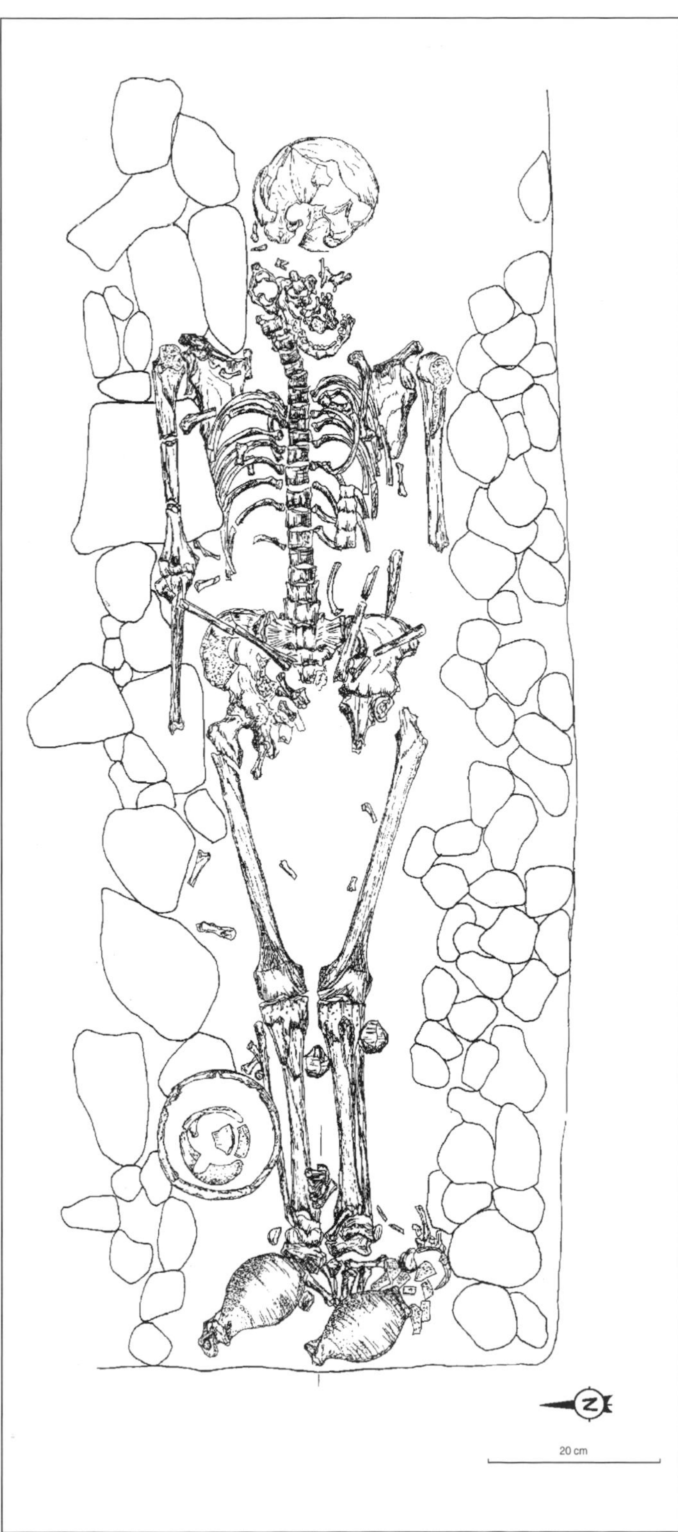

Fig. 6. Sépulture 12 du Patis 1, Montboucher-sur-Jabron (Drôme), des IVe-Ve siècles après J.-C. (Dessin F. Blaizot)
La sépulture 12 a été installée au fond d'une grande structure rectangulaire d'une largeur de 2,10 m pour une longueur de 2,70 m. À sa base, contre la paroi sud, se trouve une longue structure de combustion de 0,75 m de large bordée de galets noircis, remplie de cendres et de charbons. Entre les deux rangées de galets a été placé un coffrage de bois qui contenait le squelette d'un adulte masculin. Puis la totalité de la fosse a été remblayée et un foyer circulaire a été installé au sommet de son comblement. La décomposition en espace vide est attestée par le déplacement, en dehors de l'espace initial du cadavre, de l'extrémité distale du radius droit, des os des mains et des pieds, des patellas, et par la dislocation des vertèbres cervicales. Les effondrements relevés sur les vertèbres cervicales et les côtes supérieures droites témoignent de la présence d'un plancher qui se rapporte probablement à un coffre de bois. Au niveau des pieds et des jambes se trouve le mobilier funéraire : deux cruches, un gobelet en verre brisé, une coupe contenant les os d'un volatile et un pot.

Bibliographie

Blaizot [*et al.*] (à paraître) ; Raynaud 1987.

LE TRAITEMENT FUNÉRAIRE DES JEUNES ENFANTS DEPUIS LA PROTOHISTOIRE

Dans les populations qui n'utilisent pas les vaccins ou qui sont dépourvues de médecines efficaces, la mortalité avant 5 ans est importante ; dans la France de l'Ancien Régime par exemple, les registres paroissiaux nous informent qu'elle était de 525 ‰ environ, ce qui signifie que la moitié des individus qui naissaient mouraient avant l'âge de 5 ans. Or, les ensembles funéraires ne livrent que très exceptionnellement de tels chiffres, notamment aux périodes préhistoriques, protohistoriques, dans l'Antiquité et la première moitié du Moyen Âge : la plupart de ceux qu'on exhume lors des fouilles archéologiques se caractérisent par un nombre d'enfants très inférieur à ce qu'il devrait être. Où se trouvent-ils ?

Pour les périodes anciennes, les données les plus nombreuses dont on dispose datent de l'âge du Fer. L'étude des tumuli du premier âge du Fer (entre 800 et 480 avant J.-C.) de la région des garrigues en Languedoc oriental, a montré l'absence totale d'enfants morts en période périnatale, de nouveaux-nés et de nourrissons, tandis que seuls quelques rares enfants plus âgés y étaient inhumés. De même, l'étude paléodémographique d'un tumulus à dépôts successifs du Jura, daté de la même époque, révèle un important déficit en jeunes enfants (tumulus de Courtesoult). Par ailleurs, les sites d'habitat de l'âge du Fer livrent fréquemment des tombes de très jeunes enfants, comme le montre l'exemple de Bourbousson 1, Crest (Drôme). Un enfant décédé en période néonatale* ou post-néonatale* a été inhumé à l'extérieur, à proximité immédiate d'un bâtiment (fig. 1). Ainsi, les tout petits enfants sont très rarement inhumés avec les adultes, et leurs tombes sont pratiquées dans les habitats. En Languedoc, on compte dans les habitats soixante-dix-huit enfants décédés autour de la naissance, et sur un site d'habitat suisse (Brig-Glis-Waldmatte, Valais), une centaine de bébés ont été retrouvés.

D'après Plutarque, le deuil n'était pas porté, dans la haute Antiquité (Ier - IIe siècles après J.-C.), pour les enfants décédés avant l'âge de 3 ans. De plus, Pline l'Ancien rapporte que les enfants dont la première dent n'avait pas percé n'étaient pas brûlés mais inhumés. Cette information est confirmée par l'archéologie ; par exemple, sur le site de Saint-Lambert, Fréjus (Var), l'analyse du recrutement a montré que les enfants décédés entre 0 et 12 mois étaient exclusivement inhumés, qu'entre 1 et 4 ans l'inhumation et la crémation étaient pratiquées en proportion équivalente et qu'à partir de 5 ans la crémation dominait. Les fouilles archéologiques indiquent également que les bébés étaient généralement exclus de l'ensemble funéraire communautaire, puisque des zones sépulcrales

Fig. 1. Squelette de l'habitat de Bourbousson 1, Crest (Drôme).
Le squelette est celui d'un enfant décédé dans les quatre premiers mois de sa vie. L'analyse des remaniements selon les méthodes de l'anthropologie de terrain indique que le corps s'est décomposé en espace vide et qu'il a été déposé en appui sur son côté gauche, dans une attitude proche d'une position latérale. Son avant-bras droit était fléchi en avant du bras avec la main placée sur le visage, tandis que la main gauche reposait latéralement au côté droit de l'abdomen. Les membres inférieurs étaient fléchis, le genou droit surélevé et en appui contre la paroi nord-ouest du réceptacle, tandis que le pied butait contre la paroi nord-est. À gauche, le genou était ramené vers l'avant et vers l'amont, témoignant d'une flexion importante. Des remaniements se sont produits en partie du fait de la position instable des membres inférieurs et aussi par des infiltrations d'eau dans la fosse, dont le fond est légèrement pentu vers la droite. Les limites de la fosse étant inconnues, il est difficile de savoir si le corps reposait dans un coffre ou dans une fosse fermée d'un couvercle.

composées uniquement de très jeunes enfants ont été mises au jour. Ces zones se situent fréquemment dans des secteurs d'activités artisanales ou en périphérie des habitats ; l'atelier de potier de Sallèle-d'Aude (Aude) renfermait des tombes de petits enfants, et sur le site de Pourliat, Beaumont (Puy-de-Dôme), a été fouillé un groupe de vingt-sept squelettes d'enfants décédés avant l'âge de 6 mois. Des tombes sont aussi ponctuellement signalées dans les habitats, au même titre qu'à l'âge du Fer. Lorsque les très jeunes enfants sont retrouvés dans les ensembles communautaires, ils sont sous-représentés et très souvent regroupés dans un secteur particulier, à Saint-Paul-Trois-Châteaux (Drôme) par exemple.

L'exclusion des jeunes enfants persiste dans l'Antiquité tardive (IIIe-Ve siècles après J.-C.). L'étude récente de trois ensembles funéraires, dont celui des Girardes, Lapalud (Vaucluse), fouillé sur le tracé du TGV, met en évidence l'absence des sujets décédés avant 1 an. Sur le site de La Ramière, Roquemaure (Gard), exhumé sur le tracé du TGV, dix-huit tombes de très jeunes enfants ont été retrouvées sur les ruines de la villa antique. Ces enfants, dont l'âge au décès est inférieur à 1 an, ont été placés pour la plupart dans des amphores dispersées parmi ces ruines (fig. 2). L'examen du rapport de la mortalité périnatale* sur la mortalité infantile* montre que la structure de la mortalité infantile est homogène. En effet, ce rapport est de 43,7 ‰, ce qui est conforme aux valeurs relevées dans les populations à schéma de mortalité archaïque (en moyenne de 45 ‰). Cela indique que cet ensemble funéraire pourrait avoir accueilli sur une période donnée la totalité des enfants décédés avant un an : il s'agit donc bien d'une zone funéraire spécialisée.

Quelques ensembles funéraires antiques livrent un nombre acceptable d'enfants morts en bas âge, comme ici celui de Grange Neuve, Allan (Drôme), mais ils restent très rares.

Au début du Moyen Âge, on n'observe pas de changement notable, bien que l'on constate dans les ensembles funéraires, de manière générale, une augmentation de l'effectif des enfants décédés en bas âge. Mais ce phénomène est variable, et ne peut être apprécié que globalement. En tout cas, les quotients relevés de mortalité de la première classe d'âge restent inférieurs à la norme, comme le montrent les exemples fouillés sur le tracé du TGV. À Saint-Romain, Espeluche, et à Saint-Martin 1, Chabrillan (Drôme), les quotients de mortalité avant

1 an sont de 100 ‰ et de 44 ‰ alors qu'ils devraient se situer autour de 320 ou 224 ‰. Lorsque de très petits enfants sont inhumés dans l'ensemble funéraire communautaire, ils sont très souvent regroupés, ce que l'on a déjà vu pour l'époque antique. Ce phénomène est bien mis en évidence sur le site de Saint-Martin 1 (fig. 3), même s'il ne concerne pas uniquement les enfants décédés en bas âge : toutes les tombes d'enfants sont situées au centre de l'ensemble funéraire. Dans les cimetières caractérisés par la présence d'une église, les enfants sont quasi systématiquement réunis dans une partie de l'édifice (chevet, chœur, fonts baptismaux). Cette sectorisation se fait encore plus précise après l'an Mil, jusque dans l'époque moderne, même lorsque les morts sont exclus des églises, comme le prouvent certains de nos cimetières de campagnes où les tombes du siècle dernier sont conservées. Ce phénomène disparaît progressivement avec les concessions familiales, ou plus exactement avec la création des caveaux de famille en usage à l'heure actuelle, et très probablement avec le recul considérable de la mortalité infantile et enfantine.

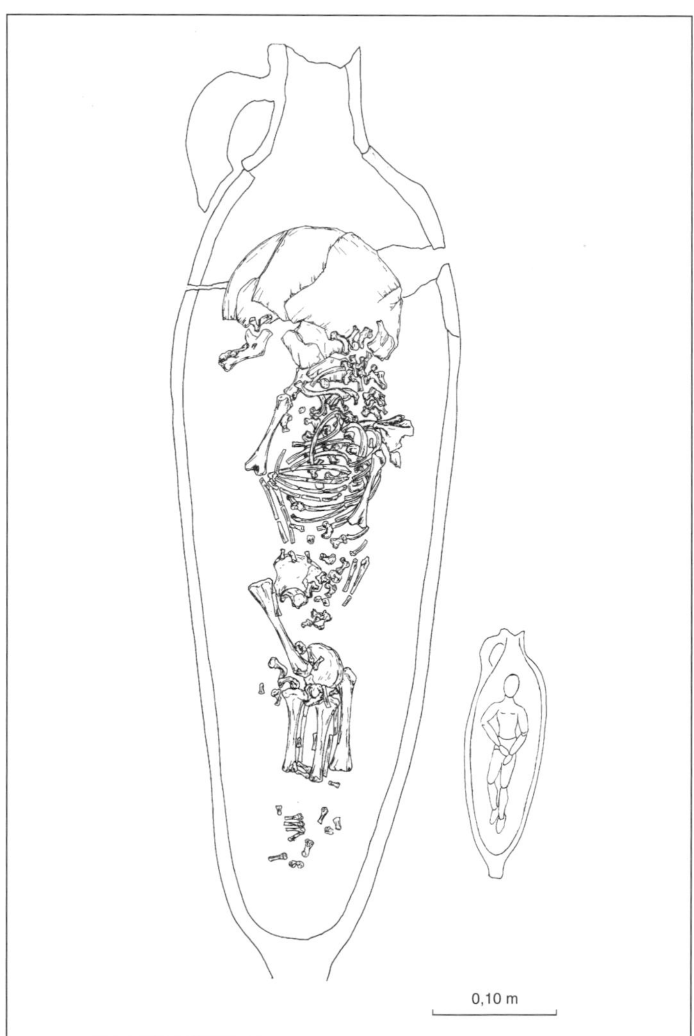

Fig. 2. Squelette 7080 de La Ramière, Roquemaure (Gard), situé dans une amphore. (Relevé F. Blaizot)
Le squelette est celui d'un enfant décédé en période post-néonatale, entre 3 et 6 mois. Le corps a été déposé dans une amphore ; pour l'introduire, l'amphore fut découpée au niveau de la liaison épaule-panse. Après qu'on eut rassemblé ses deux parties, l'amphore a été placée dans une fosse.

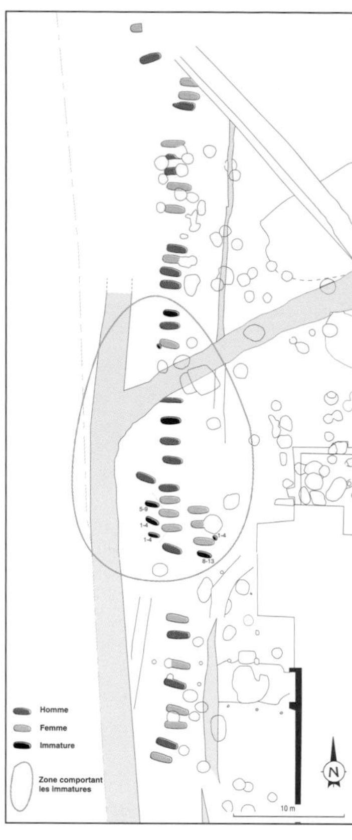

Fig. 3. Sectorisation préférentielle des enfants dans l'ensemble funéraire de Saint-Martin 1, Chabrillan (Drôme). (Dessin F. Blaizot, V. Savino)

Frédérique Blaizot

Bibliographie

Bérato [*et al.*] 1991 ; Blaizot [*et al.*] (à paraître) ; Dedet 2000 ; Dedet, Schwaller 1990 ; Duday [*et al.*] 1995 ; Henrion 1997 ; Sellier 1996 ; Struck 1993.

UN DISPOSITIF COMPLEXE : LA SÉPULTURE 9 DU PATIS 1, MONTBOUCHER-SUR-JABRON (DRÔME)

Le squelette est celui d'un enfant décédé autour de 2 ans, placé dans un coffrage de tuiles, la tête à l'ouest et les pieds à l'est. Le coffrage est construit de la manière suivante (fig. 1) :

- trois tuiles plates (*tegulae*) forment le fond ;
- les deux extrémités est et ouest sont fermées à l'aide d'une tuile plate (*tegula*) placée verticalement ;
- les parois latérales sont constituées de trois tuiles plates (*tegulae*), disposées en bâtière : une extrémité repose sur le sol, latéralement aux *tegulae* du fond, et l'autre vient s'articuler sur celle de la tuile placée de l'autre côté. Des tuiles rondes (*imbrices*) reposent sur les jointures.

Il en résulte un coffre de section triangulaire, calé tout autour par des galets. Les *tegulae* portent des marques diverses (deux lignes sinueuses parallèles ou deux lignes formant une boucle).

Le petit squelette présente d'importantes perturbations (fig. 2 et 4). Certains indices indiquent qu'à l'origine le corps reposait sur le dos, la tête à l'ouest et les pieds à l'est. En effet, les deux scapulas (n° 1) et une partie des côtes droites (n°s 28 à 31), qui sont des éléments labiles, sont en place sur le fond du coffre.

Mis à part les os des jambes, tous les os sont groupés dans la moitié ouest du coffre. Ces deux ensembles sont séparés par un espace d'environ 20 cm. Les os des jambes sont orientés perpendiculairement à l'axe longitudinal du corps. Cette position ne signifie pas que les genoux étaient fléchis et déportés latéralement puisque les extrémités proximales des deux tibias se font face : cette orientation résulte probablement d'une perturbation et non pas de l'attitude initiale des membres inférieurs.

Le bloc crânio-facial est en connexion lâche avec la mandibule. Les vertèbres sont pour la plupart amassées en arrière et en aval

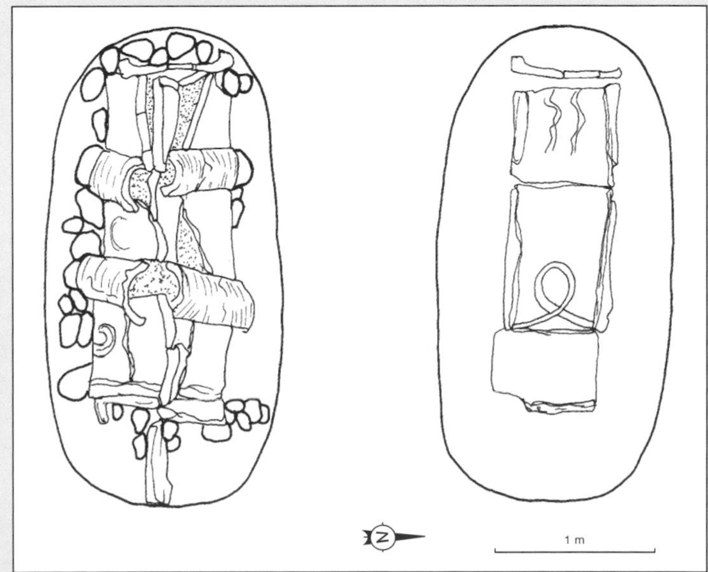

Fig. 1. Architecture de la tombe : le coffrage de *tegulae*. (Dessin F. Blaizot)

de l'occipital. Les côtes supérieures droites présentent un phénomène d'effondrement : elles apparaissent par leur face inférieure, leurs têtes dirigées latéralement (n° 2). À gauche, deux côtes sont retournées et sont passées en avant de l'emplacement supposé de la colonne vertébrale dans la partie droite du thorax (n° 3). On remarque également que les têtes de deux lots de côtes droites et gauches (n° 4 et 5) se sont engouffrées dans l'espace libéré par les vertèbres.

Fig. 2. Le squelette sur le fond de *tegulae*.

Des mouvements violents ont affecté les membres supérieurs. L'humérus (n° 6) et le radius (n° 7) droits sont situés entre les scapulas et le crâne, perpendiculairement à l'axe longitudinal du corps. L'humérus (n° 8) et l'ulna (n° 9) gauches ne sont pas en place, mais décalés en hauteur de 7 cm par rapport à la scapula. Enfin, les fémurs (n°s 10 et 11) et les iliums (os du bassin : n°s 12 et 13) se sont déplacés sur une longue distance, le fémur gauche (n° 11) et l'ilium droit (n° 13) se trouvant à demi engagés en arrière du bloc crânio-facial. On remarquera que le fémur droit (n° 10) a passé dans la moitié gauche du corps.

Ces dislocations ne peuvent avoir été produites par une inondation du coffre. En effet, les déplacements ne touchent pas uniquement les os spongieux, puisque des os longs sont concernés. Le fait que des côtes soient retournées et que certaines pièces osseuses aient passé en arrière du bloc crânio-facial rend compte d'un effondrement qui s'est produit sous le squelette. Par ailleurs, l'espace vide relevé entre les os des jambes et le reste du squelette, conjugué au déplacement général de la majorité des os dans la partie ouest du coffre, indique que le squelette reposait sur un élément qui s'est rompu au niveau des genoux et dont la majeure partie a basculé en direction de la tête. Toutefois, les scapulas étant en place sur le fond et le bloc crânio-facial reposant sur d'autres os, on doit envisager qu'un autre point de rupture s'est produit quelque part sous la moitié supérieure du thorax. Le fond du coffre étant constitué de tuiles plates, le corps devait reposer sur une planche surélevée par rapport au fond, qui s'est rompue en deux points lors de son pourrissement. On restituera alors le dispositif

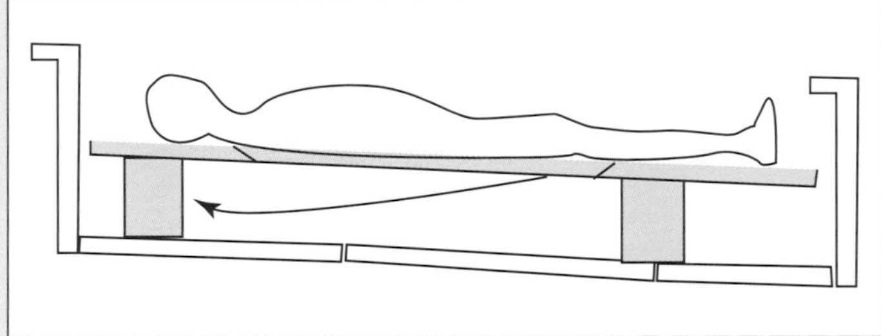

Fig. 3. Restitution du dispositif architectural. (Dessin F. Blaizot)

suivant (fig. 3) : sur le fond de la fosse ont été placées deux billes de bois (voire deux bottes de paille) qui supportaient une planche où le corps était allongé. Lorsque la planche a commencé à pourrir, la partie centrale qui ne reposait pas sur les supports s'est effondrée et a basculé en entraînant les os : à ce moment-là, la décomposition du corps était achevée. Il est possible que la planche utilisée pour déposer le corps avait servi au préalable à le transporter sur le lieu d'inhumation.

Frédérique Blaizot

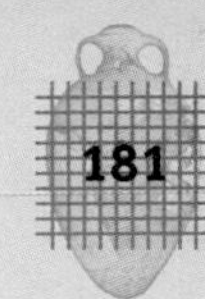

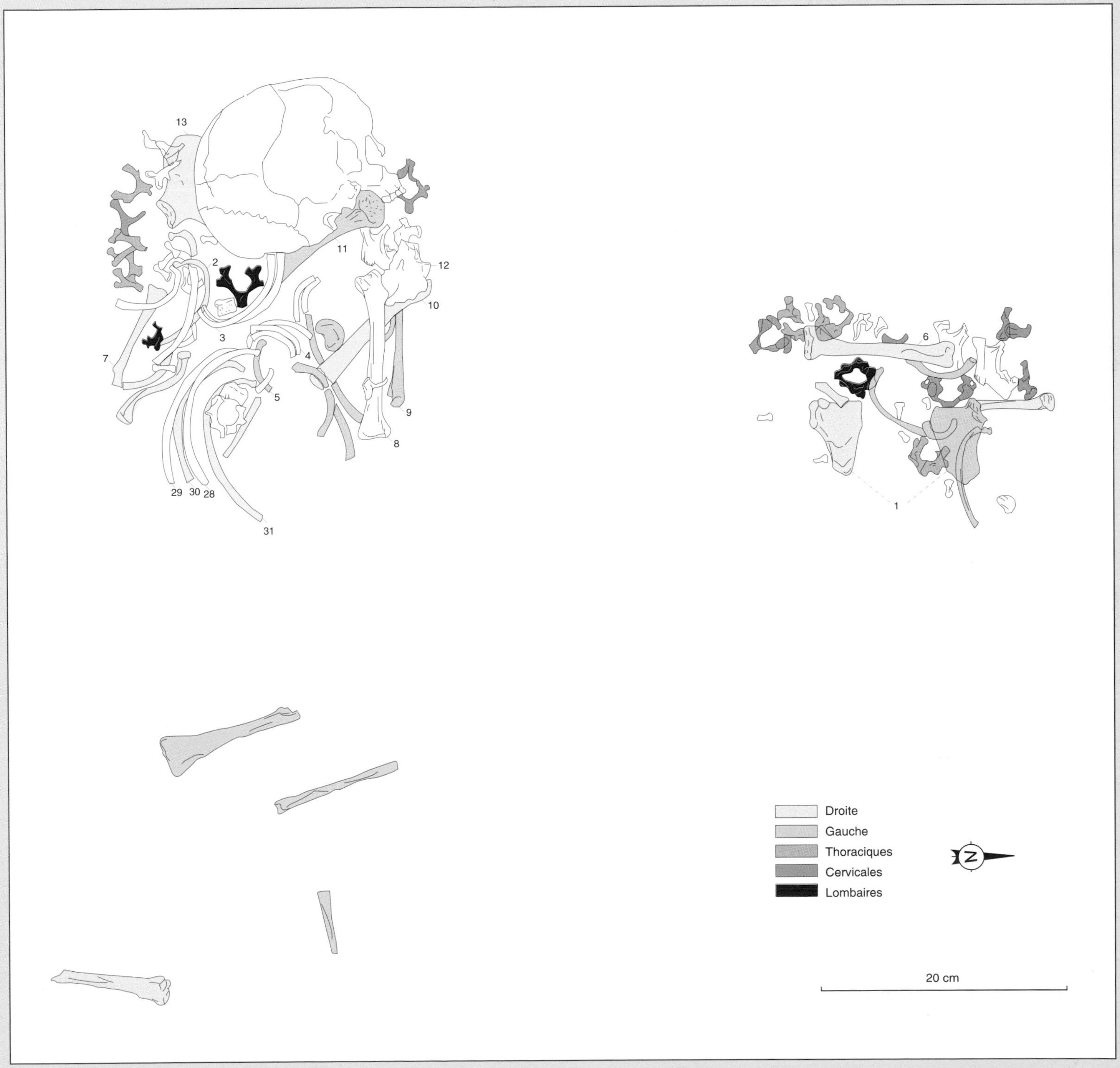

Droite
Gauche
Thoraciques
Cervicales
Lombaires
20 cm

Fig. 4. Deux états de décapage du relevé du squelette. (Dessin F. Blaizot)

SÉPULTURES ET ENSEMBLES FUNÉRAIRES ISOLÉS DU HAUT MOYEN ÂGE : DE NOUVELLES DONNÉES ?

Cinq sites fouillés sur le tracé du TGV ont livré des petits groupes composés de quatre à quarante sépultures. Le site de Saint-Martin 1, Chabrillan (Drôme), comporte un ensemble de trois tombes et un deuxième, composé de quarante-deux tombes installées en bordure d'un fossé. Un groupe de trente sépultures a été fouillé à Saint-Romain, Espeluche (Drôme), tandis que dix tombes sont rassemblées à l'Hortal, Chabrillan. Des sépultures sont dispersées : deux en bordure de fossés de parcellaire à Le Duc, Mondragon (Vaucluse), cinq enfants et quatre tombes isolées à Bourbousson 2, Crest (Drôme). Ces sépultures sont datées du VIIe au Xe siècles après J.-C., et ont la particularité de ne pas se trouver en relation physique avec un édifice religieux [1]. Les ensembles les plus importants restent difficiles à localiser dans le terroir du haut Moyen Âge, mais les petits groupes, voire les sépultures isolées, sont retrouvés dans le finage de l'habitat, en périphérie des différentes unités qui le composent. Les sépultures et les petits ensembles dispersés sont perçus, dans la littérature archéologique, comme un phénomène non conforme par rapport au modèle du regroupement des morts dans un ensemble communautaire établi autour d'un sanctuaire, et dont la durée d'occupation est longue. De ce fait, beaucoup d'interprétations proposées traduisent une marginalisation sociale, dans le sens où les individus concernés sont supposés être distingués, voire exclus de la communauté. On a ainsi parlé de lieux funéraires réservés à la population servile, ou au contraire à des aristocrates (Allemagne), ou encore à des sujets non chrétiens. Des hypothèses de catastrophe (mortalité soudaine en masse : épidémies, famine, par exemple) ont aussi été proposées, sans être toutefois testées par la mise en évidence de caractéristiques propres à ce genre d'ensembles. D'autres auteurs enfin ont évoqué différents processus de mise en place des communautés paysannes, la relation avec diverses formes d'habitat, des solutions ponctuelles liées à l'établissement du réseau paroissial, etc.

Le travail a consisté à identifier les caractéristiques intrinsèques de chaque ensemble et de rechercher en quoi se définit la non-conformité par rapport à un ensemble paroissial ou à un groupe familial théoriques. Trois orientations ont alors été privilégiées : l'étude des pratiques funéraires en usage, l'analyse du recrutement des ensembles selon le sexe et l'âge des sujets, la situation de ces sépultures dans leurs contextes topographique et culturel.

1. Leur étude a fait l'objet d'un article de synthèse : F. Blaizot, V. Savino, « Sépultures et ensembles funéraires isolés au haut Moyen Âge. Exemples en vallée du Rhône », à paraître dans : Maufras O. [ed.], *Habitats, nécropoles et paysages dans la moyenne vallée du Rhône (VIIe-XVe siècles)*, Documents d'Archéologie française.

Les modes d'inhumation

L'étude précise des modes d'inhumation a ici pour objectif de définir en quoi le traitement funéraire de ces individus se distingue de celui que l'on observe dans les grands ensembles communautaires installés autour d'une église. Les pratiques funéraires sont-elles simplifiées, marginales, escamotées ? Ou au contraire ces types de tombes sont-ils les mêmes que dans les ensembles réguliers et selon les mêmes fréquences ?

D'un point de vue typologique, les tombes entrent dans le schéma de référence régional, c'est-à-dire que les sépultures s'inscrivent dans un contexte culturel défini. On y rencontre des contenants étroits monoxyles (fig. 1), des coffres* ou coffrages de planches non clouées, des coffrages mixtes de dalles et de planches (fig. 2) et des tombes en fosses anthropomorphes. Les sépultures sont individuelles, et les individus placés sur le dos comme il est d'usage dès l'Antiquité tardive ; ils se caractérisent par une attitude générale du corps tout à fait classique, sauf dans de très rares cas statistiquement non significatifs. En cela, les pratiques funéraires sont respectées, ce qui permet d'infirmer, notamment pour les sépultures isolées, l'hypothèse de dépôts de relégation si l'on retient l'absence de traitement funéraire comme critère d'identification. Il n'existe non plus aucun argument d'ordre typologique pour argumenter la proposition de sépultures de catastrophe. Par la typologie de leurs tombes, ces groupes ressemblent aux grands ensembles classiques et les sépultures isolées ne se distinguent pas de celles que l'on rencontre dans ces derniers. La typologie reconnue par ensemble et les dates obtenues par le radiocarbone confirment une durée d'utilisation relativement courte de chaque espace funéraire.

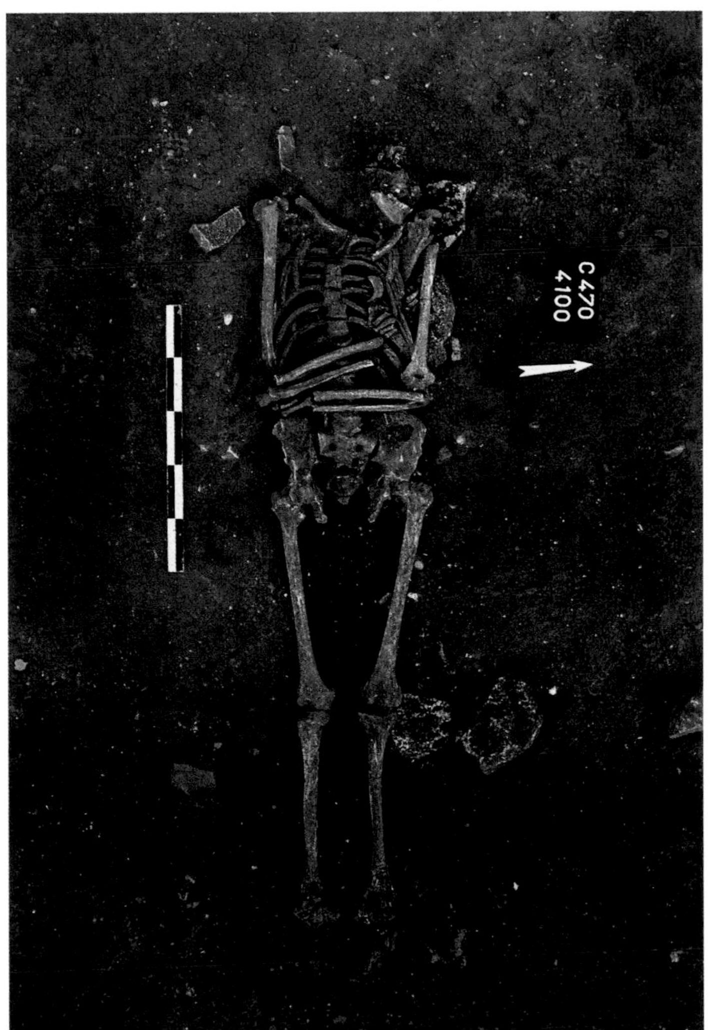

Fig. 1. Exemple d'un coffre étroit, peut-être de type monoxyle : la sépulture 4100 de Saint-Martin 1, Chabrillan (Drôme).
La position des quelques éléments du crâne et des vertèbres cervicales indique que la tête a bougé pendant la décomposition, ce qui témoigne d'une décomposition en espace vide. Par ailleurs, le squelette présente des effets de contrainte latérale prononcés : les scapulas sont obliques, l'humérus droit est maintenu en vue latérale et le gauche a effectué une rotation interne puisqu'il se présente en vue postérieure. Ces contraintes s'étant produites à distance des parois de la fosse, le corps se trouvait dans un contenant étroit. Enfin, des pierres sont à demi engagées en arrière du squelette (épaule, bras et genou gauches) ; leur situation, conjuguée aux contraintes latérales, et notamment à celle qui s'est exercée sur le bras gauche, implique que la forme extérieure du contenant était convexe. Elles ont ainsi calé la base d'un cercueil en auge, probablement pratiqué dans un tronc d'arbre évidé.

Le recrutement de la population inhumée

Comment sont composés ces groupes de tombes ? Traduisent-ils l'image d'une communauté ? La réponse à ces questions passe avant tout par la caractérisation démographique de chaque ensemble. Il convient de distinguer les petits groupes dispersés des plus grands ensembles, l'échantillon statistique n'étant pas le même.

Dans les plus grands ensembles, comme Saint-Romain et Saint-Martin 1, respectivement composés de trente et un et de quarante-cinq individus, l'équilibre entre les sexes est respecté. En revanche, les courbes de mortalité ne sont pas celles d'une population naturelle, des biais étant relevés chez les enfants dans les classes d'âge les plus jeunes. À Saint-Martin 1, les quotients de mortalité entre 0 et 15 ans (178 ‰) et entre 0 et 20 ans (222 ‰) traduisent un déséquilibre entre les adultes et les jeunes, au détriment de ces derniers. En effet, dans une population à schéma de mortalité archaïque, ces quotients doivent respectivement varier de 350 à 500 ‰ et de 450 à 600 ‰. À Saint-Romain, les deux quotients atteignent 467 ‰ et 500 ‰ et sont donc acceptables. Cependant, la distribution des individus dans les différentes classes d'âges immatures n'est pas normale, puisque la mortalité infantile est sous-représentée. Sur les deux sites, le quotient de mortalité avant 1 an correspond à une espérance de vie à la naissance inférieure à celle que fournissent les quotients des classes plus âgées ; plus exactement, ces dernières sont conformes à des espérances de vie à la naissance de 20 ou de 30 ans, tandis que le quotient 1q0 indique une espérance de vie à la naissance de 50 ans à Saint-Romain et de 66 ans à Saint-Martin 1. À Saint-Martin 1, cette aberration s'étend sur la classe d'âge suivante, dont le quotient, 70 ‰, est inférieur à celui d'une population dont l'espérance de vie à la naissance est faible (autour de 250 ‰). Ces résultats indiquent que les jeunes enfants, notamment ceux décédés avant 1 an, étaient de manière générale enterrés dans un lieu distinct de celui qui accueillait les plus âgés et les adultes.

Topographie et organisation interne

La prise en compte de plusieurs références montre que les sépultures isolées s'installent à proximité des structures agricoles

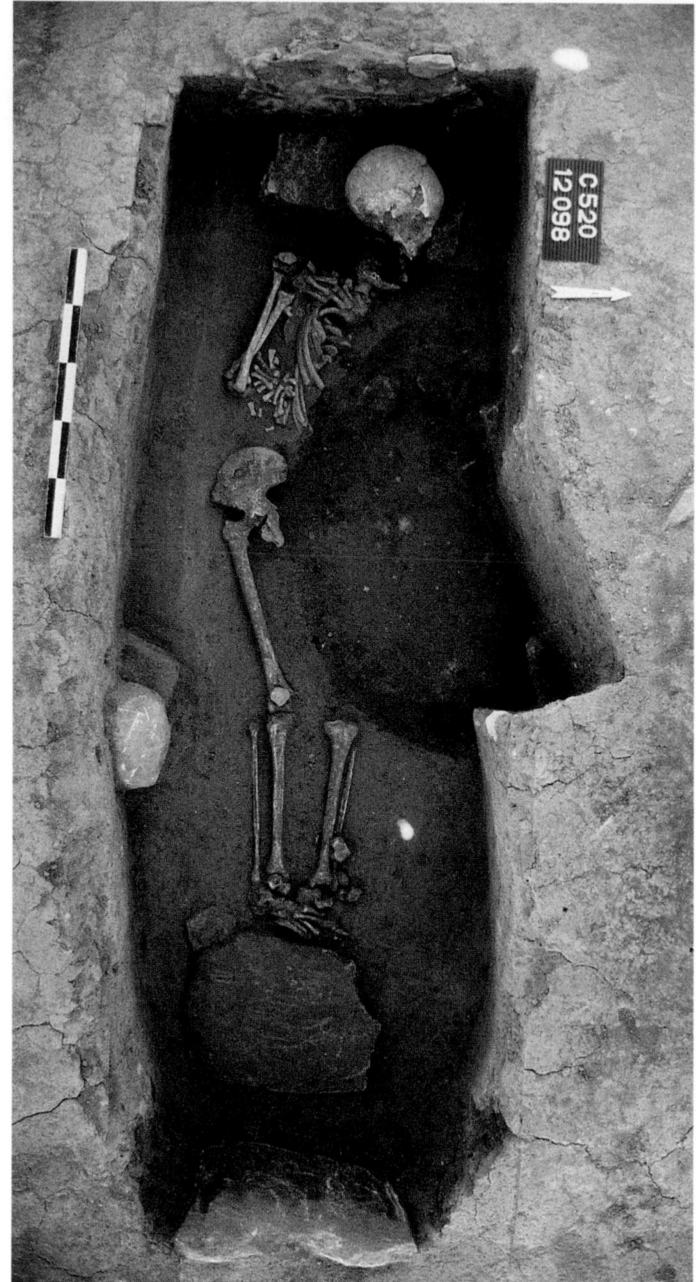

Fig. 2. Exemple d'un coffrage mixte : la sépulture 12098 de Saint-Martin 1, Chabrillan (Drôme).
La fosse est aménagée à l'aide de quatre dalles de molasse ; deux, posées à plat, constituent le fond et les deux autres sont placées de chant à l'est et à l'ouest, transversalement à l'axe de la fosse. Plaqués contre la paroi sud de la fosse et à distance de la face latérale des dalles du fond se trouvent un galet et un fragment de tuile. À l'ouest, le crâne repose sur l'une des dalles du fond, mais les pieds sont situés en amont de la dalle placée à l'est. Quelques os du pied droit sont disloqués et sortent du volume du corps, indiquant que la décomposition s'est produite en espace vide. Les pierres placées contre la paroi sud devaient caler une planche, et l'on peut imaginer alors son pendant sur la paroi nord. À l'est et à l'ouest, une planche de bois prenait place entre la dalle dressée et la dalle de sol. Il s'agit bien d'un coffrage mixte. L'absence de contraintes relevées sur le squelette indique que le coffrage était relativement grand par rapport au corps.

ou artisanales établies en périphérie de l'habitat proprement dit. Elles bordent fréquemment les chemins ou les fossés de parcellaire (Bourbousson 2, Le Duc, et le petit groupe du VIIe siècle de Saint-Martin 1). C'est le cas à Bourbousson 2, par exemple, où le fossé sépare l'ensemble funéraire de la zone artisanale (fig. 3). En revanche, on ignore où se situent les ensembles plus importants (Saint-Martin 1 et Saint-Romain) par rapport aux éléments structurants du territoire alto-médiéval (église, habitat, grands cimetières et cimetières paroissiaux).

L'hypothèse de groupes familiaux est compatible, dans les plus grands ensembles, avec la structure démographique à condition de considérer l'absence des très jeunes enfants comme relevant d'un biais culturel général. L'organisation interne de ces ensembles ne reflète cependant aucune structuration en sous-groupes de sujets apparentés. On regroupe certains hommes dans le cas de Saint-Romain, les enfants dans celui de Saint-Martin 1, et non pas des familles nucléaires. Les plus petits groupes ne constituent pas non plus des familles nucléaires ; celui de Bourbousson ne comporte que des enfants, celui de l'Hortal renferme sept adultes dont cinq sont des femmes. On a ainsi, dans les petits groupes de tombes, plutôt l'image d'un recrutement aléatoire.

Groupes isolés et sépultures dispersées : un phénomène nouveau ou une tradition qui perdure ?

La fréquence des sépultures et des petits ensembles funéraires dispersés dans le finage des habitats du haut Moyen Âge nous invite à envisager que ce phénomène est représentatif des modes funéraires en usage à cette époque. On aurait alors la coexistence de systèmes différents : des grands ensembles marqués ou non par un édifice religieux, des petits ensembles dépourvus d'église et de très petits groupes de moins de dix sépultures dispersés aux confins des espaces domestiques.

Dans la mesure où l'on connaît de nombreux exemples où les petits groupes dispersés de tombes se situent à proximité d'un grand ensemble funéraire parfois flanqué d'une église, il est clair que ces sujets sont mis à part. Toutefois, cette notion n'implique pas une péjoration et l'abondance de ces petits groupes traduit plus probablement une relative autonomie des communautés vis-à-vis du pouvoir ecclésiastique. Non seulement l'inhumation *ad sanctos** n'est pas une obligation avant l'an Mil, mais l'Église ne régit pas si tôt les sépultures. Par ailleurs, tous les petits groupes ne se rapportent pas forcément à une réalité unique, puisque l'on en connaît qui ne sont constitués que d'enfants, à l'image de celui de Bourbousson 2. Plusieurs dimensions sociales et culturelles peuvent ainsi se recouper.

L'usage d'inhumer dans le périmètre des habitats est pratiqué depuis l'Antiquité, que ce soit au Haut-Empire ou au Bas-Empire, où des petits groupes de tombes, voire des sépultures isolées, situés en limite des établissements ruraux coexistent avec des ensembles plus étendus. La multiplicité des lieux funéraires du haut Moyen Âge, occultée pendant longtemps par la fouille des grands cimetières, illustre plus probablement un phénomène continu depuis l'Antiquité. Cette organisation disparaît autour du XIe siècle, alors que le contrôle politique de l'Église, qui se traduit par une généralisation de l'intégration des ensembles funéraires à la structuration paroissiale, est effectif.

Frédérique Blaizot

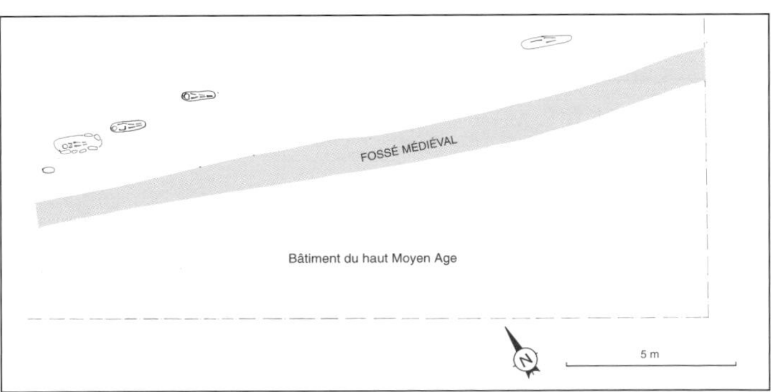

Fig. 3. Sépultures de Bourbousson 2, Crest (Drôme). (Dessin C. Hugot) Un fossé sépare la petite zone funéraire de la zone domestique.

L'ORGANISATION DU CIMETIÈRE DE SAINT-ROMAIN, ESPELUCHE (DRÔME)

L'organisation de l'ensemble funéraire est ici abordée par l'examen de la répartition spatiale des différents caractères mis en évidence par l'étude archéoanthropologique.

Il n'existe aucun indice archéologique d'une délimitation matérielle de l'ensemble funéraire. Cependant, les fosses réparties sur sa périphérie nord-est sont alignées (délimitation en pointillé). L'hypothèse d'une palissade ou d'une haie, limitant l'extension de la nécropole de ce côté peut être proposée. L'organisation des tombes au sud-ouest est plus chaotique, avec des fosses orientées de manière légèrement divergente et la présence de deux sépultures placées à distance du groupe et orientées différemment.

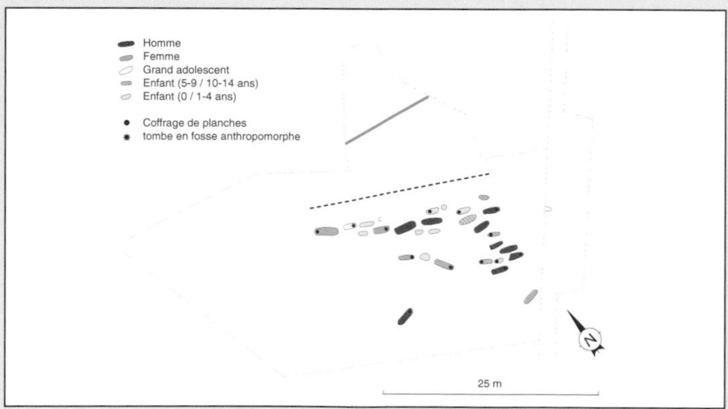

Plan de l'ensemble funéraire de Saint-Romain, Espeluche (Drôme). (Dessin C. Ronco)

La répartition spatiale des deux types de tombes relevés (coffrage de planches calées par des pierres et tombe en fosse anthropomorphe avec couvercle) ne montre pas de regroupement spécifique. Même si les coffrages semblent plus fréquents dans la moitié sud-est de l'ensemble funéraire, le grand nombre de sépultures dont le type est indéterminé n'autorise pas à tester la validité de cette remarque. Pour les mêmes raisons, l'attribution spécifique d'un type de tombe à une classe d'âge ou à un sexe ne peut pas être démontrée avec certitude. Il semblerait que les coffrages soient plus volontiers dévolus aux enfants (cinq contre deux adultes) tandis que les fosses anthropomorphes auraient accueilli de préférence les grands adolescents ou les adultes (huit contre trois enfants).

Contrairement à Saint-Martin 1, les enfants ne sont pas regroupés dans un secteur de l'ensemble funéraire. On les retrouve sur toute la surface occupée par les tombes. En revanche, les adultes et les grands adolescents sont placés à la périphérie sud-est de l'ensemble funéraire, puisque, sur les neuf identifiés dans la série, l'on y trouve six hommes et trois grands adolescents. Si le mode de recrutement est familial, les unités ne sont pas différenciées selon ce critère, puisque l'organisation des sépultures ne se fait pas sur un mode polynucléaire.

Frédérique Blaizot

UN ENSEMBLE FUNÉRAIRE ATYPIQUE DU MOYEN ÂGE À BEAUME, CHÂTEAUNEUF-SUR-ISÈRE (DRÔME)

L'ensemble funéraire comprend vingt-quatre sépultures regroupées dans la cour d'un bâtiment d'exploitation agricole (fig. 1). Les diverses recharges de la cour permettent de dater la phase d'installation des tombes entre le XIIe et le XIVe siècle après J.-C. Aucun édifice religieux n'est associé à cet ensemble, ce qui est plutôt extraordinaire pour la période considérée. Qui sont ces personnes, inhumées dans cette cour sur une courte durée, à une période où les morts se pressent autour des églises ? S'agit-il d'un petit groupe non chrétien, d'exclus, d'une communauté religieuse, ou quoi d'autre ?

L'étude des modes d'inhumation montre que ces tombes sont d'un type que l'on rencontre fréquemment entre les XIIe et XIVe siècles. Il s'agit de fosses étroites, plus ou moins resserrées à la tête et aux pieds (anthropomorphes), à l'origine couvertes d'une planche de bois (fig. 2 et 3). Ces sépultures correspondent cependant au modèle le plus simple parmi ceux répandus à cette époque : le plan anthropomorphe n'est marqué que par le creusement de la fosse et non par des aménagements de blocs, et la couverture des tombes est en matière périssable au lieu d'être en dalles.

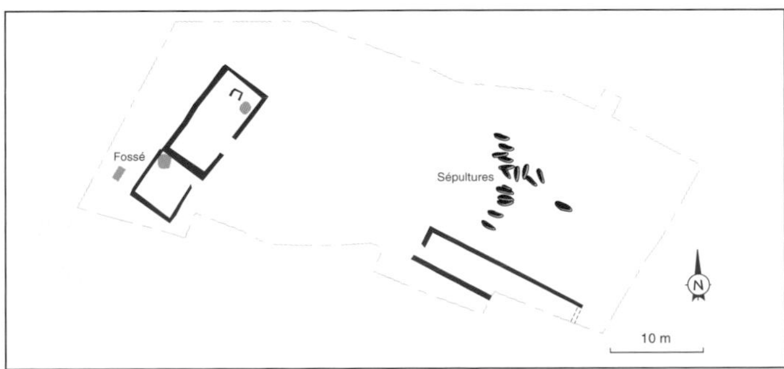

Fig. 1. Plan du site de Beaume, Châteauneuf-sur-Isère (Drôme). (Dessin N. Valour)

Un recrutement funéraire aberrant

L'analyse du recrutement funéraire, qu'aborde la répartition par sexe et par âge des individus inhumés, met en évidence des particularités. La distribution par sexe est équilibrée, mais il existe un déficit important en sujets immatures, caractérisé par l'absence totale d'enfants décédés entre 0 et 4 ans révolus, alors qu'il s'agit des âges les plus touchés par la mortalité dans les populations préjennériennes. On ne compte que trois sujets jeunes, décédés entre 10 et 19 ans. De même, l'examen de la répartition des classes d'âge adultes montre qu'elle n'est pas conforme à celle d'une population théorique (espérance de vie à la naissance comprise entre 20 et 40 ans) : on constate une sur-représentation des adultes âgés au détriment des plus jeunes.

Les os portent fréquemment des pathologies. L'étude de ces pathologies, réalisée par S. Martin-Dupont, révèle que 28 % d'entre elles sont d'origine traumatique, ce qui est très important puisque généralement les ensembles médiévaux ne livrent que 6 à 13 % de traumatismes. À Beaume, où les impacts ont été souvent fort violents, le pourcentage de fractures est de 20 % supérieur à celui qui fut récemment observé dans une population de guerriers hongrois du Xe siècle. Les os portent également de nombreuses pathologies dégénératives (arthroses fémoro-patellaires, tassements de vertèbres), compatibles avec les données démographiques qui indiquent une population vieillie. Cette étude montre que tous les sujets adultes présentaient des troubles de la locomotion et de la posture, qui sont dus pour une part à des fractures mal guéries survenues au cours de leur vie, et pour l'autre à leur âge avancé. Trois femmes et un homme boitaient, cinq individus marchaient voûtés, la majorité d'entre eux souffrait d'arthrose. Il est intéressant de préciser qu'aucune de ces pathologies, qu'il s'agisse d'usure ou de traumatisme, ne peut être mise en relation avec des activités spécifiques qu'aurait pratiquées la population : l'acquisition des traumatismes et des enthésopathies* est ainsi probablement antérieure au recrutement de ce groupe social.

Fig. 3. Sépulture 16 en fosse.

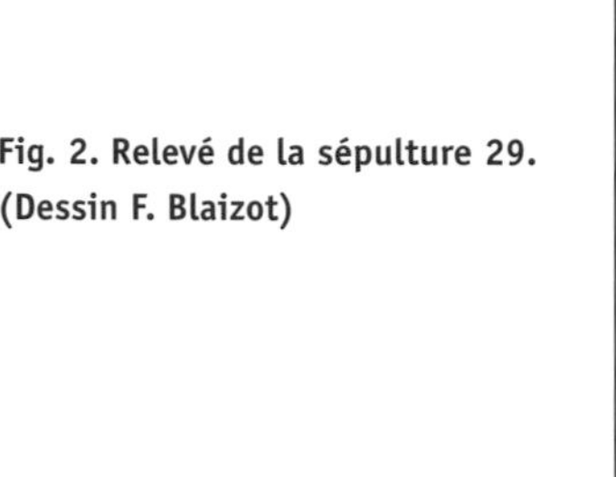

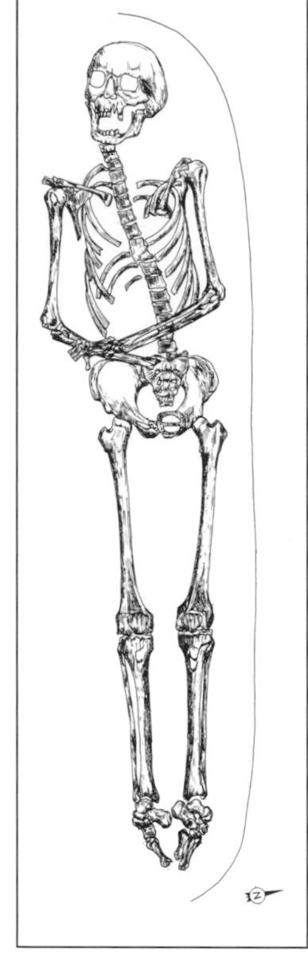

Fig. 2. Relevé de la sépulture 29. (Dessin F. Blaizot)

Un ensemble funéraire réservé aux indigents ?

Comment pouvons-nous alors interpréter cet ensemble funéraire ? Les aberrations démographiques nous invitent à écarter l'hypothèse d'un groupe familial non chrétien : exclusivement composée d'adultes âgés et de trois adolescents, cette micro-population n'est pas viable.

La proposition d'une communauté religieuse est compatible avec l'âge avancé des individus et l'absence d'enfants. La présence d'individus des deux sexes pourrait se rapporter à des ordres mixtes tels que les hospitaliers ou les templiers, présents dans la région, d'autant que ces derniers pouvaient être inhumés dans leurs terres. En revanche, la forte fréquence de pathologies traumatiques, diversifiées et graves, ne s'explique pas dans une communauté religieuse.

Il reste la possibilité d'envisager que cet ensemble funéraire renfermait des personnes choisies en fonction de leurs difficultés à assumer seules leur vie quotidienne, peut-être accueillies par une éventuelle communauté religieuse. L'étude de ce petit ensemble funéraire très particulier apporte des informations non négligeables pour le plein Moyen Âge, où l'on n'a pas d'information par les textes, sur la prise en charge des indigents.

Frédérique Blaizot

ANALYSE DE TRAUMATISMES PALÉOPATHOLOGIQUES DES CHÂTEAUNEUVOIS DE BEAUME (DRÔME)

La paléopathologie, mot composé de trois racines grecques, désigne étymologiquement le « discours sur les anciennes maladies », et s'intéresse de fait aux stigmates osseux laissés par les affections du passé. L'intérêt pour la discipline s'éveille au milieu du XIXe siècle, donnant lieu initialement à la description de cas « typiques » isolés, puis laissant récemment place à une démarche plus globale d'études de populations sépulcrales.

La démarche paléopathologique est grandement tributaire de la qualité des fouilles archéologiques et de l'anthropologie de terrain.

Comme en médecine du vivant, l'individu doit toujours être considéré dans sa globalité. Privé de l'interrogatoire, de l'examen clinique et de la plupart des examens complémentaires, le paléopathologiste doit se « débrouiller », au mieux avec un squelette complet, au pire avec quelques fragments osseux.

Le travail commence par un recensement soigneux des pièces disponibles, le dénombrement des lésions, ainsi que leur description. Viennent ensuite les hypothèses diagnostiques à l'échelon individuel, puis collectif.

Analyse individuelle

Certaines lésions comme les traumatismes renvoient à une étiologie (cause) simple : ainsi, le sujet 4b de sexe féminin présente une fracture du poignet droit compliquée d'arthrose, ainsi qu'une fracture du tiers supérieur de la diaphyse fémorale droite (fig. 1), et peut être un tassement vertébral dont le diagnostic est rendu difficile par le mauvais état de conservation des vertèbres.

On sait qu'un choc d'une grande violence est nécessaire pour fracturer un fémur dans sa partie diaphysaire, et que cette femme a dû être immobilisée plusieurs semaines, avec ou sans complications, et reprendre la marche avec une boiterie liée à un raccourcissement d'au moins cinq centimètres de son membre inférieur droit. À l'époque, les semelles orthopédiques n'existaient pas.

L'individu 50, de sexe masculin, présente également les stigmates d'un traumatisme violent avec l'arrachement du petit trochanter* (fig. 2) à gauche (dû à un mouvement violent, style grand écart forcé), et un tassement vertébral dont l'origine est le plus souvent traumatique chez l'homme, à l'inverse de ce que l'on observe chez la femme où le diagnostic d'ostéoporose post-ménopausique doit toujours être discuté.

D'autres lésions ouvrent un champ diagnostique plus large, comme le cas de l'individu 48, de sexe féminin, dont la douzième vertèbre dorsale et les deux premières lombaires sont fusionnées (fig. 3). Au-dessus de la première lombaire, le disque est détruit, la fusion concerne la partie antérieure et postérieure des corps vertébraux, avec une protubérance paravertébrale gauche, suggérant volontiers un abcès; il faut évoquer là un processus infectieux, tel qu'une tuberculose peu destructrice ou autre. Cette femme présente également des lésions endocrâniennes mal classées, pouvant renvoyer au diagnostic de tuberculose, ou encore de mycose, ou enfin à un processus d'altération *post mortem*.

Le piège serait, pour le scientifique, d'enfermer chaque individu dans une case diagnostique restrictive et sécurisante. En effet, moins la lésion est typique, plus le champ des hypothèses est vaste. L'os n'a qu'une façon limitée de réagir aux diverses sollicitations, qu'elles soient mécaniques, inflammatoires, infectieuses... Une même maladie donnera des lésions d'allure différente, selon son stade évolutif, et diverses maladies pourront présenter à un moment donné un aspect lésionnel commun.

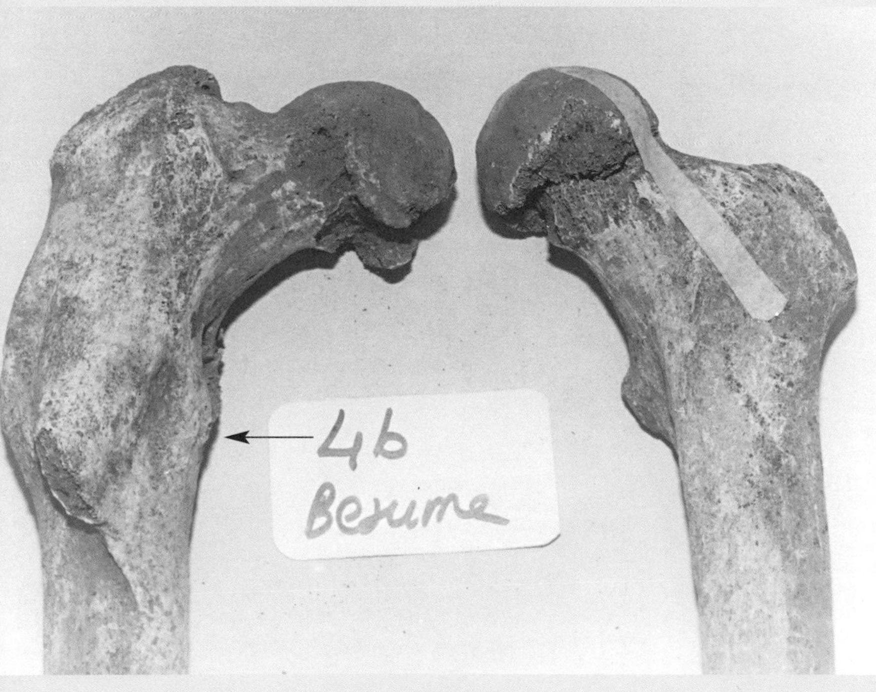

Fig. 1. Individu 4b : à gauche, fracture du fémur droit consolidée sans réduction.

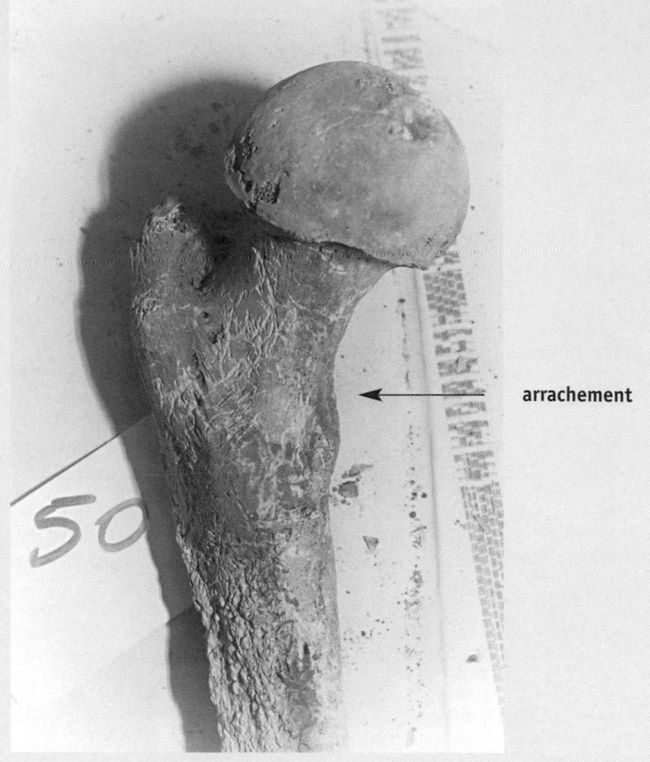

Fig. 2. Individu 50 : fémur gauche, vue postérieure : arrachement traumatique du petit trochanter.

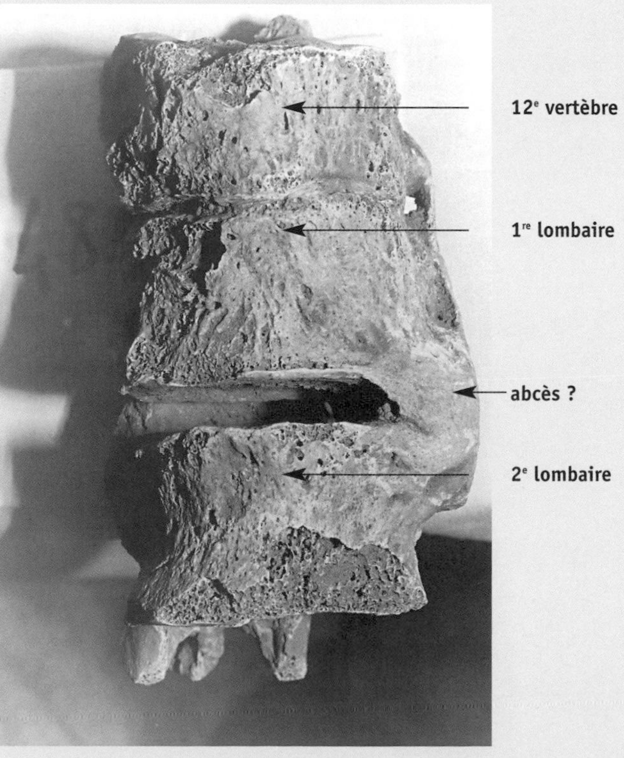

Fig. 3. Individu 48 : fusion de la charnière dorso-lombaire de face.

Analyse collective

En marge des implications pour la santé de chacun, il est intéressant dans un deuxième temps de considérer l'échantillon dans son ensemble, vers une démarche que l'on peut qualifier de « paléo-épidémiologique ». La population médiévale de Châteauneuf-sur-Isère est particulière, en ce sens qu'elle ne respecte pas les normes d'une population naturelle. Les individus qui la composent sont plutôt âgés, comme en témoignent les nombreuses lésions dégénératives observées (arthrose), ainsi que les tassements vertébraux d'allure ostéoporotique. Le nombre de traumatismes ou de handicaps y paraît anormalement élevé au regard de la petitesse de l'échantillon. Sur dix-neuf sujets adultes, douze lésions fracturaires avérées concernent six individus, soit 31 %, à l'exclusion des tassements vertébraux. Dans un travail de 1999, Judd et ses collaborateurs observent une prévalence de 19,4 % de traumatismes des os longs dans une population agricole médiévale, qu'ils comparent avec une population rurale plus récente (celle du village anglais de Jarrow Abbey : 10,7 %) et trois populations médiévales urbaines où la prévalence va de 4,7 à 5,5 %. Il apparaît que les activités de la ferme, du fait du travail physique, du contact avec les animaux, de l'utilisation d'outils, sont fortement causes d'accidents corporels et d'hyper-sollicitation mécanique.

Par ailleurs, deux sujets ont une périarthrite d'épaule, l'un présente une anomalie de croissance de la hanche (épiphysiolyse) entraînant une boiterie, deux sont susceptibles d'avoir eu une infection microbienne au niveau du rachis, ce qui suppose préalablement une infection généralisée, et un individu présente les signes indirects d'un traumatisme cervical conséquent ayant donné lieu au développement d'une arthrose asymétrique. Enfin, presque tous les adultes sont porteurs d'arthrose.

En conclusion, à la lumière des connaissances pluridisciplinaires accumulées en paléopathologie, il est possible d'affirmer que la population de Châteauneuf-sur-Isère est pour le moins atypique. Elle n'est pas comparable à ce que l'on a l'habitude d'étudier. Il n'y a pas d'explication univoque ; le champ des hypothèses reste ouvert, et c'est entre autres ce qui contribue à l'intérêt de la démarche.

Dr Sophie Martin-Dupont

Bibliographie

Crubézy 1998 ; Judd 1999 ; Martin-Dupont 1995 ; Ryckewaert 1987.

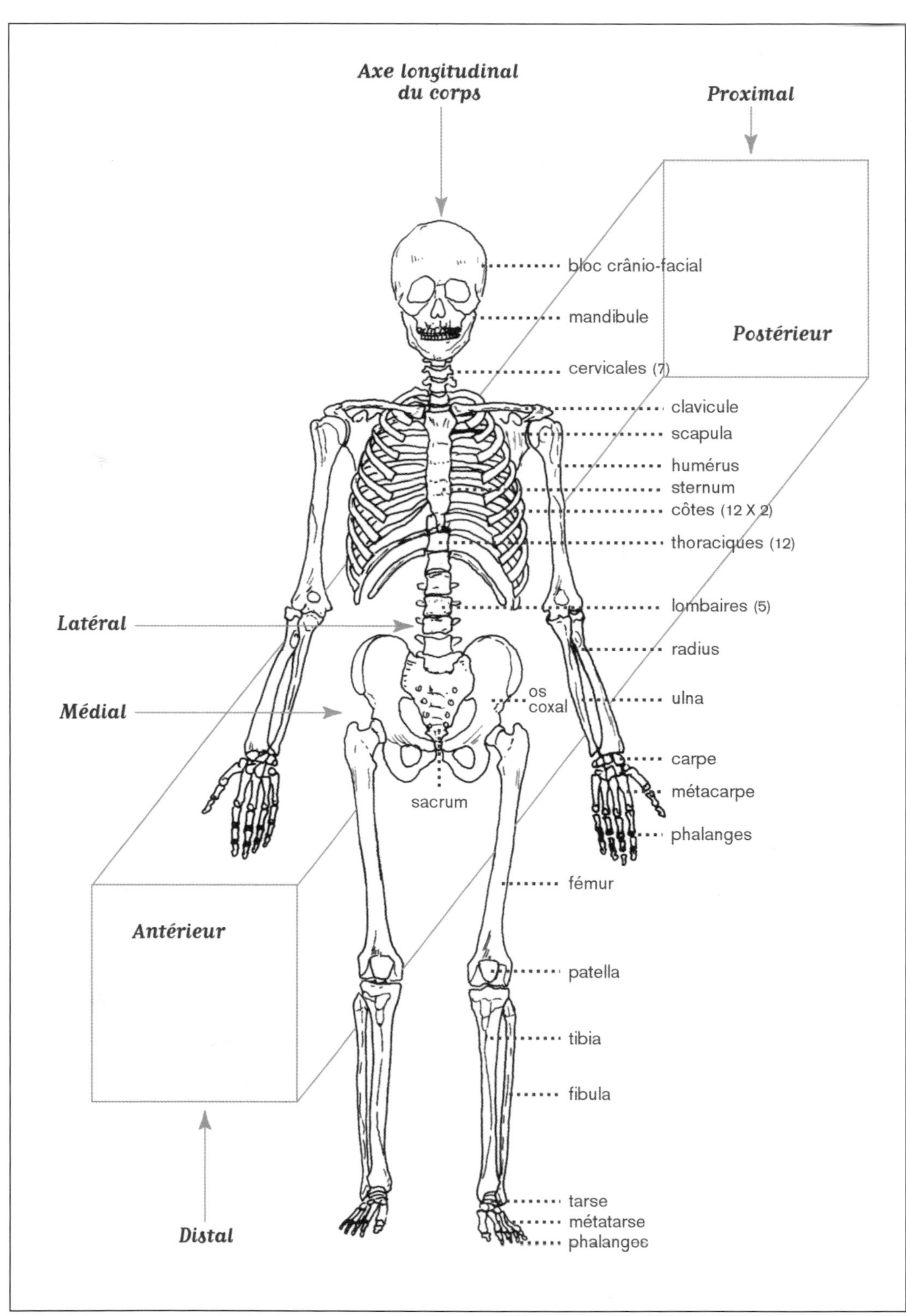

Schéma anatomique.
(Dessin F. Blaizot)

GLOSSAIRE DES TERMES UTILISÉS

Archéomagnétisme : technique de datation par la mesure des caractéristiques variables du champ magnétique terrestre, inclinaison et déclinaison, fossilisées dans les argiles cuites (magnétisme thermorémanent).

Battitures : fragments de métal incandescent tombés sous les coups de marteau lors du forgeage d'une pièce.

Billon : alliage de cuivre et d'argent, dans lequel la proportion de métal précieux est inférieure à 50 %.

Burdigalien : étage géologique de l'ère tertiaire.

Campaniforme : faciès culturel du Chalcolithique, doit son nom à un type de gobelet de céramique en forme de cloche renversée.

Carbonatation : concentration dans le sol de carbonate de calcium (calcaire dissous puis recristallisé) sous forme de filaments, nodules ou manchons, concrétionnés de la taille du millimètre au centimètre, ou de cristaux de quelques microns formés dans la porosité du sol.

Chasséen : culture du Néolithique moyen qui doit son nom au site archéologique de Chassey-le-Camp (Saône-et-Loire).

Cimetière : ensemble funéraire de type communautaire (familial ou spécialisé), dont le recrutement est représentatif de la population décédée. On emploie par convenance ce terme pour qualifier les ensembles funéraires flanqués d'un édifice religieux, par opposition à celui de nécropole, mais cette différenciation n'est pas toujours effectuée.

Coffrage : contenant du corps assemblé dans la fosse sépulcrale, servant au dépôt définitif. Il peut être en bois, calé ou non par des pierres, en matériaux durs (dalles, *tegulae,* blocs), ou mixte (dalles ou *tegulae* et planches, etc.).

Coffre : contenant du corps pouvant avoir servi à la fois au transport et au dépôt définitif. Aux époques historiques, il est en bois, cloué ou chevillé, ou pratiqué dans un tronc d'arbre.

Composition isotopique : un même élément chimique peut différer par la masse de ses atomes ; isotopes 16O et 18O pour l'oxygène, 12C, 13C, 14C pour le carbone. Ce sont les isotopes 18O de l'oxygène et 13C du carbone qui sont dosés dans une optique de quantification des variations paléoclimatiques et paléoenvironnementales.

Cordé : faciès culturel du Chalcolithique qui doit son nom au décor de poterie réalisé par l'impression de cordelettes sur l'argile fraîche.

Crémation : action de brûler les corps humains. Les bûchers funéraires sont pratiqués soit à même le sol, soit en fosse. À l'époque romaine, notamment aux Ier et IIe siècles, les morts sont accompagnés d'un mobilier abondant et diversifié, placé avec eux sur le bûcher. Lorsque la crémation est achevée, les os sont ramassés, en totalité ou en partie, nettoyés ou laissés avec les charbons, et placés dans une autre structure (un vase ou une fosse). Le mode de sépulture par crémation existe de tout temps, mais est particulièrement employé à la fin de l'âge du Bronze, à l'âge du Fer dans certaines régions, et dans l'Antiquité. En Europe, la crémation disparaît totalement au IVe siècle après J.-C, pour ne réapparaître qu'à la fin du XXe siècle.

Décarbonaté : au cours d'évolutions climatiques, les carbonatations des sols peuvent être dissoutes par les eaux qui s'y infiltrent et conduire à des sols décarbonatés.

Décomposition en espace colmaté : s'emploie lorsque, durant la décomposition du cadavre, la terre a comblé les espaces libérés à mesure de la disparition des parties organiques. Le résultat est le maintien parfait, en connexion anatomique, des articulations placées en équilibre instable, et la préservation des volumes du corps (thorax, bassin).

Décomposition en espace vide : dans ce cas, la terre a colmaté les restes un certain temps après la décomposition du cadavre. Les articulations ont ainsi eu l'occasion de se disloquer, les volumes de s'affaisser et, dans le cas où des régions anatomiques se trouvaient en équilibre instable, des pièces osseuses ont pu se déplacer sur une amplitude supérieure à celle du volume du corps. La décomposition en espace vide correspond à l'évolution d'un cadavre dans un contenant, ou à l'air libre, ou encore dans une fosse fermée d'un couvercle.

Denticulés et microdenticulés : il s'agit d'outils fabriqués à partir d'éclats à larges encoches continues (denticulés) ou à microdenticulations sur l'un des bords latéraux du support/outil.

Dynamique du paysage : le paysage n'est pas fixe, il se transforme sous l'effet du climat, de l'homme ; il est dynamique.

Édaphique : concerne plus précisément les facteurs directement liés à la vie du sol. Ils sont très importants car ils ont une influence profonde sur la répartition des êtres vivants.

Ensemble funéraire : terme général désignant un groupe de sépultures, une sépulture collective (inhumations successives dans un même réceptacle) ou encore une sépulture multiple (inhumations simultanées dans un même réceptacle). Le terme est utilisé quels que soient le nombre de sujets, la localisation topographique, la présence ou l'absence d'un sanctuaire, la spécialisation ou non du regroupement.

Enthésopathie : pathologie qui survient lorsqu'un individu exerce un mouvement de manière répétée (comme le tennis-elbow chez les joueurs de tennis).

Espérance de vie à la naissance : durée moyenne de vie restant à vivre à la naissance, selon les conditions de mortalité d'une année ou d'une période données. Elle est fonction du quotient de mortalité avant un an : plus grand est le nombre d'individus qui décèdent avant un an, plus faible est l'espérance de vie à la naissance. Dans les populations préjennériennes, l'espérance de vie à la naissance est comprise entre 20 et 40 ans. Dans les populations actuelles qui pratiquent la vaccination systématique, enrayent les épidémies et ont un bon niveau médical, elle atteint ou dépasse 70 ans.

Ethnofaciès sédimentaire : dépôt de sédiment directement dû à l'activité de l'homme.

Évapotranspiration : évaporation de l'eau puisée dans le sol par les feuilles des plantes.

Faciès culturel : terme générique pour évoquer les caractères communs d'un ensemble de sites dont on ne peut ou ne veut, dans une évocation large, détailler l'originalité culturelle exacte.

Ferrières (Culture de) : ensemble d'attributs matériels ou non se rapportant à une culture spécifique, développée à l'origine dans la basse et moyenne vallée du Rhône, entre 3 300 et 2 800 avant J.-C.

Fontbouisse (Culture de) : groupe culturel développé à l'origine dans la basse vallée du Rhône entre 2 700 et 2 300 avant J.-C.

Hallstatt : période du premier âge du Fer ou période de Hallstatt (800-450 avant J.-C.), du nom du site éponyme autrichien de Hallstatt.

Holocène : dernière période de l'histoire de la terre, débutant il y a 10 000 ans, après la dernière période glaciaire (Pléistocène récent), encore appelée Postglaciaire.

Inhumation *ad sanctos* : à partir du début du Moyen Âge, les morts, autrefois placés à l'extérieur des villes, commencent à être inhumés autour des églises. Les églises abritant fréquemment les reliques de martyrs, on parle d'inhumation *ad sanctos*, c'est-à-dire près des saints, qui dans leur grande sollicitude, protègent les âmes placées auprès d'eux.

Isoclinaison : terme emprunté à Gérard Chouquer (Chouquer 1997). Il s'agit du principe de la permanence d'une forme disparue par celle de son orientation.

Mortalité infantile : mortalité avant 1 an.

Mortalité périnatale : mortalité entre 6 mois lunaires et 1 mois civil. La paléoanthropologie étend la marge jusqu'à 2 mois civils, compte tenu de l'imprécision des méthodes d'estimation de l'âge au décès d'après le squelette.

Nécropole : terme récent, malgré son emprunt à la langue grecque, qui désigne un ensemble funéraire généralement de grande taille et dépourvu d'édifice religieux. On l'emploie tout particulièrement pour les « banlieues funéraires » typiques de l'époque antique.

Nucléus : bloc de silex préparé pour le débitage de lames ou d'éclats.

Offrandes secondaires : ce terme est employé pour désigner les offrandes placées dans une fosse qui reçoit les os brûlés ou les résidus de la crémation. Ces offrandes ne sont jamais brûlées et doivent être distinguées de celles qui, déposées sur le bûcher funéraire, brûlent avec le corps ; le dépôt s'effectue donc dans un second temps, après la crémation – c'est pourquoi l'on parle d'offrandes secondaires.

Paléodémographie funéraire : discipline qui étudie le recrutement des ensembles funéraires à partir de la distribution des sexes et des classes d'âges dans la population inhumée. La courbe de mortalité de la population archéologique est comparée à celle d'une population théorique dont l'espérance de vie à la naissance est comprise entre 20 et 40 ans. On calcule la distorsion que représente la première par rapport à la seconde et l'on tend à interpréter les résultats en termes de pratiques socio-culturelles ou d'événements de mortalité soudaine (épidémies).

Paléopathologie : discipline qui étudie les maladies et l'état sanitaire des populations du passé. Il va sans dire qu'à partir du squelette, seules les maladies touchant les restes osseux, les éléments minéralisés (dents) ou calcifiés (calcifications biologiques) peuvent être étudiées.

Paléosemence : graine fossile.

Paléosol : sol ancien recouvert par des sédiments.

Paléovallon : ancien vallon comblé de sédiments qui n'est plus visible en surface.

Pédogenèse : formation d'un sol sous certaines conditions physiques et biologiques.

Période néonatale : mortalité à la naissance entre 1 mois et 2 mois civils (modifiée de 2 à 3 mois). C'est la deuxième phase de la mortalité périnatale.

Période post-néonatale : mortalité entre 2 et 11 mois civils inclus (modifiée : 3 à 11 mois).

Petit trochanter : tubérosité interne de la partie supérieure du fémur servant d'amarrage musculaire.

Phytolithes : corpuscules siliceux en opale hydratée dépassant rarement la centaine de micromètres, qui se fixent dans les tiges ou les feuilles de certaines plantes. Ils sont créés à la suite de l'absorption par la plante de sels minéraux contenant de l'acide silicique qui va se fixer en épousant la morphologie de certaines cellules. Ils participent d'une certaine façon à l'« ossature » de la plante et provoquent l'usure des outils cherchant à la couper.

Quotient de mortalité : pour une classe d'âge donnée (0 ; 1-4 ans ; 5-9 ans, etc.), rapport entre le nombre de sujets décédés dans cette classe sur le nombre de survivants au début de celle-ci (probabilité). Par exemple, si au début d'une classe d'âge le nombre de vivants est de 258 et qu'à la fin, le nombre de décédés a été de 9, le quotient de mortalité pour cette classe est de 9/258, soit 0,0349 c'est-à-dire 35 ‰. On utilise les classes d'âges définies en démographie historique et les âges sont exprimés en années révolues : la classe 1-4 ans renferme les individus qui ont au moins 1 an et qui ont au plus 4 ans, sans avoir atteint leur cinquième anniversaire. Les quotients sont exprimés sous la forme aqx : *x* est l'âge d'entrée dans la classe et *a* correspond à la durée de la classe d'âge (5q5 désigne ainsi le quotient de mortalité entre 5 et 9 ans inclus).

Rissien : relatif à l'avant-dernière glaciation de l'ère quaternaire, entre 250 000 et 120 000 avant J.-C.

Rubané : culture du Néolithique ancien et moyen d'Europe du Nord qui doit son nom au décor en ruban de sa céramique en ruban.

Séquences sédimentaires : succession de couches de sédiments différents correspondant à des transformations dans les modes de dépôt, dans le paysage et le climat.

Stipes : offrande à la divinité sous forme de petite monnaie.

Suspendien (faciès) : du site éponyme de La Grotte Suspendue de Collias (Gard) découverte en 1971 par A. Coste et X. Gutherz, où des formes particulières de vases du premier âge du Fer avaient été mises en évidence pour la première fois.

Tumulus : tertre, construit en terre ou en pierres, élevé au-dessus du lieu de dépôt des restes du mort. Les tumuli peuvent atteindre plus de 20 m de diamètre, être ceints d'un fossé ou d'une couronne de pierres. Ils sont connus depuis le Néolithique moyen, mais ils connaissent leur apogée au Bronze moyen (civilisation de Haguenau en Alsace par exemple) et sont beaucoup utilisés au Bronze final et au cours de la première partie de l'âge du Fer (culture de Hallstatt). Aux époques protohistoriques, ces monuments ont une fonction sociale, ils marquent le pouvoir d'un groupe et délimitent les territoires. Des tumuli anciens sont fréquemment réutilisés jusqu'au début du deuxième âge du Fer. On est en mesure de supposer que de plus petits tertres sont ponctuellement érigés aux périodes historiques, mais cette fois seulement pour marquer l'emplacement de la tombe.

Tabletterie : fabrication de petits objets en bois, os, ivoire ou nacre par découpage, assemblage, marqueterie, incrustation ou sculpture.

Taphonomie, conditions taphonomiques : étude des conditions de la fossilisation d'un site archéologique au moment et après son abandon, ainsi que de toutes les transformations qu'il a pu subir jusqu'à nos jours.

Voconce : Peuple de la Gaule Narbonnaise dont les limites territoriales correspondent au Diois et au Nord du Vaucluse.

INVENTAIRE DES SITES ARCHÉOLOGIQUES FOUILLÉS DANS LA MOYENNE VALLÉE DU RHÔNE

Commune : **Alixan** (Drôme)
Site : Chaponnay
Responsable de fouille : A. Rebiscoul
Description : Occupation du Bronze final ; occupation augustéenne ; urnes à incinération du Ier siècle.
Périodes représentées : Bronze final ; second âge du Fer (La Tène finale) ; Antiquité.

Commune : **Allan** (Drôme)
Site : Grange Neuve
Responsable de fouille : E. Ferber
Description : Nécropoles antiques à incinérations (IIe siècle) et à inhumations (IVe - début du VIIe siècle après J.-C.).
Période représentée : Antiquité.

Commune : **Allan** (Drôme)
Site : La Barque
Responsable de fouille : E. Ferber
Description : Établissement antique rural (seconde moitié du Ier siècle - début du IIIe siècle après J.-C.).
Période représentée : Antiquité.

Commune : **Bollène** (Vaucluse)
Site : Les Bartras
Responsable de fouille : C. Markiewicz
Description : Occupations du Néolithique final, Campaniforme, Bronze final et de l'Antiquité.
Périodes représentées : Néolithique final ; Campaniforme ; Bronze final ; Antiquité.

Commune : **Bollène** (Vaucluse)
Site : Les Ponsardes
Responsable de fouille : A. Toledo i Mur
Description : Habitats du Bronze final et du premier âge du Fer.
Périodes représentées : Bronze final ; premier âge du Fer ; Antiquité ; Moyen Âge.

Commune : **Bollène** (Vaucluse)
Site : Pont-de-Pierre 1
Responsable de fouille : G. Alfonso
Description : Sépultures à incinération et enclos antiques, Ier siècle - début du Ve siècle après J.-C.
Périodes représentées : Néolithique ; âge du Bronze ; Antiquité.

Commune : **Bollène** (Vaucluse)
Sites : Pont-de-Pierre 2 nord et sud
Responsable de fouille : E. Durand
Description : Fosse à inhumation double du Néolithique ancien, sépulture et occupation chasséennes, fossés circulaires du Bronze final 2b, sépulture sous tumulus du Bronze final 3b et habitat du milieu de l'âge du Fer (Ve - IVe siècle avant J.-C.).
Périodes représentées : Néolithique ; âge du Bronze final 2b et 3b ; âge du Fer ; Antiquité.

Commune : **Chabeuil** (Drôme)
Site : Brocard
Responsable de fouille : P. Réthoré
Description : Occupations du premier et second âge du Fer (enclos, fours à pierres chauffantes, bâtiments).
Périodes représentées : Premier et second âge du Fer ; Antiquité ; Moyen Âge.

Commune : **Chabeuil** (Drôme)
Site : Les Gachets 1
Responsable de fouille : J. Planchon
Description : Établissement rural antique du Ier au début du Ve siècle après J.-C. (soubassement de murs).
Périodes représentées : Bronze ancien ; Antiquité ; moderne.

Commune : **Chabeuil** (Drôme)
Site : Les Gachets 2
Responsable de fouille : Y. Billaud
Description : Lot céramique du premier âge du Fer sans lien avec un habitat.
Périodes représentées : Âge du Fer (Hallstatt final) ; Antiquité ; Moyen Âge ; moderne.

Commune : **Chabrillan** (Drôme)
Site : Brégaud
Responsable de fouille : F. Defaux
Description : Occupation du Ier au Ve siècles après J.-C.
Périodes représentées : Bronze ancien et final ; Antiquité.

Commune : **Chabrillan** (Drôme)
Site : L'Hortal
Responsable de fouille : P. Réthoré
Description : Occupations de l'âge du Fer ; de l'Antiquité tardive (IVe - VIIe siècles après J.-C.) et du haut Moyen Âge (bâtiments et nécropole à inhumation du VIIe siècle).
Périodes représentées : Âge du Fer ; Antiquité tardive ; haut Moyen Âge ; Moyen Âge ; moderne.

Commune : **Chabrillan** (Drôme)
Site : Les Plots
Responsable de fouille : Ch. Vermeulen
Description : Occupations du Néolithique ancien (four à pierres chauffantes) et de l'âge du Fer (foyer).
Périodes représentées : Néolithique ancien ; Bronze final ; âge du Fer ; Antiquité.

Commune : **Chabrillan** (Drôme)
Site : La Prairie
Responsable de fouille : S. Saintot
Description : Occupations du Néolithique moyen et final, du Bronze final, antique (bâtiment) et médiévale.
Périodes représentées : Néolithique moyen et final ; Bronze final 1 et 2b ; âge du Fer ; Antiquité ; Moyen Âge.

Commune : **Chabrillan** (Drôme)
Site : Saint-Martin 1
Responsable de fouille : S. Martin
Description : Villa romaine et cuves liées à la production vinicole, ensemble funéraire du haut Moyen Age (VIe - VIIe siècles), habitat médiéval (IXe - XIIIe siècles).
Périodes représentées : Antiquité ; haut Moyen Âge ; Moyen Âge.

Commune : **Chabrillan** (Drôme)
Site : Saint-Martin 2
Responsable de fouille : Y. Billaud.
Description : Petit habitat rural antique d'époque augustéenne.

Périodes représentées : Néolithique ; Campaniforme ; âge du Bronze final ; Antiquité.

Commune : **Chabrillan** (Drôme)
Site : Saint-Martin 3
Responsable de fouille : S. Rimbault
Description : Occupation du Bronze ancien (dont trois sépultures).
Périodes représentées : Néolithique moyen chasséen ; Bronze ancien ; Antiquité.

Commune : **Châteauneuf-sur-Isère** (Drôme)
Site : Beaume
Responsable de fouille : N. Valour
Description : Bâtiments ruraux en terre et nécropole du Moyen Âge.
Périodes représentées : Chalcolithique ; Moyen Âge.

Commune : **Crest** (Drôme)
Site : Bourbousson 1
Responsable de fouille : J.-M. Treffort
Description : Occupation du premier âge du Fer composée de plusieurs unités domestiques, d'axes de circulation et de deux sépultures isolées (Ve siècle avant J.-C.).
Périodes représentées : Néolithique moyen et final ; Bronze final ; premier Âge du Fer ; Antiquité ; Moyen Âge ; moderne.

Commune : **Crest** (Drôme)
Site : Bourbousson 2
Responsable de fouille : V. Bastard
Description : Occupation romaine (voie) ; bâtiment et nécropole du haut Moyen Âge (VIIe-VIIIe siècles) ; établissement médiéval avec un petit atelier de forge (Xe-XIe siècles).
Périodes représentées : Antiquité ; haut Moyen Âge ; Moyen Âge.

Commune : **Crest** (Drôme)
Site : Bourbousson 3
Responsable de fouille : V. Bastard
Description : Occupation du Néolithique ; habitat de l'Antiquité tardive : bâtiments, cour, dépôt monétaire (fin IIe-Ve siècles après J.-C.).
Périodes représentées : Néolithique chasséen ; Antiquité tardive.

Commune : **Espeluche** (Drôme)
Site : Lalo
Responsable de fouille : A. Beeching
Description : Occupations du Mésolithique castelnovien et du Néolithique cardial (maisons) et moyen.
Périodes représentées : Mésolithique ; Néolithique ; Campaniforme ; âge du Bronze ancien ; Antiquité tardive ; moderne.

Commune : **Espeluche** (Drôme)
Site : Saint-Romain
Responsable de fouille : Ch. Ronco
Description : Nécropole du haut Moyen Âge (VIIe-XIIe siècles).
Périodes représentées : Néolithique chasséen ; Antiquité ; haut Moyen Âge.

Commune : **Eurre** (Drôme)
Site : Les Saveaux
Responsable de fouille : Y. Billaud
Description : Lot de céramiques de l'âge du Bronze et du premier âge du Fer.
Périodes représentées : Âge du Bronze final ; premier âge du Fer.

Commune : **Eurre** (Drôme)
Site : Le Verset
Responsable de fouille : Y. Billaud
Description : Lot de céramiques du premier âge du Fer.
Périodes représentées : Transition âge du Bronze-âge du Fer ; moderne.

Commune : **La Garde-Adhémar** (Drôme)
Site : Surel
Responsable de fouille : M. Linossier

Description: Occupations de l'Épipaléolithique (vers 10 000 avant J.-C.) et du Néolithique chasséen et cardial. Établissement et voie antiques orientés selon le Cadastre B d'Orange (de la période augustéenne à la seconde moitié du IIIe siècle après J.-C.).
Périodes représentées: Épipaléolithique; Néolithique; âge du Fer; Antiquité.

Commune: **Lamotte-du-Rhône** (Vaucluse)
Site: La Bâtie
Responsable de fouille: M. Taras
Description: Sépultures à inhumation du début de l'âge du Fer.
Périodes représentées: Néolithique; âge du Bronze ancien et final; premier âge du Fer; Antiquité.

Commune: **Lamotte-du-Rhône** (Vaucluse)
Site: Laprade
Responsable de fouille: Y. Billaud
Description: Habitat de l'âge du Bronze final 2b (XIe siècle avant J.-C.).
Périodes représentées: Néolithique; âge du Bronze final; Antiquité.

Commune: **Lamotte-du-Rhône** (Vaucluse)
Site: Les Petites Bâties
Responsable de fouille: D. Binder
Description: Occupations du Néolithique cardial, post-cardial, chasséen et final.
Périodes représentées: Épipaléolithique; Néolithique; Campaniforme; Bronze final; second âge du Fer; Antiquité tardive.

Commune: **Lamotte-du-Rhône** (Vaucluse)
Site: Le Chêne
Responsable de fouille: S. Rimbault
Description: Occupations du Néolithique final, Bronze final 3b, parcellaire gallo-romain, sépulture antique.
Périodes représentées: Néolithique final; Bronze final 3b; âge du Fer; Antiquité.

Commune : **Lapalud** (Vaucluse)
Site : Les Bouchardes
Responsable de fouille : A. Gelot
Description : Traces agraires d'époque romaine
Période représentée : Antiquité

Commune : **Lapalud** (Vaucluse)
Site : Les Devès
Responsable de fouille : A. Gelot
Description : Traces agraires d'époque romaine
Période représentée : Antiquité

Commune: **Lapalud** (Vaucluse)
Site: Les Girardes
Responsables de fouille: K. Roger et P. Boissinot
Description: Établissement rural du Ier au Ve siècle après J.-C., nécropole à incinération et traces agraires.
Période représentée: Antiquité.

Commune: **La Roche-sur-Grane** (Drôme)
Site: Treilayes
Responsable de fouille: I. Rémy
Description: Occupation médiévale des XIe-XIIe siècles (fossé, fosses-silos).
Période représentée: Moyen Âge.

Commune: **Mondragon** (Vaucluse)
Site: Le Duc
Responsable de fouille: X. Margarit
Description: Occupation du Néolithique moyen et récent.
Périodes représentées: Néolithique; Moyen Âge.

Commune: **Mondragon** (Vaucluse)
Sites: Les Brassières nord et sud
Responsable de fouille: Ch. Vermeulen

Description : Habitats du premier et du second âge du Fer.
Période représentée : Âge du Fer.

Commune : **Mondragon** (Vaucluse)
Site : Les Juilléras
Responsable de fouille : O. Lemercier
Description : Occupation du Néolithique récent et final (avec sépulture), occupation et nécropole à neuf sépultures du Campaniforme - Bronze ancien.
Périodes représentées : Néolithique ancien, moyen, récent et final ; Campaniforme ; Bronze ancien ; Bronze final.

Commune : **Mondragon** (Vaucluse)
Site : Les Ribauds
Responsable de fouille : X. Margarit
Description : Occupations du Néolithique récent (avec sépulture), Campaniforme, Bronze final 3b, structure de combustion du haut Moyen Âge (VIIe siècle après J.-C.).
Périodes représentées : Néolithique récent ou final ; Campaniforme ; Bronze final ; Antiquité ; haut Moyen Âge.

Commune : **Montboucher-sur-Jabron** (Drôme)
Site : Constantin
Responsable de fouille : M. Goy
Description : Habitats du haut Moyen Âge (VIIe siècle) et du Moyen âge (XIe siècle).
Périodes représentées : Antiquité ; haut Moyen Âge ; Moyen Âge.

Commune : **Montboucher-sur-Jabron** (Drôme)
Site : Les Hayes
Responsable de fouille : Ch. Vermeulen
Description : Occupation du Néolithique final, voie antique et chemin médiéval.
Périodes représentées : Néolithique final ; Antiquité ; Moyen Âge.

Commune : **Montboucher-sur-Jabron** (Drôme)
Site : Pancrace
Responsable de fouille : Ch. Vermeulen
Description : Chenal-dépotoir du Bronze final 2a – 2b.
Période représentée : Bronze final.

Commune : **Montboucher-sur-Jabron** (Drôme)
Site : Le Patis 1
Responsable de fouille : F. Blaizot
Description : Nécropole à inhumation de l'Antiquité tardive et du haut Moyen Âge (du IVe au VIIIe siècle).
Périodes représentées : Antiquité tardive et haut Moyen Âge.

Commune : **Montboucher-sur-Jabron** (Drôme)
Site : Le Patis 2
Responsable de fouille : M. Taras
Description : Occupation du Néolithique final.
Périodes représentées : Néolithique final ; âge du Bronze final ; moderne.

Commune : **Montelier** (Drôme)
Site : Claveysonnes
Responsable de fouille : P. Réthoré
Description : Établissement rural antique (fin IIe - IVe siècles après J.-C.).
Périodes représentées : Âge du Bronze ; âge du Fer ; Antiquité.

Commune : **Montmeyran** (Drôme)
Site : Blagnat
Responsable de fouille : S. Saintot
Description : Occupation du Néolithique (bâtiment), occupation gallo-romaine.
Périodes représentées : Néolithique moyen ; Antiquité.

Commune : **Montvendre** (Drôme)
Sites : Les Châtaigners nord et sud
Responsable de fouille : S. Saintot
Description : Occupations du premier âge du Fer (VIe - Ve siècles avant J.-C.) et de la période romaine.
Périodes représentées : Néolithique final ; premier et second âge du Fer ; Antiquité.

Commune : **Montmeyran** (Drôme)
Site : La Paillette
Responsable de fouille : P. Réthoré
Description : Établissement antique (Ier - IIIe siècles après J.-C.).
Période représentée : Antiquité.

Commune : **Pierrelatte** (Drôme)
Site : Espitalet nord
Responsable de fouille : V. Savino
Description : Voie et établissements antiques (Ier - IIIe siècles après J.-C.)
Périodes représentées : Néolithique moyen et final ; âge du Bronze ; Antiquité.

Commune : **Pierrelatte** (Drôme)
Site : Les Malalônes
Responsable de fouille : M. Linossier
Description : Occupation du Néolithique cardial.
Périodes représentées : Néolithique ancien ; âge du Fer.

Commune : **Roynac** (Drôme)
Site : Le Prieuré
Responsable de fouille : E. Henry
Description : Occupation antique, sépultures médiévales.
Périodes représentées : Antiquité ; Moyen Âge.

Commune : **Roynac** (Drôme)
Site : Les Roches
Responsable de fouille : F. Cordier
Description : Occupation du Mésolithique ancien.
Périodes représentées : Magdalénien final ; Azilien ancien ; Mésolithique ; âge du Bronze ancien.

Commune : **Roynac** (Drôme)
Site : Le Serre 1
Responsable de fouille : J. Vital
Description : Occupations du Néolithique, Campaniforme et âge du Bronze ancien.
Périodes représentées : Néolithique ; Campaniforme ; âge du Bronze ancien.

Commune : **Upie** (Drôme)
Site : Les Vignarets
Responsable de fouille : J.-M. Lurol
Description : Habitat de plein air campaniforme, bâtiment à vocation agricole de l'an Mil.
Périodes représentées : Campaniforme ; Bronze final ; Antiquité ; haut Moyen Âge.

BIBLIOGRAPHIE

Alcamo 1986

Alcamo, J.-C. : « La dénomination des productions de vaisselle commune », *Revue Archéologique Sites*, hors série, 29, 1986.

Alfonso [et al.] 1996

Alfonso, G. [*et al.*] : *Lot 21, Archéologie et TGV,* rapport de sondages dactylographié, Service régional de l'Archéologie de Provence-Alpes-Côte d'Azur, 1996.

Alix [et al.] 2000

Alix, G. [*et al.*] : « Occupation antique : ensemble funéraire d'immatures de la villa de Champ-Madame », *in* Alfonso, G. : *Beaumont (Puy-de-Dôme), bâtiments annexes et nécropole d'immatures de la villa antique de Champ-Madame*, document final de synthèse, Service régional de l'Archéologie d'Auvergne, 2000, p. 60-115.

Amouric [et al.] 1995

Amouric, H. ; Picon, M. ; Vallauri, L. : « Zones de production céramique et ateliers de potiers en Provence », *in Actes du 5e colloque sur la céramique médiévale*, Rabat 1991, 1995, p. 35-48.

Arcelin 1976

Arcelin, P. : « Les civilisations de l'âge du Fer en Provence », *in La Préhistoire française*, t. II, p. 657-675, 6 fig.

Arcelin, Picon 1982

Arcelin, P. ; Picon, M. : « Atelier de céramique non tournée en Provence occidentale à la fin de l'âge du Fer », *in Histoire des techniques et sources documentaires : méthodes d'approche et d'expérimentation en région méditerranéenne*, Cahiers du G.I.S., 7, 1982, p. 115-128.

Arcelin-Pradelle 1984

Arcelin-Pradelle, C. : *La Céramique grise monochrome en Provence. RAN*, supplément 10, Paris : CNRS, 1984, 226 p.

Audouze, Buchsenschutz 1989

Audouze, F. ; Buchschenschutz, O. : *Villes, village et campagne de l'Europe celtique du début du IIe millénaire à la fin du Ier siècle avant J.-C.*, Paris : Hachette, 1989.

Aurenche 1981

Aurenche, O. : *La Maison orientale : l'architecture du Proche-Orient ancien des origines au milieu du IVe millénaire*, Paris : Geuthner, 1981.

Ayala 2000

Ayala, G. : « Lyon-Saint-Jean : évolution d'un mobilier céramique au cours de l'Antiquité tardive », *Revue Archéologique de l'Est*, 49, 2000, p. 207-247.

Ayala, Monin 1996

Ayala, G. ; Monin, M. : « Un nouveau site d'occupation de la transition du premier au deuxième âge du Fer en plaine alluviale de Vaise (Lyon 9e) », *Revue Archéologique de l'Est*, 47, 1996, p. 47-66.

Barruol 1994

Barruol, G. : « Les sanctuaires gallo-romains du Midi de la Gaule », *in Les Sanctuaires de tradition indigène en Gaule romaine : actes du colloque d'*Argentomagus, octobre 1992, Paris, 1994, p. 49-72.

Batigne Vallet 1999

Batigne Vallet, C. : *Étude des céramiques culinaires et de leurs procédés de fabrication à Lyon à l'époque gallo-romaine : impératifs techniques et influences culturelles,* thèse de doctorat, Université Lumière Lyon II, 1999.

Batigne, Desbat 1996

Batigne, C. ; Desbat, A. : « Un type particulier de « cruche » : les bouilloires en céramique d'époque romaine (Ier - IIIe siècles) », *SFECAG* (Dijon 1996), Marseille, 1996, p. 381-393.

Bats 1993

Bats, M. : « Céramique à pâte claire massaliète et de tradition massaliète », *in* : Py, M. (dir.) : *Dicocer. Dictionnaire des céramiques antiques (VIIe siècle avant notre ère - VIIe siècle de notre ère) en Méditerranée nord-occidentale (Provence, Languedoc, Ampurdan),* Lattara 6, Lattes, 1993, p. 206-221.

Beeching 1980

Beeching, A. : *Introduction à l'étude des stades néolithique et chalcolithique dans le bassin du Rhône : quatre fouilles récentes dans leur contexte régional,* thèse de doctorat de 3e cycle, 3 vol., Université de Lyon 2, 1980.

Beeching 1986

Beeching, A. : *Un village néolithique à Saint-Paul-Trois-Châteaux (Drôme),* le Puy-en-Velay : Les Arts graphiques, 1986, 14 p., 6 fig. (Plaquette du Centre d'Archéologie préhistorique de Valence)

Beeching 1986

Beeching, A. : « Le Néolithique rhodanien : acquis récents et perspectives de la recherche », *in :* Demoule, J.-P ; Guilaine, J. : *Le Néolithique de la France : hommage à Gérard Bailloud,* Paris : Picard, CNRS, 1986, p. 259-289.

Beeching 1991

Beeching, A. : « Sépulture, territoire et société dans le Chasséen méridional : l'exemple du bassin rhodanien », *in APRAIF,* Nemours 1991, p. 327-341.

Beeching 1995

Beeching, A. : « Nouveau regard sur le Néolithique ancien et moyen du bassin rhodanien », *in* : Voruz, J.-L. (éd.) : *Chronologies néolithiques de 6 000 à 2 000 avant notre ère dans le bassin rhodanien,* Actes du Colloque d'Ambérieu-en-Bugey 1992, Ambérieu : Société préhistorique rhodanienne, 1995, p. 151-161.

Beeching 1999

Beeching, A. : « Quelles maisons pour les néolithiques méridionaux ? Les cas rhodaniens examinés dans le contexte général », *in* : Beeching, A. ; Vital, J. (dir.) : *Préhistoire de l'espace habité en France du Sud,* Actes des Premières Rencontres méridionales de Préhistoire récente, Valence 1994, Valence : CAP, 1999.

Beeching, Brochier 1994

Beeching, A. ; Brochier, J.-L. : *Archéologie spatiale en vallée du Rhône : espaces parcourus/territoires exploités, le groupe néolithique et son territoire,* Rapport d'A.T.P. « Grands projets en Archéologie métropolitaine », 1994, p. 74.

Beeching, Cordier et Brochier 1994

Beeching, A. ; Cordier, F. ; Brochier, J.-L. : *Montélimar, le Gournier,* Rapport de fouille, Service régional de l'Archéologie de Rhône-Alpes, 1994.

Beeching, Berger, Brochier, Ferber, Helmer et Sidi-Maamar 2000

Beeching, A. [*et al.*] : « Chasséens agriculteurs ou éleveurs, sédentaires ou nomades ? Quels types de milieux, d'économies, et de sociétés », *in Rencontres méridionales de Préhistoire récente,* troisième session, Toulouse 1998, Toulouse : Archives d'Écologie préhistorique, 2000, p. 59-79.

Beeching, Vital 1994

Beeching, A. ; Vital, J. : *Préhistoire de l'espace habité en France du Sud,* Travaux du Centre d'Archéologie préhistorique de Valence, 1994.

Beeching, Vital et Dal Pra 1985

Beeching, A. ; Vital, J. ; Dal Pra, G. : « La terrasse de La Brégoule à Soyons (Ardèche) : une séquence majeure pour la Préhistoire rhodanienne », *Ardèche Archéologie,* 2, 1985, p. 4-12.

Behrens 1933

Behrens, G. : « Die sogenannten Mithras-Symbole », *Germania,* 23, 1933, p. 56 *sq.*

Bel 1982

Bel, V. : *Recherches sur la nécropole gallo-romaine du Valladas à Saint-Paul-Trois-Châteaux,* thèse de doctorat dactylographiée, Aix-Marseille : Université de Provence, 1982, 1084 p.

Bel (en préparation)

Bel, V. : *Les Ensembles funéraires ruraux du Haut-Empire de la moyenne vallée du Rhône.*

Bel, Tranoy 1993

Bel V. ; Tranoy L. : « Note sur les *busta* dans le Sud-Est de la Gaule », *in* : Struck, M. : *Römerzeitliche Gräber als Quellen zur Religion, Bevölkerungsstruktur und Sozialgeschichte,* Mayence : Archäologische Schriften des Instituts für Vor- und Frühgeschichte der Johannes Gutenberg-Universität Mainz, Band 3, 1993, p. 95-110.

Bellon, Burnouf, Martin et Verot-Bourrely 1988

Bellon, C. [*et al.*] : « Une occupation humaine du premier âge du Fer à Lyon-Vaise », *in* : *Architectures des âges des métaux : fouilles récentes*, Paris : Errance, 1988, p. 55-66. (Dossiers de protohistoire ; 2)

Bellon, Perrin 1992

Bellon, C. ; Perrin, F. : « Nouvelles découvertes de l'âge du Fer à Lyon-Vaise (Rhône) : le site de la rue du Docteur Horand », *RAE*, 43, 1992, p. 269-292.

Bérato [et al.] 1991

Bérato, J. [*et al.*] : « Incinérations et inhumations du Haut-Empire à Saint-Lambert (Fréjus, Var) », *Sites,* automne 1991, p. 14-26.

Berger, Brochier 2000

Berger, J.-F. ; Brochier, J.-L. : « Évolution des paysages et des climats dans la moyenne vallée du Rhône et sa bordure préalpine de 13000 à 5000 B.P. », *in* : *Épipaléolithique et Mésolithique : les derniers chasseurs cueilleurs d'Europe occidentale,* Actes du colloque international de Besançon 1998, Besançon : Presses universitaires Franc-Comtoises, 2000, p. 37-57. (Environnement, sociétés et archéologie ; 1)

Berger, Brochier (en préparation)

Berger, J.-F. ; Brochier, J.-L. : « Les apports de la géoarchéologie à la connaissance des paysages et des climats de l'époque médiévale en moyenne vallée du Rhône », *in* : Maufras, O. (dir.) : *Habitats, nécropoles et paysages dans la moyenne et basse vallée du Rhône (VIIe-XVe siècle) : contributions des travaux archéologiques sur le tracé du TGV Méditerranée à l'étude des sociétés rurales médiévales,* Paris : MSH, (à paraître). (Documents d'Archéologie française)

Berger, Brochier (en préparation)

Berger, J.-F. ; Brochier, J.-L. (dir.) : *Histoire des paysages et du climat de la fin des temps glaciaires à nos jours en moyenne vallée du Rhône, d'après les données des travaux archéologiques du TGV Méditerranée.*

Berger, Brochier, Jung et Odiot 1997

Berger, J.-F. [*et al.*] : « Données paléogéographiques et données archéologiques dans le cadre de l'opération de sauvetage archéologique du TGV Méditerranée », *in* : Burnouf, J. ; Bravard, J.-P. ; Chouquer, G. (dir.) : *La Dynamique des paysages protohistoriques, antiques, médiévaux et modernes,* Actes des XVIes Rencontres internationales d'Archéologie et d'Histoire d'Antibes 1996, Sophia-Antipolis : APDCA, 1996, p. 155-185.

Berger, Jung 1996

Berger, J.-F. ; Jung, C. : « Fonction, évolution et « taphonomie » des parcellaires en moyenne vallée du Rhône : un exemple d'approche intégrée en archéomorphologie et en géoarchéologie », *in* : Chouquer, G. (dir.) : *Les Formes du paysage,* Paris : Errance, 1996, t. II, p. 95-112.

Berger, Jung [et al.] 1999

Berger, J.-F. [*et al.*] : *Lots 11,12, 13, 21, Rapport fossés, opération transversale,* Afan-TGV Ligne 5-Secteur II : Valence-Avignon, Rapport de fouille, 2 vol., Document final de synthèse dactylographié, Services régionaux de l'Archéologie de Rhône-Alpes et de Provence-Alpes-Côte d'Azur, 1999.

Bernatzky-Goetze 1987

Bernatzky-Goetze, M. : « Mörigen. Die spätbronzezeitlichen Funde », *Antiqua*, 16, Bâle, 1987.

Bichet, Millotte 1992

Bichet, P. ; Millotte, J.-P. : *L'Âge du Fer dans le haut Jura : les tumulus de la région de Pontarlier (Doubs)*. Paris : MSH, 1992, 154 p., 104 fig. (Documents d'Archéologie française ; 34)

Billaud 1917

Billaud, Y. : *Chabrillan, Saint Martin 2, rapport dévaluation,* 1917.

Billiard 1913
Billiard, R. : *La Vigne dans l'Antiquité*, Lyon, 1913.

Binder 1987
Binder, D. : *Le Néolithique ancien provençal : typologie et technologie des outillages lithiques*. Supplément à *Gallia Préhistoire* n° 24, CNRS, 1987.

Binder, Gassin 1988
Binder, D. ; Gassin, B. : « Le débitage laminaire chasséen après chauffe : technologie et traces d'utilisation », *B.A.R.*, S. 411, p. 93-125.

Bizot, Castex et Raynaud (à paraître)
Bizot, B. ; Castex, D. ; Raynaud, P. : *La Saison d'une peste : avril-septembre 1590, le cimetière des Fédons à Lambesc*, Paris : MSH, (à paraître). (Documents d'Archéologie française)

Blaizot (à paraître)
Blaizot, F. : « Le Patis, commune de Montboucher-sur-Jabron (Drôme), l'ensemble funéraire de l'Antiquité tardive et du haut Moyen Âge », fiche de synthèse du site, *Mémoires d'Archéologie méditerranéenne.*

Blaizot, Dupont-Martin (à paraître)
Blaizot, F. ; Dupont-Martin, S. : « L'ensemble funéraire de Châteauneuf-sur-Isère/Beaume : caractérisation et hypothèses d'interprétation », à paraître *in* Maufras, O. : *Habitats, nécropoles et paysages dans la moyenne et la basse vallée du Rhône (VIIe-XVe siècle)*, Paris : MSH, (à paraître). (Documents d'Archéologie française)

Blaizot, Rimbault (à paraître)
Blaizot, F. ; Rimbault, S. : « Des inhumations en contexte domestique au Bronze ancien en Rhône-Alpes et en Auvergne », à paraître *in* Depierre, G. ; Mordant, C. : *Les Pratiques funéraires à l'âge du Bronze en France*, Actes du colloque de Sens-en-Bourgogne 1998, à paraître.

Blaizot, Savino (à paraître)
Blaizot, F. ; Savino, V. : « Sépultures et ensembles funéraires isolés au haut Moyen Âge, exemples en vallée du Rhône », à paraître *in* Maufras, O. : *Habitats, nécropoles et paysages dans la moyenne et la basse vallée du Rhône (VIIe-XVe siècle)*, Paris : MSH, (à paraître). (Documents d'Archéologie française)

Blaizot [et al.] (à paraître)
Blaizot, F. [*et al.*] : « Trois petits ensembles funéraires de l'Antiquité tardive situés à proximité d'un établissement rural dans la moyenne vallée du Rhône : pratiques funéraires et organisation, les sites du Pillon à Marennes (Rhône), du Trillet à Meyzieu (Rhône), des Girardes à Lapalud (Vaucluse) », *Gallia*, 58, 2001.

Blanquet 1984
Blanquet, P.-M. : *Fouilles de sauvetage d'une chambre à inhumation du tumulus n° 1 de Vayssas, commune de Séverac-le-Château (Aveyron)*, Maison des Jeunes et de la Culture de Rodez, 1984.

Blondé, Picon 2000
Blondé, F. ; Picon, M. : « Artisanat et histoire des techniques : le cas des céramiques », *in* Blondé, F. ; Muller, A. (éd.) : *L'Artisanat en Grèce ancienne : les productions, les diffusions*, Actes du colloque de Lyon 1998, Lille 3, 2000, p. 13-25.

Bois 1992
Bois, M. : *Le Sud du département de la Drôme entre le Xe et le XIIIe siècle, l'organisation du terroir, fortification et structure de l'habitat*, thèse de 3e cycle, Aix-en-Provence, Université de Provence, 1992.

Boissinot 1997
Boissinot, P. : « Archéologie des façons culturales », *in* Burnouf, J. [*et al.*] : *La Dynamique des paysages protohistoriques, antiques, médiévaux et modernes*, Actes des XVIIes Rencontres internationales d'Archéologie et d'Histoire d'Antibes 1996, Sophia-Antipolis : APDCA, 1997, p. 85-112.

Boissinot 2000
Boissinot, P. : « Les vignobles antiques du Midi de la France », *in Géoarchéologie des paysages de l'Antiquité classique*, Leyde, 2000, p. 71-84.

Boissinot, Brochier 1997
Boissinot, P. ; Brochier, J.-E. : « Pour une archéologie du champ », *in* Chouquer, G. (éd.) : *Les Formes du paysage*, Paris, 1997, t. 3, p. 35-56.

Boissinot, Roger 2000
Boissinot, P. ; Roger, K. [*et al.*] : « L'ensemble viticole des Girardes (Lapalud, Vaucluse) », Communication présentée au colloque de l'UMR 6565 *Actualité de la recherche en Histoire et Archéologie agraires*, Besançon, 19-20 septembre 2000.

Bonnet (à paraître)

Bonnet, Ch. : « Contribution à l'étude des céramiques culinaires de la fin du IIe siècle au milieu du Ve siècle après J.-C. de la plaine valentinoise au Nord du Tricastin », *in* Bastard, V. (dir.) : *Le Site de Crest Bourbousson III*, à paraître.

Bruzek 1991

Bruzek, J. : « Proposition d'une nouvelle méthode morphologique dans la détermination sexuelle de l'os coxal : application à la Chaussée-Tirancourt », *in Rapport de la table ronde des 8-10 mai 1991 du GDR 742*, 1991, p. 13-22.

Catalli, Scheid 1994

Catalli, F. ; Scheid, J. : « Le *thesaurus* de Sora », *Revue Numismatique*, Paris, 1994, p. 55-65.

Chapelot 1980

Chapelot, J. : « Le fond de cabane de l'habitat rural ouest-européen : état des questions », *Archéologie médiévale*, X, 1980, p. 5-57.

Chapelot, Fossier 1980

Chapelot, J. ; Fossier, R. : *Le Village et la maison au Moyen Âge*, Hachette littérature, 1980.

Chapon [et al.] (à paraître)

Chapon, P. [*et al.*] : *Les Nécropoles de Vernègues, deux ensembles funéraires du Haut-Empire à la périphérie d'une agglomération secondaire*, Paris : MSH, (à paraître). (Documents d'Archéologie française)

Chapotat 1976

Chapotat, G. : « La voie protohistorique sud de la croisée de Vienne : essai de reconstitution de son tracé jusqu'à Marseille », *RAE*, 32, 1976, p. 83-91.

Chevalier 1972

Chevalier, R. : *Les Voies romaines*, Paris : A. Colin, 1972. (U)

Chouquer 1994

Chouquer, G. : « Étude morphologique du cadastre B d'Orange », *in* Favory, F. ; Fiches, J.-L. : *Les Campagnes de la France méditerranéenne dans l'Antiquité et le haut Moyen Âge : études micro-régionales*, Paris : MSH, 1994, p. 51-55. (Documents d'Archéologie française ; 42)

Chouquer 1997

Chouquer, G. : « La place de l'analyse des systèmes spatiaux dans l'étude des paysages du passé », *in* Chouquer, G. (dir.) : *Les Formes du paysage*, Paris : Errance, 1997, t. 3, p. 14-24.

Chouquer, Jung 1996

Chouquer, G. ; Jung, C. : *TGV LN5 Méditerranée : étude des formes du paysage par carto- et photo-interprétation, département de la Drôme, Lots 11, 12, 13*, document final de synthèse dactylographié, Service régional de l'Archéologie de Rhône-Alpes, 1996.

Coudart 1993

Coudart, A. : *De l'usage de l'architecture domestique et de l'anthropologie sociale dans l'approche des sociétés néolithiques : l'exemple du Néolithique danubien*, Paris : MSH, p. 114-135.

Courtois 1968

Courtois, J.-C. : « Découvertes de l'âge du Bronze et de l'âge du Fer dans les Hautes-Alpes 1957-1967 », *B.S.E.H.A.*, 1968.

Crubézy 1991

Crubézy, E. : « Les pratiques funéraires dans le Chasséen de la moyenne vallée du Rhône », *in Identité du Chasséen*, Actes du Colloque international de Nemours 1989, *Mémoires du Musée de Préhistoire d'Ile-de-France*, 4, 1991, p. 393-398.

Crubézy 1998

Crubézy, E. ; Coll : *Le Paysan médiéval en Rouergue : cimetière et église de Canac*, Musée du Rouergue, guide d'archéologie n° 5.

D'Anna 1977

D'Anna, A. : *Les Statues-menhirs et stèles anthropomorphes du Midi méditerranéen*, Paris, CNRS, 1977.

D'Anna 1995

D'Anna, A. : « Le Néolithique final en Provence », *in Chronologies néolithiques, de 6 000 à 2 000 avant notre ère dans le bassin rhodanien*, Actes du Colloque d'Ambérieu-en-Bugey, 1995, p. 151-161.

D'Anna 1995

D'Anna, A. : « La fin du Néolithique dans le Sud-Est de la France », *in L'Homme méditerranéen*, Université de Provence, 1995, p. 299-333.

D'Anna, Gutherz, Jallot 1987

D'Anna, A. ; Gutherz, X. ; Jallot, L. : *Des pierres qui nous font signe : les statues-menhirs du Sud-Est de la France*, Société languedocienne de Préhistoire, 1987.

Daumas, Laudet 1985

Daumas, J.-C. ; Laudet, R. : « L'habitat du Bronze final des Gandus à Saint-Ferréol-Trente-Pas (Drôme) », *Études préhistoriques*, 16 (1981-1982), 1985, p. 1-32.

Dedet 1995

Dedet, B. : « Couvertures et signes des sépultures du Languedoc oriental au Bronze final 3b et au premier âge du Fer », *D.A.M.* n° 17, *Protohistoire du Sud de la France*, 1994, p. 28-38.

Dedet 2000

Dedet, B. : « Images sociales de la mort dans le Sud-Est de la France au premier âge du Fer », *in* Janin, T. ; Mailhac : *Le Premier Âge du Fer en Europe occidentale,* Actes du colloque international de Carcassonne 1997, 2000, p. 133-155.

Dedet, Schwaller 1990

Dedet, B. ; Schwaller, M. : « Pratiques cultuelles et funéraires en milieu domestique sur les oppida languedociens », *Documents d'Archéologie méridionale,* n° 13, p. 137-161.

Demians d'Archimbaud [et al.] 1982

Demians d'Archimbaud, G. [*et al.*] : « La production des céramiques médiévales en Provence centrale : état des questions », *in Histoire des techniques et sources documentaires : méthodes d'approche et d'expérimentation en région méditerranéenne,* Cahiers du G.I.S., 7, 1982, p. 141-146.

Desaye 1989

Desayes, H. : « La voie romaine de Valence à Gap et la plaine de Valence », *Études drômoises*, 2-3, 1989, p. 36-42.

Desbat, Roux 1990-1992

Desbat, A. ; Roux, I. : « L'atelier de Saint-Péray Grimpeloup », *in Les Ateliers céramiques antiques de la moyenne vallée du Rhône*, Programme collectif de recherche H13, Sous-direction de l'Archéologie, rapport 1990-1992.

Dicocer 1993

Py, M. (dir.) : *Dicocer. Dictionnaire des céramiques antiques (VIIe siècle avant notre ère - VIIe siècle de notre ère) en Méditerranée nord-occidentale (Provence, Languedoc, Ampurdan)*, Lattara 6, Lattes, 1993.

Duday 1990

Duday, H. : « Observations ostéologiques et décomposition du cadavre : sépultures en espace colmaté ou en espace vide ? », *Revue archéologique du Centre de la France,* n° 19, 1990, fasc. 2, p. 193-196.

Duday 1995

Duday, H. : « Anthropologie de terrain, archéologie de la mort », *in La Mort, passé, présent, conditionnel,* Actes du colloque de La Roche-sur-Yon 1994, La Roche-sur-Yon : Groupe vendéen d'Études préhistoriques, 1995, p. 11-58.

Duday [et al.] 1995

Duday, H. [*et al.*] : *Nouveaux-nés et nourrissons gallo-romains*, Paris, 1995.

Esquieu 1988

Esquieu, Y. : « Viviers, cité épiscopale : études archéologiques », *DARA*, 1, 1988.

Fabre 1996

Fabre, V. : « L'inhumation des enfants en milieu domestique comme critère d'identification culturelle », *in L'Identité des populations archéologiques,* Actes des rencontres d'Antibes 1995, Sofia-Antipolis : APDCA, 1996, p. 403-414.

Favory 1983

Favory, F. : « Proposition pour une modélisation des cadastres ruraux antiques », *in* Clavel-Lévêque, M. (éd.) : *Cadastre et espace rural : approches et réalités antiques,* Actes de la table ronde de Besançon 1980, Paris : CNRS, 1983, p. 51-135.

Favory, Gonzales [et al.] 1995-1997

Favory, F. ; Gonzales A. [*et al.*] : « Témoignages antiques sur le bornage dans le monde romain II », *RACF*, 34-36, 1995-1997.

Ferdière 1988

Ferdière, A. : *Les Campagnes en Gaule romaine*,2 vol., Paris, 1988, (Les Hespérides)

Forni 1983

Forni, C. : « Gli aratri dell'Europa antica, la loro terminologia e il problema della diffusione della cultura celtica a nord e a sud delle Alpi », *in Popoli e facies culturali celtiche a nord e a sud delle Alpi dal V al I secolo a.C.,* Actes du colloque de Milan 1980, Milan, 1983, p. 76-79.

Fulford, Peacock 1984

Fulford, M.G. ; Peacock, D.P.S. : « The Avenue du Président Habib Bourguiba, Salammbo : the pottery and other ceramic objets from the site », *in Excavations at Carthage : The British Mission*, 1984.

Gasco 1985

Gasco, Y. : « Les tumulus du premier âge du Fer en Languedoc oriental », *Archéologie en Languedoc* (n° spécial), 1984, 144 p., 182 fig.

Gasco 1985

Gasco, J. : *Les Installations du quotidien : structures domestiques en Languedoc du Mésolithique à l'âge du Bronze d'après l'étude des abris de Font Juvénal et du Roc-de-Dourgne dans l'Aude,* Paris : M.S.H., 1985.

Gelot [et al.] 1996

Gelot, A. [*et al.*] : *Lot 21, Lapalud, Les Devès et les Bouchardes, Vaucluse*. Archéologie et TGV, rapport d'évaluation dactylographié, Service régional de l'Archéologie de Provence-Alpes-Côte d'Azur, 1996.

Genty, Gutherz 1978

Genty, P.-Y. ; Gutherz, X. : « Une sépulture du premier âge du Fer à Cornillon (Gard) », *Bulletin de l'École antique de Nîmes,* nouvelle série, n° 11-13, 1976-1978, p. 57-70, 5 fig.

Genty, Gutherz 1981

Genty, P.-Y. ; Gutherz, X. : « Découverte d'une nouvelle tombe du premier âge du Fer au lieu-dit Camper (Cornillon, Gard) », *Notes et documents d'archéologie gardoise, Bulletin de l'École antique de Nîmes*, n° 16, 1981, p. 172-173, 1 fig.

Ginouvez 1993

Ginouvez, O. : « Des maisons excavées autour de l'an Mil », *Archéologie du Midi médiéval,* 11, 1993, p. 53-68.

Goudineau 1977

Goudineau, Ch. : « Note sur la céramique commune grise gallo-romaine de Vaison », *R.A.N.*, 10, 1977.

Goudineau, Gras 1978

Goudineau, Ch. ; Gras, R. : « La céramique grise gallo-romaine : note complémentaire », *R.A.N.*, 11, 1978.

Goy, Rémy 1996

Goy, M. ; Rémy, I. : *Montboucher-sur-Jabron, Constantin, Drôme (26)*, rapport de fouille dactylographié, Service régional de l'Archéologie de Rhône-Alpes, 1996.

Gros 1972

Gros, O. et A.-C. : « Le tumulus de l'Abeillou à Grospierres », *Études préhistoriques* n° 2, *Publications de la Société préhistorique de l'Ardèche*, 1972, 8 p., 8 fig.

Gruat 1988a

Gruat, P. : « La nécropole tumulaire de Floyrac (Onet-le-Château) », *Vivre en Rouergue*, C.A.A. n° 2, 1988, p. 47-68.

Gruat 1988b

Gruat, P. : *Les Tumulus du premier âge du Fer en Rouergue*, T.E.R. de maîtrise dactylographié, Université de Toulouse-Le Mirail, 1988.

Guilaine 1994

Guilaine, J. : *La Mer partagée : la Méditerranée avant l'écriture (7 000-2 000 avant Jésus-Christ),* Hachette, 1994.

Guilaine, Courtin, Roudil et Vernet 1987

Guilaine, J. [*et al.*] (dir.) : *Premières communautés paysannes en Méditerranée occidentale,* Actes du Colloque international du CNRS, Montpellier 1983, Paris : CNRS, 1987.

Gutherz, Jallot 1995

Gutherz, X. ; Jallot, L. : « Le Néolithique final du Languedoc Méditerranéen », *in Chronologies néolithiques de 6 000 à 2 000 avant notre ère dans le bassin rhodanien*, Actes du Colloque d'Ambérieu-en-Bugey 1992, Ambérieu : Société préhistorique rhodanienne, 1995, p. 231-264.

Hafner 1995

Hafner, A. : *Die frühe Bronzezeit in der Westschweiz. Funde und Befunde aus Siedlungen, Gräbern und Horten der entwickelten Frühbronzezeit*. Uferseidlungen am Bielersee, 5, 1995, 277 p.

Halbout, Le Maho 1984

Halbout, P. ; Le Maho, J. (dir.) : *Aspects de la construction en bois en Normandie du Ier au XIVe siècle,* 1984.

Hasler [et al.] 1998

Hasler, A. [*et al.*] : « La nécropole tumulaire néolithique de Château-Blanc (Ventabren, Bouches-du-Rhône) », *Rencontres méridionales de Préhistoire récente, production et identité culturelle, actualité de la recherche,* Actes de la deuxième session, Arles 1996, Antibes : APDCA, 1998, p. 403-414.

Haudricourt, Jean-Brunhes-Delamarre 1955

Haudricourt, A.-G. ; Jean-Brunhes-Delamarre, M. : *L'Homme et la charrue à travers le monde,* Paris, 1955.

Henrion 1997

Henrion, F. : « L'enfant dans le cimetière paroissial à travers quelques exemples bourguignons », *in L'Enfant, son corps, son histoire,* Actes des 7es Journées anthropologiques de Valbonne, Antibes : APDCA, 1997, p. 25-34.

Honegger 2001

Honegger, M. : « L'industrie lithique taillée du Néolithique moyen et final de Suisse », *CRA* 24, Paris : CNRS, 2001.

Jallot, d'Anna 1987

Jallot, L. ; D'Anna, A. : « Stèles anthropomorphes et statues-menhirs », *in Premières communautés paysannes en Méditerranée occidentale,* Actes du Colloque international du CNRS, Montpellier 1983, Paris : CNRS, 1987, p. 359-383.

Joffroy 1960

Joffroy, R. : *L'Oppidum de Vix et la civilisation hallstattienne finale dans l'Est de la France*, Paris : Les Belles Lettres, 1960, 210 p., 81 pl. (Publications de l'Université de Dijon ; 20)

Judd 1999

Judd, M.A. ; Roberts, C.A. : « Fracture trauma in a medieval British farming village », *Am J Phys Anthropol*, 109, 1999, p. 229-243.

Jung 1999

Jung, C. : *Morphogenèse, fonctions et évolution de la centuriation B d'Orange et essai de restitution diachronique des paléopaysages du Tricastin (Drôme-Vaucluse)*, thèse de 3e cycle, 2 vol, Université de Tours, 1999.

Jung, Odiot [et al.] (à paraître)

Jung, C. ; Odiot, T. [*et al.*] : « La viticulture antique dans le Tricastin (moyenne vallée du Rhône) », *in La Viticulture en Gaule*, Gallia, 2001, p. 113-128.

Lagrand, Thalmann 1973

Lagrand, C. ; Thalmann, J.-P. : *Les Habitats protohistoriques du Pègue (Drôme) : le sondage n° 8 (1957-1971)*. CDPA, cahier n° 2, Grenoble : CNRS, 1973, 159 p.

Lasfargues 1985

Lasfargues, J. (dir.) : *Architecture de terre et de bois,* Paris : MSH, 1985, p. 169-177. (Documents d'archéologie française ; 2)

Leclerc 1990

Leclerc, J. : « La notion de sépulture », *in Anthropologie et archéologie, dialogue sur les ensembles funéraires,* Actes du colloque organisé par la Société d'Anthropologie de Paris, 15-16 juin 1990, *Bulletins et Mémoires de la Société d'Anthropologie de Paris*, 8, 3-4, 1990, p. 13-18.

Lemercier [et al.] 1998

Lemercier, O. [*et al.*] : « Les Juilléras (Mondragon, Vaucluse). Site d'habitat et funéraire du Néolithique récent, Néolithique final, Campaniforme-Bronze ancien et Bronze final 2b : premiers résultats », *in Rencontres méridionales de Préhistoire récente, production et identité culturelle, actualité de la recherche,* Actes de la deuxième session, Arles 1996, Antibes : APDCA, 1998, p. 359-368.

Lepoitevin 1996

Lepoitevin, L. : *La Maison des origines : essai de critique anthropologique*, Paris : Masson, 1996.

Margarit, Saintot (à paraître)

Margarit, X. ; Saintot, S. : « Le site néolithique final du Pâtis 2 à Montboucher-sur-Jabron (Drôme) », *Mémoires d'archéologie de Lattes*, notice n° 26, à paraître.

Martin, Henry, Savino 1997

Martin, S. ; Henry, É. ; Savino, V. : *Chabrillan, Saint Martin 1, rapport d'évaluation*, 1997.

Martin-Dupont 1995

Martin-Dupont, S. : *Critères osseux des spondylarthropathies dans les populations du passé,* mémoire de DEA, anthropologie préhistorique, Université de Bordeaux 1, 1995.

Mauné, Feugère 1999

Mauné, S. ; Feugère, M. : « La villa gallo-romaine de Lieussac (Montagnac, Hérault, France) au VIe siècle de notre ère », *Arch. Korr.*, 29, 1999, p. 377-394.

Meffre 1985

Meffre, J.-C. : « Céramique gallo-romaine du Ier siècle de l'Auberte (Crillon-Le Brave, Vaucluse) », *Bulletin archéologique de Provence*, 16, 1985, p. 15-27.

Meffre 1987

Meffre, J.-C. : « Un dépotoir du IIIe siècle de notre ère au Rasteau (Vaucluse) : Les Fouquesses », *Revue archéologique de Narbonnaise*, 20, 1987, p. 269-385.

Meffre 1992

Meffre, J.-C. : *Vaison et ses campagnes sous le Haut-Empire romain : essai d'archéologie de l'espace*, thèse dactylographiée de doctorat d'Université, 2 vol, Aix-en-Provence, 1992.

Menis 1990

Menis, G.-C. (dir.) : *I Longobardi,* Milan : Electa, 1990.

Millot 1964

Millot, G. : *Géologie des argiles,* Paris, 1964.

Montjardin 1992

Montjardin, R. : « Le Chalcolithique dans l'Ardèche », *in Le Chalcolithique en Languedoc, hommage au Dr Jean Arnal,* Actes du colloque international de Saint-Mathieu-de-Tréviers 1990. p. 227-244.

Muller 1995

Muller, A. : *L'Habitat néolithique et protohistorique dans le Sud de la France,* Toulouse : DAF, 1995.

Muller 1999

Muller, A. : *Structures d'habitat de la fin du Néolithique moyen à « La Ponchonière », Aubignosc,* 1999.

Odiot, Feuillet 1990-1992

Odiot, T. ; Feuillet, M.-P. : « L'atelier de Saint-Péray Amour de Dieu », *in Les Ateliers céramiques antiques de la moyenne vallée du Rhône. Programme collectif de recherche H13,* Sous-Direction de l'Archéologie, rapport 1990-1992.

Odiot, Raynaud 1992

Odiot, T. ; Raynaud, C. : « Saint-Vincent, un site rural », *in* Odiot, T. [*et al.*] : « D'Augusta Tricastinorum à Saint-Paul-Trois-Châteaux », *Documents d'archéologie en Rhône-Alpes,* n° 7, Lyon, 1992, p. 115-139.

Orliac, Wattez 1987

Orliac, C. ; Wattez, J. : « Un four polynésien et son interprétation archéologique », *in Nature et fonction des foyer préhistoriques,* Actes du colloque international de Nemours 1987, Nemours : APRAIF, 1987.

Ozanne (à paraître)

Ozanne, J.-C. : « Deux sépultures en plaine du début du premier âge du Fer, au lieu-dit « La Bâtie » (Lamotte-du-Rhône, Vaucluse, TGV Méditerranée) », *Notices d'archéologie vauclusienne,* n° 4, 1998, 8 p., 4 fig. (à paraître).

Ozanne, Blaizot et Berger 1998

Ozanne J.-C. [*et al.*] : « Une inhumation du Bronze final 3b sous tumulus de terre à Pont-de-Pierre (Bollène, Vaucluse), résultats préliminaires », *Rencontres méridionales de Préhistoire récente, production et identité culturelle, actualité de la recherche,* Actes de la deuxième session, Arles 1996, Antibes : APDCA, 1998, p. 369-375, 4 fig.

Ozanne, Blaizot (à paraître)

Ozanne, J.-C. ; Blaizot, F. : « Pont-de-Pierre 2 à Bollène (Vaucluse), période du Néolithique moyen, fiche de synthèse du site », *Mémoires d'Archéologie Méditerranéenne* (à paraître).

Parzinger 1992

Parzinger, H. : « La place du Jura franco-suisse dans le monde hallstattien : observations sur le début du premier âge du Fer », *in L'Âge du Fer dans le Jura, C.A.R.* n° 57, 1992, p. 119-133, 11 fig.

Pétrequin, Chastel, Giligny [et al.] 1988

Pétrequin, P. [*et al.*] : « Réinterprétation de la civilisation Saône Rhône : une approche des tendances culturelles du Néolithique final », *Gallia Préhistoire,* t. 30, 1988, p. 1-89.

Picon 1997

Picon, M. : « Le passage des céramiques culinaires gauloises aux céramiques culinaires romaines, à la Graufesenque (Aveyron) : résultats et question », *in II contributo delle analise archeometriche allo studio delle ceramiche grezze e comuni. Il rapporto forme/funzione/impasto,* Bologne, 1997, p. 71-74.

Piningre 1996

Piningre, J.-F. (dir.) : *Nécropoles et sociétés au premier âge du Fer : le tumulus de Courtesoult (Haute-Saône),* Paris : MSH, 1996. (Documents d'Archéologie française ; 54)

Pohanka 1986

Pohanka, R. : *Die eisernen Agrargeräte der römischen Kaiserzeit in Österreich. Studien zur römischen Agrartechnologie in Rätien, Noricum und Pannonien,* Oxford, 1986. (BAR S-298)

Py 1978

Py, M. : « Quatre siècles d'amphore massaliète : essai de classification des bords », *Figlina,* 3, 1978, p. 1-24.

Raynaud 1987

Raynaud, C. : « Typologie des sépultures et problèmes de datation, l'apport des fouilles de Lunel-Viel », *Archéologie en Languedoc,* 4, 1987, p. 121-127.

Raynaud 1990

Raynaud, C. : « Le village gallo-romain de Lunel-Viel (Hérault) »,

Annales littéraires de l'Université de Besançon, 422, 1990. (Centre de recherche d'histoire ancienne ; 97)

Rees 1979

Rees, S.-E. : *Agricultural Implements in Prehistoric and Roman Britain,* Oxford, 1979, 2 vol. (BAR 69)

Rémy, Goy (à paraître)

Rémy, I. ; Goy, M. : « Le site de Constantin (Montboucher-sur-Jabron, Drôme) : VIe-VIIe siècle et XIe siècle », *in* Maufras, O. (dir.) : *Habitats, nécropoles et paysages dans la moyenne et basse vallée du Rhône (VIIe-XVe siècle) : contribution des travaux du TGV Méditerranée à l'étude des sociétés rurales médiévales,* Paris : MSH, (à paraître). (Documents d'Archéologie française)

Renault 1998

Renault, S. : *Économie de la matière première : l'exemple de la production, au Néolithique final en Provence, des grandes lames en silex zoné oligocène du bassin de Forcalquier (Alpes-de-Haute-Provence),* Antibes : APDCA, 1998.

Rethoré 1996

Rethoré, P. : *Chabreuil, Brocard, rapport d'évaluation,* 1996.

Roupnel 1932

Roupnel, G. : *Histoire de la campagne française,* Paris, 1932 (rééd. 1974, 1981).

Ryckewaert 1987

Ryckewaert : *Rhumatologie, pathologie osseuse et articulaire,* Flammarion, 1987. (Médecine Science)

Saintot 1998

Saintot, S. : « La dalle anthropomorphe chasséenne du site de La Prairie à Chabrillan (Drôme) », *in* « Actes du 2e Colloque international sur la statuaire mégalithique », *Revue de la Fédération archéologique de l'Hérault,* 1998, p. 113-118.

Saintot, Bernoux, Delannoy, Diet 1997

Saintot, S. ; Bernoux, G. ; Delannoy, B. ; Diet, C. : *Montmeyran, Blagnat, rapport d'évaluation,* 1997.

Santoro Bianchi 1998

Santoro Bianchi, S. : « La tradizione fenicio-punica nella Pantellerian Ware : il progetto di ricerca 1998-2000 », *in Produzione e circolazione della ceramica fenicia e punica nel Mediterraneo : il contributo delle analisi archeometriche,* Atti della 2^a^ Giornata di archeometria della ceramica, Ravenna, 1998, p. 117-120.

Sellier 1996

Sellier, P. : « La mise en évidence d'anomalies démographiques et leur interprétation : population, recrutement et pratiques funéraires du tumulus de Courtesoult », *in* Piningre, J.-F. (dir.) : *Nécropoles et société au premier âge du Fer : le tumulus de Courtesoult (Haute-Saône),* Paris : MSH, 1996, p. 188-202. (Documents d'Archéologie française ; 54)

Sellier 1997

Sellier, P. : « Le potentiel des études anthropologiques pour l'archéologie : l'exemple de la paléodémographie », *in* Blaizot, F. [*et al.*] : « Quatre propos sur l'avenir de la paléoanthropologie funéraire », *Les Nouvelles de l'archéologie,* 66, 1997, p. 49-51.

Sparkes, Talcott 1970

Sparkes, B.-A. ; Talcott, L. : « Black and Plain Pottery of the 6th, 5th and 4th Centuries B.C. », *The Athenian Agora,* XII, 1 et 2, Princeton, 1970.

Sprater 1929

Sprater, F. : *Die Pfalz unter den Römern,* 1929.

Struck 1993

Struck, M. : « *Busta* in Britanien und ihre Verbidungen zum Kontinent. Allgemeine Überlegungen zur Herleitung der Bestattungssitte », *in* : Struck, M. : *Römerzeitliche Gräber als Quellen zur Religion, Bevölkerungsstruktur und Sozialgeschichte,* Mayence : Archäologische Schriften des Instituts für Vor -und Frühgeschichte des Johannes Gutenberg-Universität Mainz, Band 3, 1993.

Struck 1993

Struck, M. : « Kinderbestattungen in romano-britischen Siedlungen der Schweiz, ein Vorbericht », *in* Struck M. : *Römerzeitliche Gräber als Quellen zur Religion, Bevölkerungsstruktur und Sozialgeschichte,* Mayence : Archäologische Schriften des Instituts für Vor- und Frühgeschichte der Johannes Gutenberg-Universität Mainz, Band 3, 1993, p. 313-318.

Taborin 1987

Taborin, Y. : « Le foyer : document et concept », *in Nature et fonction des foyers préhistoriques,* Actes du Colloque international de Nemours 1987, Nemours : APRAIF, 1987.

Taras 1996

Taras, M. : *Le Patis 2, Montboucher-sur-Jabron, lot 12, rapport d'évaluation, AFAN-TGV ligne 5, secteur 2 : Valence-Avignon*, 1996, 31 p., 41 fig.

Tchernia, Brun 1999

Tchernia, A. ; Brun, J.-P. : *Le Vin antique romain*, Grenoble, 1999.

Thirault, Santallier et Véra 1999

Thirault, E. [*et al.*] : « Les matériaux lithiques polis du Néolithique rhône-alpin : de la caractérisation à l'interprétation archéologique », *Travaux du Centre d'archéologie préhistorique de Valence*, 1999, p. 259-296.

Treffort (à paraître)

Treffort, J.-M. (dir.) : *L'Habitat du premier âge du Fer à Bourbousson (commune de Crest, Drôme)*, Paris : MSH, (à paraître). (Documents d'Archéologie française)

Vaquer 1975

Vaquer, J. : *La Céramique chasséenne en Languedoc*, Carcassonne, 1975.

Vaquer 1990

Vaquer, J. : *Le Néolithique en Languedoc occidental*, CNRS, 1990.

Vital 1986

Vital, J. : « La grotte des Cloches à Saint-Martin-d'Ardèche », *Bulletin de la S.P.F.*, 83, n° 11-12, 1986, p. 503-541.

Vital 1988

Vital, J. : « Un four-dépotoir du VIIIe-VIIe siècle avant J.-C. à Sinzelles-Caramontron (commune de Polignac, Haute-Loire) », *R.A.C.F.*, 27, fasc. 1, 1988, p. 43-60, 9 fig.

Vital 1990

Vital, J. : *Protohistoire du défilé de Donzère, l'âge du Bronze dans la Baume des Anges*, Paris : MSH, 1990. (Documents d'Archéologie française ; 28)

Vital 1992

Vital, J. : « Du IXe au VIIe siècle avant J.-C. dans le Jura méridional : scénario d'évolution culturelle », *in L'Âge du Fer dans le Jura, C.A.R.*, 57, 1992, p. 163-180, 11 fig.

Vital 1996

Vital, J. : *Deux séquences à céramiques campaniformes dans la moyenne vallée du Rhône (Drôme, France)*, Poster au XIIIe International Congress of Prehistoric and Protohistoric Sciences. Forli (Italie) 1996.

Vital 1998

Vital, J. : « Séquences à céramiques campaniformes dans la moyenne vallée du Rhône (France). Implications et perspectives », *in Bell Beakers today*. Prétirages du Colloque international de Riva del Garda 1998, p. 148-150.

Vital, Brochier, Durand, Prost, Reynier et Rimbault 1999

Vital, J. [*et al.*] : « Roynac le Serre 1 (Drôme) : une nouvelle séquence holocène en Valdaine et ses occupations des âges des Métaux », *Bulletin de la Société préhistorique française*, 1996, 2, p. 225-240.

Vital, Brochier, Durand, Prost, Reynier, Rimbault et Sidi Maamar H. (à paraître)

Vital, J. [*et al.*] : « Roynac le Serre 1 (Drôme) : la séquence holocène et ses occupations des âges des Métaux », *Mémoires d'archéologie méridionale* (à paraître).

Voruz 1992

Voruz, J.-L. : *Hommes et Dieux du Néolithique, Les statues menhirs d'Yverdon*, Société suisse de Préhistoire et d'Archéologie, 1992, p. 37-64.

Voruz 1995

Voruz J.-L. : « Chronologie absolue de la fin du Néolithique dans le bassin rhodanien », *in* : Voruz, J.-L. (éd.) : *Chronologies néolithiques de 6 000 à 2 000 avant notre ère dans le bassin rhodanien*, Actes du Colloque d'Ambérieu-en-Bugey 1992, Ambérieu : Société préhistorique rhodanienne, 1995, p. 217-229.

Voruz, Nicod et De Ceunick 1995

Voruz J.-L. [*et al.*] : « Les chronologies néolithiques dans le bassin rhodanien », *in* : Voruz, J.-L. (éd.) : *Chronologies néolithiques de 6 000 à 2 000 avant notre ère dans le bassin rhodanien*, Actes du Colloque d'Ambérieu-en-Bugey 1992, Ambérieu : Société préhistorique rhodanienne, 1995, p. 381-404.

White 1967

White, K.-D. : *Agricultural Implements of the Roman World*, Cambridge, 1967.

Crédits photographiques

Les chiffres renvoient aux numéros de pages.

G. Alfonso : 168, 169

V. Bastard : 99, 106, 134 (d), 145

J.-F. Berger : 37 (d), 38 (g), 53

N. Biard : 128

Y. Billaud 36 (bd)

S. Bonté : 38 (d)

L. Bouby : 55, 108

C. Delhon : 39 (g)

Équipes de fouilles : 41, 62, 71, 74, 79, 80

S. Estiot : 133

E. Ferber : 171, 172 (d), 173

S. Fornite : 188

M. Goy, A. Allimant : 26 / M. Goy : 113 (g)

A. Guey : 109

IGN/G. Macabéo : 22, 50

C. Jung : 46

A. Lefebvre : 180

M. Linossier : 117, 118

J.-M. Lurol : 35, 36 (hd)

S. Martin-Dupont : 183, 184, 190

P. Miller : 177

Musée de Valence : 129 (g)

C. Nourrit : 45 (g)

T. Odiot : 45 (d), 51

J.-C. Ozanne : 154, 160

P. Plattier : 37 (g), 39 (d), 58, 64, 66, 68, 82, 83, 90, 93, 95, 96, 102, 103, 105, 112, 113 (d), 114, 122, 126, 129 (d), 131, 134 (g), 137, 140, 141, 142, 143, 161, 164, 167, 172 (g)

F. Porcell : 57

I. Rémy : 111

S. Rimbaud : 156

M. Taras : 121

J.-M. Treffort : 85, 87, 88

E. Thévenin : 89

J. Vital : 36 (g)

Cet ouvrage a été achevé d'imprimer en novembre 2001
sur les presses de l'imprimerie Grafedit, Azzano San Paolo, Italie.
La photogravure a été réalisée par Labogravure, Bordeaux.